상원연등회와 중동팔관회
- 성격 재조명 및 절차 역주

AKS 인문총서 22

상원연등회와 중동팔관회
– 성격 재조명 및 절차 역주

지은이 김종명

제1판 1쇄 발행일 2018년 7월 30일

발행인 안병욱
발행처 한국학중앙연구원 출판부

출판등록 제381-1979-000002호(1979년 3월 31일)
주소 경기도 성남시 분당구 하오개로 323
전화 031-730-8773
팩스 031-730-8775
전자우편 akspress@aks.ac.kr
홈페이지 book.aks.ac.kr

ⓒ 한국학중앙연구원 2018

ISBN 979-11-5866-291-2 94910
      978-89-7105-772-8 (세트)

- 이 책의 출판권 및 저작권은 한국학중앙연구원에 있습니다.
  이 책 내용의 전부 또는 일부를 재사용하려면 반드시 서면 동의를 받아야 합니다.
- 값은 뒤표지에 있습니다. 잘못된 책은 바꿔드립니다.
- 이 도서의 국립중앙도서관 출판시도서목록(CIP)은 서지정보유통지원시스템 홈페이지(http://seoji.nl.go.kr)와 국가자료공동목록시스템(http://www.nl.go.kr/kolisnet)에서 이용하실 수 있습니다.(CIP 제어번호: CIP2017033701)
- 이 책은 2014년 한국학중앙연구원 한국문화심층연구사업 한국학모노그래프과제로 수행된 연구임.(AKSR2014-M02).

상원연등회와 중동팔관회
– 성격 재조명 및 절차 역주

김종명 지음

책을 내면서

　의례 연구는 최근 세계 학계에서 주목을 받아온 연구 분야다. 의례는 인류의 대부분의 행위가 의례화되어 있기 때문에 인류의 삶을 이해할 수 있는 공통분모일 뿐 아니라, 이를 통해 당대인의 삶의 모습을 찾아볼 수 있다는 점에서 그것의 연구가 큰 의미를 가진다. 불교의례 연구는 한국불교의 중요한 성격 규명에도 기여할 수 있다. 특히, 고려(高麗, 918~1392)는 한국 역사상 불교와 불교의례가 가장 성행한 시대였다. 고려시대 불교의 가장 큰 특징 중의 하나는 다양한 종류의 불교의례가 많이, 대규모로 개최되었다는 것인데, 이는 중국불교나 일본불교와 다른 점이었다. 국초부터 국왕이 주관하거나 참여한 불교의례가 빈번하게 설행된 것도 고려시대만의 특징이었으며, 고려에서만 개최된 의례들도 있었다. 그러나 세계 의례학계에서 불교의례는 별로 논의되지 않고 있으며, 더욱이 한국의 불교의례에 대한 연구는 거의 전무하다 해도 과언은 아니다.

　고려의 불교의례는 시기적으로는 정규의례와 특설의례로 구분되며, 다시 정규의례는 국가의례 및 개인의례로 구분되는데, 이 책에서는 고려의 대표적 정규의례들로서 『고려사(高麗史)』 제 69권 「지(志)」 제 23권 「가례잡의(嘉禮雜儀)」에 실려 있는 상원연등회(上元燃燈會)와 중동팔관회(中冬八關會)를 분석 대상으로 한다. 연등회와 팔관회는 건국부터 멸망 시까지 고려와 함께한 고려문화의 상징이 되었기 때문이다.

　이 책의 목적은 두 가지다. 한 가지는 「상원연등회의」와 「중동팔관회의」에 대한 역주며, 다른 한 가지는 이를 바탕으로 한 상원연등회와 중동팔관회의 성격 재조명이다. 이를 위해 2000년대의 관련 주요 연구 성과들인 단행본, 학술지 게재 논문, 학회 발표문 및 학위논문을 분석하였다. 그 이전의 연구 성과들은 이미 분석되었기 때문이다. 그 이후 현재까지 상원연등회와 중동팔관회에 대한 연구 업적들은 적지 않게 발표 및 출판되어왔으나, 이 두 의례 자체에 대한 연구 성과들은 많지 않으며, 선행 연구에서 새롭게 제기된 사항들에 대한 분석도 결한 채, 기존 주장들이 재생산되어온 것으로 나는 판단하였으며, 이러한 점들이 이 책 저술의 배경이 되었다.

이 책은 내용과 형식 양면에서 선행 연구 업적들과 차별성을 지닌다. 내용 면의 차별성은 다음과 같다. 첫째, 『고려사』「예지」의 성격 규명을 위해 다른 관련 자료들과의 비교 연구가 진행될 것이다. 둘째, 선행 연구에 대한 철저한 분석을 통해 이 연구의 주장들이 논증될 것이다. 셋째, 상원연등회와 중동팔관회에 대한 구체적 검토를 통해 성격 재조명을 시도한 점도 이 책이 가진 또 하나의 차별성이다. 형식 면의 차별성은 다음과 같다. 첫째, 이 책의 주석 내용은 용어 설명 중심으로 구성된 선행 역주서와는 달리, 연구사 위주를 지향하였다. 이 점은 국내 학계에 새로운 역주 내용 및 방법론을 제시하는 역할에도 기여 가능할 것이다. 둘째, 역주 대상의 한문 원문을 별도로 명기하지 않았다. 이미 선행 업적이 있기 때문이다.

이 책의 예상 독자층은 관련 분야의 전문 학자와 대학생·대학원생이며 나아가 일반 교양인도 그 대상이 될 수 있다. 현재 국내외 학계의 한국학 연구 동향을 시대 면에서 검토할 때, 조선(朝鮮, 1392~1910)시대 이전의 연구 성과는 그 역사적 중요성에 비해 양적으로도 상당히 적다. 이러한 상황에서, 이제까지 학계 주변에 머물러 있었던 고려 불교의례에 대한 이해를 심화시키는 계기가 될 수 있다는 점에서 이 책의 학문적 의의를 찾을 수 있을 것이다.

이 책은 한국학중앙연구원의 연구비 지원에 의한 연구 과제인 '고려 불교의례의 성격 재조명(AKSR2014-M02)'의 최종 결과물에 대한 수정본이다. 이 최종 결과물을 심사해준 3명의 익명의 심사자들의 심도 있는 논평과 각 심사자들이 모두 이 최종 결과물의 성과를 높이 평가해준 데 대해서 깊은 감사의 말씀을 드린다. 그리고 이 책의 초고를 읽고, 다방면에서 유익한 조언을 해주신 허흥식 한국학중앙연구원 명예교수께도 특별한 감사의 뜻을 전한다.

마지막으로, 이 책의 모본이 된 연구 과제의 연구비 지원을 해준 한국학중앙연구원과 이 책이 출간될 수 있도록 교정 작업에 노력을 기울여준 한국학중앙연구원 출판부에 깊은 감사의 말씀을 드린다.

2018년 초봄
문형관 연구실에서 김종명 씀.

차례

고려 불교의례 연구의 이해 · 11

제1부 고려 불교의례의 성격 재조명

1장 상원연등회의 성격 재조명 · 45
1. 선행 연구 검토 · 49
2. 쟁점 검토 · 51
3. 재조명 · 60

2장 중동팔관회의 성격 재조명 · 68
1. 선행 연구 검토 · 70
2. 쟁점 검토 · 73
3. 재조명 · 80

3장 『고려사』 및 「예지」의 한계성 · 98
1. 『고려사』의 문제점 · 100
2. 『고려사』 「예지」의 문제점 · 102
3. 재조명 · 112

4장 종합 분석 · 116
1. 정치와 불교 · 116

2 연등회와 팔관회의 정체성 · 121
3 불교의례와 호국불교 · 125
4 연등회와 팔관회의 기능 · 126
5 연등회와 팔관회의 성격 · 128

5장 맺음말 · 147

제2부 「상원연등회의」와 「중동팔관회의」 역주

1장 「상원연등회의」 역주 · 151
1 소회일 행사 · 152
2 대회일 행사 · 167

2장 「중동팔관회의」 역주 · 180
1 소회일 행사 · 180
2 대회일 행사 · 207

참고문헌 | 226
찾아보기 | 246

일러두기

- 이 책에서 역주의 원전으로 삼은 『고려사』는 『北譯 高麗史』(1966; 1991, 이하 '『北譯』'으로 약칭)에 포함된 원문이며, 표기는 서명 권수, 쪽수, 단수, 줄수의 순서로 하였다(예: 『고려사』 67, 48a1-5). 『고려사절요』도 이 형식에 따랐다. 그러나 전산화본인 『조선왕조실록』 등은 기존 방식을 따랐다[예: 『태조실록』 1권, 1년(1392) 8월 5일(갑인)].

- 역주의 기본 대조본은 『北譯』 신서원본과 『國譯 高麗史』(2001, 동아대학교 석당학술원본, 이하 '동석'으로 약칭)이다.

- 직역을 원칙으로 하되, 가독성을 고려하여 번역하였다.

- 역주에서 소제목의 항목 번호는 원전의 단락 구분에 따라 독자의 이해를 위해 추가하였다.

- 여기에 등장하는 월일은 별도의 언급이 없는 한 모두 음력이다.

- 왕조의 연대와 인물의 생몰년은 필요 시 첨가하였다.

- 인명, 서명, 지명을 비롯한 외국의 고유명사 등은 국내 학계의 관례에 따라 한국어 발음으로 표기하였다. 그러나 인명은 찾아보기에서 그 나라 발음도 병기하였는데, 이는 국제학계의 관례와 언론을 비롯한 우리 사회의 변화를 일부 수용한 것이다.

- 찾아보기는 중요 용어로 한정시켰다.

- 중요 한자어는 본문과 주석에서 밝혔으나, 검색 시의 편리성 제고를 위해 찾아보기에서도 일부 밝혔다.

고려 불교의례 연구의 이해

1. 연구의 목적, 중요성 및 배경

1) 목적

이 책의 목적은 두 가지다. 한 가지는 고려(高麗, 918~1392)의 대표적 불교의례였던 「상원연등회의(上元燃燈會儀)」와 「중동팔관회의(中冬八關會儀)」에 대한 역주며, 다른 한 가지는 이를 바탕으로 한 상원연등회와 중동팔관회의 성격 재조명이다.

2) 중요성

팔관회와 연등회는 역사적 중요성을 가지고 있다. 인류의 학문 활동은 앎과 실천의 조화를 모색한 과정이라고 할 수 있다. 특정 사상에 대한 연구가 앎에 해당한다면, 의례에 관한 연구는 실천에 속한다(김종명

2001, 8). 인간의 대부분의 행위는 의례화되어 있기 때문에(Driver 2006, 12-15), 의례는 인류의 삶을 이해할 수 있는 공통분모일 뿐 아니라, 그것을 통해 당대인의 삶의 모습을 찾아볼 수 있다는 점에서 큰 의미를 가지며(정병삼 2015, 202), 의례에 대한 연구를 통하여는 한국불교의 중요한 성격도 밝힐 수 있다(송현주 1999, 4). 특히, 고려에서 불교는 고려 문화의 중요한 구성 요소를 이루고 있었다. 고려시대는 한국 역사상 불교와 불교의례가 가장 성행한 시대였다(김종명 2001, 10). 고려시대 불교의 가장 큰 특징 중의 하나는 다양한 종류의 불교의례들이 많이, 대규모로 개최되었다는 것인데, 이는 중국불교나 일본불교와도 다른 점이었다.[1] 국초부터 국왕이 주관하거나 참여한 불교의례가 빈번하게 설행된 것도 고려시대만의 특징이었으며, 소재도량(消災道場), 신중도량(神衆道場), 제석도량(帝釋道場) 등 고려에서만 개최된 의례들도 있었다(김종명 2001, 70-74). 특히 고려 태조(太祖, 918~943)는 자신의 유훈인 「훈요(訓要)」[2]를 후대 왕들에게 남겼는데, 여기서 그는 연등회와 팔관회 개최를 강조하였고[3], 고려의 대부분의 역대 왕들은 이 「훈요」의 내용을 '태조신앙'이라고 할 정도로 정책 결정에 중요하게 반영하였다. 그리고 「훈요」에 포함된 연등회와 팔관회는 건국부터 멸망 시까지 고려와 함께한 고려 문화의 상징이 되었다(안지원 2005, 321).

상원연등회와 중동팔관회에 대한 역주가 중요한 이유도 다양하다.

---

[1] 안지원도 고려시대 도량의 빈번한 개설은 중국과 특히 비교되는 사실(안지원 2005, 7)이라고 한다.
[2] 「훈요」에 대한 심층적인 최신 연구 논문은 Breuker(2008) 참조. 이 논문의 한글 번역본은 렘코 브뢰커 저, 유현숙 역의 「훈요십조: 위작의 진실」(2018 출판 예정) 참조.
[3] 태조의 불교관과 치국에 대해서는 Kim Jongmyung(이하 Kim으로 약칭)(2010c, 189-215) 참조.

「상원연등회의」와「중동팔관회의」는『고려사』「예지(禮志)』,⁴에 나타나는 의례들 중 가장 독특하다.『고려사』의「지」는 12부 39권으로 구성되어 있는데, 그중「예지」는 11권으로 전체「지」가운데 28퍼센트에 달할 정도로(이범직 1981, 313) 분량 면에서 가장 많고(허흥식 2001, 22-23), 글자 수도 23퍼센트를 차지하여(정구복 2007b, 1) 다른「지」에 비해 두세 배의 분량을 차지하고 있다.⁵ 이는 당시의 예제가 국가적으로 중시되었음을 뜻한다(정구복 2002, 27-36). 따라서「지」에 대한 역주는『고려사』전체의 역주에서 중요한 위치를 차지한다(허흥식 2001, 19).『고려사』「예지」의 선행 전거들인『주례(周禮)』,『신당서(新唐書)』,『송사(宋史)』에는 없는 의례들일 뿐 아니라, 고려의 토착적 문화 내용임에도 불구하고「예지」「가례」안에 편성되었다(이범직 1990, 431). 그리고『고려사』「지」의 구성은 조선 초기 유학자들의 역사 의식의 산물로도 볼 수 있다(이범직 1981, 300).

더욱이 의례 연구는 최근 세계 학계에서 주목을 받아온 연구 분야다.⁶ 그러나 세계 의례 학계에서 불교의례는 별로 논의되지 않고 있으며, 더욱이 한국의 불교의례 연구는 거의 전무하다 해도 과언은 아니

---

4 조선(朝鮮, 1392~1910)의 건국 주체 세력들은 고려시대의 불교의례를 유교 예제에 입각해 대대적으로 개편한 결과로서 의궤(儀軌)를 편찬하였다. 조선왕조 의궤는 조선 건국 직후부터 편찬되기 시작하여 식민지시대(1910~1945)까지 거의 550여 년에 걸쳐 작성된 조선시대를 대표하는 기록문화의 하나로서, 2007년에는 유네스코 세계기록유산으로 등재되었다(신명호 2011, 5-7). 그런데 이 조선왕조 의궤의 명칭이나 형식은 고려시대 이래의 불교의궤에서 기원하였다(신승운 2009, 3-4)는 의견도 제시되었다.
5 한국과 중국의 중요 사서의 지 편목 등에 대해서는 이범직(1981, 304), 박용운(2001, 48), 정구복(2002, 28), 김용선(2004, 5) 참조.『고려사』,『삼국사기』,『신당서』,『구당서』,『송사』,『원사』등 주요 기전체 사서의 내용 분석에 대해서는 박종기(2016, 16) 참조.
6 일례로, 의례 분야의 최초 학술지는 Journal of Ritual Studies로, 미국에서 1980년대에 발간되었다.

다.[7] 따라서 이 연구는 한국학의 세계화 차원에서도 그 중요성이 인정된다.

3) 배경

나는 이전의 관련 연구를 통해 고려에서 빈번하게 개최되었던 불교의례들의 사상적 배경과 역사적 의미를 분석하고, 그 의례들의 기능을 비판적인 시각에서 규명하였다(김종명 2001). 그러나 그 이후 현재까지 상원연등회와 중동팔관회에 대한 연구 업적들은 적지 않게 발표 및 출판되어왔음에도, 전기한 문제점들을 염두에 둔 연구 성과들은 많지 않으며, 선행 연구에서 새롭게 제기된 사항들[8]에 대한 분석도 결한 채, 기존 주장들이 재생산되어온 것으로 나는 판단하였으며, 이러한 점들이 본서의 배경이 되었다.

나의 기존 연구의 결론도 일정한 한계를 가지고 있었는데, 그것은 무엇보다 자료상의 한계 때문이었다. 이 연구에서 고려 불교의례의 성격 규명을 위해 사용된 가장 중요한 일차 자료는 『고려사』였다. 그러나

---

[7] 2008년 독일의 하이델베르크대학교에서는 그해를 '의례의 해'로 삼고, "Ritual Dynamics and the Science of Ritual"이란 주제 아래 대규모 학술대회(www.ritualdynamik.uni-hd.de)를 개최하였다. 이 학회에는 전 세계에서 약 600여 명의 의례 전문가들이 참가하였다. 발표 논문의 대부분은 서구 및 인도 지역 의례에 관한 것이었으며, 동양의 불교의례와 유교의례 관련 발표 논문은 소수에 불과했다. 특히 한국 불교의례 관련 발표문은 나의 발표문이 유일한 것이었다.

[8] 일례로, 고려는 '불교국가'였으며, 고려 불교의 역사적 특징은 '호국불교'란 것이 학계의 일반적인 통설이었다. 그러나 호국불교 개념의 근거, 연구사, 문제점 등은 이미 비판적 시각에서 분석되었다(Kim Jong Myung 1995, 23-55; 김종명 2001, 277-286). 그러나 이후의 관련 연구 성과들에서는 전기의 새로운 주장에 대한 검토 없이, 통설을 반복한 예가 거의 대부분이다. 따라서 꾸준히 도출되고 있는 연등회와 팔관회의 성격 등에 관한 연구 성과들에서도 주목할 만한 새로운 주장은 여전히 잘 보이지 않는다.

『고려사』의 불교 관련 기록은 상당한 한계를 가지고 있기 때문에[9], 『고려사』의 성격과 불교 관계 내용에 대한 분석이 더욱 구체적으로 이루어지고, 불교가 고려 사회와 백성들의 삶에 미친 또 다른 영향들이 새로운 자료들에 의해 밝혀지면, 이 책의 결론도 또다시 수정될 수 있을 것으로 보았다. 그리고 나는 이 연구를 통해 이들 의례에 대한 더 나은 이해를 위해서는 향후 '연구 주제와 관련된 자료 검증과 그 자료들의 내용에 대한 구체적 분석', '한국불교의 성격 형성 과정 규명', '밀교의례 연구', '불교의례와 유교의례 및 도교의례와의 비교 분석', '조선 초기의 불교의례 검토', '서구의 한국불교학 연구 업적 참조' 등(김종명 2001, 336-341)이 필요함도 주장하였다. 그러나 이러한 문제점들의 상당수는 여전히 현안으로 남아 있으며, 특히 상원연등회와 중동팔관회의 연구 성과들이 적지 않음에도 불구하고, 이 의례들의 성격 규명이 제대로 이루어지지 못한 원인은 아래와 같이 다양하게 나타난다.

4) 연구 주체의 비전문성

상원연등회와 중동팔관회의 연구자는 대부분 학자들이다. 그러나 최근에는 이 두 의례의 주최자가 승단이 되고, 지방자치단체장 등의 정치인들이 이들 행사의 주요 참가자들을 구성하는 경우가 적지 않다. 2000년 이래 부산불교연합회의 주최로 개최되어온 팔관회 행사는 그 대표적인 예다. 이 의례들에서 열린 학회도 문자 그대로의 학회라기보다는 이들 행사의 한 분야로서 기능하는 경향이 많아지고 있다.[10] "연

---

9 이에 대한 논의는 이 책 제1부의 '3장 『고려사』 및 「예지」의 한계성' 참조.
10 이러한 경향은 한국불교학회를 비롯한 국내의 불교학계들에서도 나타나고 있는데, 학회임에도 불구하고, 삼귀의례 등의 불교의례적 요소들이 학회 시작 전의 행사로서 포함되

등회의 원형 복원이라는 막중한 역사 재현사업을 불교(계)에 맡길 수는 없다. 그것은 국가적 사업이어야 한다"(나경수 2012, 49)란 지적은 현대에서 한국의 대표적 문화행사가 된 '부처님오신날 연등회'에 대한 견해지만, 이러한 의례들에 대한 원형 복원 등은 학계의 몫이며, 이는 학회를 통해 조명될 필요가 있다.

5) 불철저한 일차 자료 분석

주제 관련 현존 일차 자료들에 대한 종합적 검토의 중요성은 이미 제기되었으며, 이를 통한 새로운 연구 결과가 도출된 예도 있다(Kim Jong Myung 1995, 23-55; 김종명 2011, 93). 그러나 기존의 상원연등회와 중동팔관회 관련 연구 업적들이 주요 자료들의 내용 중 필요한 부분만 인용함으로써, '나무는 보되 숲을 보지 못한' 경향이 커, 만족스럽지 못한 결론이 도출된 예는 여전히 적지 않다.

특정 자료에 국한시킨 채, 다른 중요한 자료들에 대한 검토를 결한 경우도 적지 않다. 전기한 것처럼, 「상원연등회의」와 「중동팔관회의」의 성격 규명을 위해서는 『고려사』 등의 역사서뿐 아니라, 불전, 문집, 비문, 묘비명 등도 주요 검토 대상이다(김종명 2001, 32). 향후 팔관회에 대한 이해는 관련 자료에 대한 세밀한 검토와 함께 새로운 자료의 발굴에 힘을 모을 필요가 있다(배상현 2001, 47)는 지적에도 불구하고, 현행

어 있는 것이 한 예다. 나의 경험에 의하면 2000년대 이후 이러한 현상이 전개된 것으로 보이는데, 학회는 학회로서의 정체성을 회복해야 하며, 객관성과 보편성이란 학계의 두 축을 전제로 해야 할 학회에서 종교적 요소는 배제되는 것이 당연하다. 비슷한 현상은 다른 학문 분야에서도 나타나고 있는데, 한국은 무형유산 분야의 가장 모범국(박계리 2012, 295-318; 최공호 2013, 106에서 재인용)이지만, 조사자의 상당수의 전공 영역이 무관한 경우가 많은 문제점을 지니고 있다(최공호 2013, 111).

연구 성과들의 대부분은 『고려사』의 「훈요」, 「세가」, 「예지」 및 『고려사절요』(전영준 2012, 61; 정병삼 2015, 203)[11] 등을 일차 자료로 하고 있다. 『송사』[12]와 『고려도경』[13] 등 몇 가지 중국 기록을 포함시킨 경우도 있기는 하나, 이 경우도 아주 드물다. 안지원(2005)의 참고문헌도 『고려사』를 비롯한 역사서와 불전이며, 문집은 없다. 한흥섭(2006, 2009), 이원태(2009), 배상현(2011), 한정수(2014) 등도 그러하다. 안지원은 팔관회에서 재법에 맞는 팔관재 수지가 이루어진 것 같지는 않다(안지원 2005, 152)고 하였으나, 문집 등 다른 관련 자료들을 검토하면, 그렇지 않다. 따라서 상원연등회와 중동팔관회의 성격 등에 대한 규명을 위해서는 『고려사』 등의 사서는 물론, 관련 불전, 문집, 금석문 등에 대한 검토도 필수적이다.

6) 선행 연구 성과 경시

선행 연구 업적에 대한 비판적 분석 결여는 가장 큰 현안점으로 나타난다. 기존과는 다른 새로운 견해를 제시한 선행 연구들에 대한 심층적인 분석을 결하고 있는 점은 향후 우리 학계가 시급히 시정해야 할 사항이다. Kim(1994)과 안지원(1999)은 연등회 및 팔관회와 관련된 비슷한 주제들을 다룬 두 편의 박사학위논문이다. 전자는 주제와 관련된 당시까지의 통설을 비판적으로 비교 분석하면서 연등회와 팔관회를 비롯한 고려의 대표적 불교의례들의 성격과 역할에 대한 규명을 새로이 시

---

11 정병삼은 팔관회의 설행에 대한 기록은 『고려사』 「예지」에 상세하게 수록되어 그 성격을 분명히 하였다(정병삼 2015, 203)고 한다.
12 『宋史』卷112 志65 禮15 嘉禮3.
13 『고려도경』의 영역 및 역주서는 Vermeersch(2016) 참조.

도한 것이었다. 그러나 후자는 5년 더 빨리 발표된 전자를 전혀 참고하지 않은 채, 통설을 답습하고 있었다.

이러한 잘못된 관행은 안지원(2005)에서도 그대로 이어졌다. 안지원(2005)과 김종명(2001)은 모두 고려시대의 국가적 차원의 주요 불교의례에 대한 연구서들이며, 이 두 책은 그 연구 내용인 연구 목적, 연구 대상, 연구 대상의 기능 등과 관련, 상당한 공통성도 지니고 있다. 특히 김종명(2001)은 고려의 주요 불교의례의 기능에 대한 기존의 통설인 호국불교설을 비판하였다. 그러나 안지원은 통설을 따르면서, 김종명(2001)의 논지에 대해서는 비판적 분석 없이 몇 줄 정도의 소개로만 그쳤다(안지원 2005, 17).

이에 반해 최근 고려에서 국왕과 국가는 분리되었다고 보고, 고려시기 불교의례는 단순히 국왕을 중심으로 한 왕실 위주의 불교행사여서 정치적 수단이나 국왕 축수 및 조상의례, 국왕의 정신적 피난처 역할을 하는 데 그치고 실제로는 호국의 기능을 담당하지 않았다는 견해가 김종명에 의해 주장되기도 했다(안지원 2005, 17).

따라서 선행 연구인 김종명(2001)에서 주장된 관련 내용에 대한 분석 자체를 결하고 있으며, 명확한 근거도 밝히지 않은 채, 통설을 답습한 한계성을 노출시켰다. 물론 반론을 위한 반론은 바람직하지 않은 것이지만, 통설에 대한 반론 제기는 학문 발전의 차원에서는 필수 요소기도 하다. 더욱이 통설을 그대로 수용하더라도, 통설에 대한 반론이 일단 제기되었으면, 이 반론에 대한 재반론의 과정을 반드시 거쳐야 할 것이다. 그렇지 못할 경우, 새로운 연구 성과들도 무관심의 대상으로 남을 뿐 아니라, 학문적 발전 또한 기대할 수 없을 것임은 당연하기 때문이다.

또한 안지원(2005)은 팔관회의 기원과 중국의 팔관재회를 검토(20-39)하면서 이보다 선행 연구인 김종명(2001, 143-170)을 참고하지 않았다. 정해성(2009), 나경수(2012), 노명호(2012), 구미래(2013), 서금석(2016) 등도 그러하였다. 특별 연등회 개최 횟수와 관련하여 채상식(2015, 114)은 이 주제와 관련된 최초의 선행 연구인 김종명(2001)에 대한 언급을 하지 않았다. 이런 상황에서 안지원(2005)은 연등회와 팔관회를 비롯한 고려 불교의례와 관련된 그 이후의 연구들에서 꾸준히 인용되어왔다. 이종수(2012)는 안지원(1999)을 인용하면서도, 안지원(1999)과 동일 주제를 다루었지만, 논지가 다른 Kim(1994)과 김종명(2001)을 인용하지 않았다. 이러한 예들은 다른 경우에도 적지 않게 발견되는데, 국내 학계에 편재해 있는 서평 및 논평의 비구체성 및 비활성화의 산물로 보인다.[14]

주제 관련 선행 연구들을 연구 업적의 연구사에서는 인용하였으나, 막상 논의가 요구되는 본문에서는 인용하지 않은 경우도 적지 않으며, 인용되었다 하더라도 그 내용이 부정확한 예들도 산견되는데, 이는 우

---

14 국내 학계의 이러한 관행과는 달리, 연구 성과들에 대한 서구 학계의 평가는 훨씬 구체적이다. 일례로, *The Journal of Asian Studies*는 The Association for Asian Studies(www.asian-studies.org)에서 계간으로 발행되는 A&HCI 등재 학술지다. 이 학회의 연례 학회에서 발표되는 발표문은 2,000~3,000편에 달하는데, 이 학술지에 게재되는 연간 논문 수는 30편 미만이며, 매 학술지별 서평 수는 논문 수를 훨씬 상회한다. 투고된 논문들에 대한 심사평의 길이도 보통 행간을 띄우지 않은 싱글 스페이스로 4-5쪽 이상에 달한다. 이는 국내의 학술지 심사 및 한국학연구재단의 과제 심사에 장기간 참가해본 나의 경험에 비추어볼 때 국내 관행과는 현저한 차이가 나는 것이다. 또한 북미주 인문학계의 경우, 논문보다는 단행본에 훨씬 가중치를 더 둔다. 양질의 학술단행본(monograph) 출판은 승진과 정년 보장을 위한 필수 조건 중의 하나다. 이 모노그래프는 단일 주제에 대한 논증서를 뜻하며, 양질의 모노그래프 한 권은 양질의 논문 20편에 해당한다. 그리고 일본학자에 의한 출간 단행본 150권을 미국 학계의 모노그래프로 환산하면, 10권 미만이란 분석(조성택 2007, 57-59)도 있는데, 이러한 견해는 국내 학계에도 적용 가능할 것으로 보인다.

리 학계의 상당히 보편적인 경향으로 보인다. 이원태(2009)는 김종명(2001)을 인용하였으나, 관련 내용에 대한 분석은 전혀 이루어지지 않았다. 한상길(2012, 105)은 "팔관회에 관한 연구자들은 공통적으로 그 개설 목적과 취지를 '국가적·정치적'이라고 한다. 즉 국왕의 권위를 강화하려는 호국의례로서 왕권을 신성화하고 계급사회의 위계와 질서를 확인하려는 목적이었다고 평가한다"라고 하면서, 각주를 통해 김종명(2001)도 연구사의 일부분으로 언급하고 있다. 그러나 그는 김종명(2001)의 관련 내용 자체에 대해서는 검토하지 않고 있다. 더욱이 김종명(2001)은 한상길(2012)의 단정과는 달리 팔관회를 호국의례로 보아온 통설에 대한 반론을 제기하고 있다. 전경욱(2008)은 참고문헌에서는 김종명(2001)을 명기하였으나, 전자의 본문에서 후자는 전혀 다루어지지 않았다. 강호선(2015)의 경우도 그러하며, 김종명(2001)의 출판 연도도 '2000년'으로 오기되어 있다. 특히 주제 관련 선행 연구 성과들이 특정 관련 논문이나 저서의 본문에서는 제대로 논의되지 않고 있는 점은 국내 학계의 연구 성과들의 학문적 객관성을 약화시키는 제일 큰 요인으로 간주된다.

　연구 업적 인용 시, 동일 저자의 동일 주제에 대한 연구 업적의 경우, 당연히 후행의 최신 연구 업적을 참고해야 하지만, 그렇지 않은 경우도 적지 않다. 나경수(2012)는 안지원(1999)을 참고하였다. 그러나 박사학위논문인 안지원(1999)은 책인 안지원(2005)으로 출간되었다. 나경수의 논문은 안지원(2005)보다 이후에 발표되었으므로, 안지원(1999)보다는 안지원(2005)을 이용해야 하였다. 정해성(2009)의 경우도 마찬가지다. 나경수(2012, 49)는 연등회 의식에 대한 절차와 관련, 박진태의 요약 정리를 인용하면서(박진태 2002, 44-46), 박진태(2002)보다 최신 연구 업적인 안지원(2005)을 참고하지 않았다. 정병삼은 김형우(1992, 84)를 인용하여, 고려의 불교 행사 중 팔관회는 163회 개최된 연등회에 이어 두 번째로 많은 114회가 개최된 중요한 행사였다(정병삼 2015, 204)고 한다. 그러나 김종명(2001, 67)에 따르면, 팔관회의 개최 횟수는 115회로 그 횟수도 김형우(1992)보다는 1회가 많으며, 후행 연구기도 하다. 그러나 정병삼은 김종명을 인용하지 않았다. 이종수(2012)도 안지원(2005)이 아닌 안지원(1999)을 인용하였다. 동일 주제의 경우라도, 후행 연구에서는 선행 연구를 먼저 검토한 후, 선행 연구에서 누락되었거나 보충이 필요한 부분에 한해 논할 필요가 있다.

7) 중복

비슷한 내용이 여러 연구 업적에서 중복되는 경우도 적지 않다. "참고문헌에 제시한 바와 같이, 그동안 연등회에 대해 고찰한 기존 연구가 적지 않다. 이 논문에서는 기존의 연구 성과들을 수용하면서, 필자가 새로 발굴한 자료들을 포함시켜 고려와 조선시대 연등회의 구체적인 모습을 살펴보고, 특히 현대의 연등축제에 활용할 수 있는 요소들을 부각시켜 논의를 진행하고자 한다"(전경욱 2008, 4)는 전제에도 불구하고, 김종명(2001)과 안지원(2005) 등의 선행 연구들에서 이미 논의된 인도, 중국, 한국 연등의 기원과 역사적 전개 양상(전경욱 2008, 3-43)이 중복 서술되고 있으며, 팔관회 의례 내용(이원태 2009, 16-19)도 그러하다.

8) 의례 종류별 검토 결여

고려에서 팔관회는 두 종류, 연등회는 세 종류가 존재하였다. 두 종류의 팔관회는 서경의 팔관회와 개경의 중동팔관회였으며, 세 종류의 연등회는 정규연등회, 특설연등회, 불탄일연등회였다. 서경의 팔관회는 태조신앙에 따른 태조에 대한 제례였으며, 개경의 중동팔관회는 더욱 복잡한 성격을 가진 의례였다. 그러나 고려의 팔관회 관련 현행 연구들에서 이 두 가지 팔관회를 구분하여 분석한 경우는 드물다. 연등회의 경우도 사정은 크게 다르지 않다. 채상식(2015)을 제외한 대부분의 선행 연구들에서는 세 가지 연등회에 대한 구분 없이 일괄적으로 논의가 진행되어왔다. 연등회에 대한 이러한 종류 구분 없이, 연등회는 오랜 전통을 지닌 채 계속 이어져왔다(홍윤식 2012, 10; 김형우 2012, 15)고 주장되고 있으며, 다른 관련 연구들의 대부분도 대동소이하였다.

9) 통시대적 일반화의 오류

상원연등회와 중동팔관회에 대한 상당수의 연구 성과들은 통시대적 일반화의 오류를 지니고 있다. 일례로, 11세기 팔관회의 성격 설명을 위한 근거 자료로 14세기의 팔관회 기사를 인용한 경우가 있는데, 이는 위험한 일이다. 우선, 양자 사이의 관련성이 먼저 검토될 필요가 있다. 시간적 연속성이 있는 경우도 양자 사이의 관계는 다를 수 있기 때문이다.

10) 해외 연구 성과 불참조

주제 관련 해외 연구 업적들은 국내 학계에서 거의 참고되지 않고 있다. 현재 한국을 제외하면, 한국학이 가장 많이 연구되고 있는 지역은 미국을 비롯한 북미주다(The Academy of Korean Studies 2010, 15).[15] 그

15　2007년부터 2012년까지 미국에서 진행된 한국학 연구 동향에 대해서는 「(특집)해외 한

러나 주제 관련 영문 자료들에 대한 인용은 거의 이루어지지 않고 있다.[16] 반면, 서구 학계의 분야 전문가들의 연구 업적에는 국내 학계의 중요 연구 업적들이 참고되고 있는 것이 현실(Vermeersch 2008, 436-452; Breuker 2010, 447-471)임을 고려하면, 이러한 국내 학계의 현실은 한국학 연구 업적에서 학문의 두 축 중의 하나인 객관성 약화를 초래할 뿐 아니라, 한국학의 학문적 미래를 위해서도 중대한 문제로 등장하고 있다. 또한 우리의 호불호와는 상관없이, 영어는 세계 학계에서도 공통어(lingua franca)가 되었다.[17] 이에 부응하여 2015년부터 한국연구재단의 학술지 평가 기준 가운데 영문초록의 중요성은 더욱 강화되었는데, 영문초록이 규정에 맞지 않을 경우, 심사 대상 학술지의 다른 항목이 규정에 준하더라도 '항목과락'으로 평가되어 평점이 0점일 경우, 총점에 관계없이 탈락토록 조치되었다(한국연구재단 학술기반진흥팀 2015, 11). 따라서 국내외 학계의 현실을 고려할 때 국내 학계가 해외의 관련 연구실적들을 별로 참고하지 않고 있는 현실은 시급히 재고될 필요가 있다.

국학 연구동향』(2013, 1-150) 참조.
16 안지원(2005, 347)에는 3권의 영문 자료가 포함되어 있으나, 저자의 주제와는 직접적 관련이 없으며, 출판 시기도 1970년대와 1980년대로 상대적으로 오래되었다. 그 이후의 다른 연구자들에 의한 주제 관련 연구 업적들의 경우도 대동소이하다.
17 내가 직접 경험한 예들도 한두 가지는 아니다. 각각 불교학, 아시아학, 종교학 분야의 가장 권위 있는 학회들인 IABS(International Association of Buddhist Studies), AAS(Association for Asian Studies), AAR(American Academy of Religion)은 물론, 나도 참석하였던 2008년 독일의 하이델베르크대학교에서 개최된 의례학회와 2016년 스페인의 마드리드호텔에서 개최된 불교와 유럽 관련 학계의 발표 언어도 영어였다. 19세기의 외교어가 프랑스어일 정도로 문화 자존심이 강한 나라로 알려진 프랑스도 예외는 아니다. 나는 2014년 프랑스사회과학고등연구원(EHESS, École des Hautes Études en Sciences Sociales)과 파리 7대학교에서 특강들을 한 적이 있었는데, 당시의 강의 요청 언어도 영어였다. 이러한 경향은 동유럽 학계도 예외가 아니다.

11) 기타

표절 의혹, 연대 불명기, 출처 불명, 인용 쪽수 불명기, 참고문헌, 존대어 사용 등도 기존의 연구 성과들에서 나타나는 관행들이다. 표절의 의혹이 제기될 수 있는 경우가 있는데, 아래는 그 일례다.

A: 4월 8일 (공민왕은) 등을 켜고 궁전 뜰에서 (벌어진) 호기(呼旗)(라는 놀이)를 관람한 후 (놀이 참가자들에게) 베를 선물하였다. 국속에 따르면, 4월 8일은 석가의 생일이기 때문에 집집마다 등을 켰다. (그리고) 그날이 오기 수십 일 전에 무리를 지은 아이들이 종이를 잘라 막대기에 붙여 깃발을 만들었다. (그리고 아이들은 그것을 들고) 성안의 거리와 마을로 두루 외치고 돌아다니면서 쌀과 베를 구해서는 그 비용으로 쓰곤 하였다. 그러한 놀이가 호기였다.(辛丑燃燈觀呼旗戱於殿庭賜布 國俗以四月八日 是釋伽生日家家燃燈 前期數旬群童剪紙注 爲旗 周呼城中街里求米布爲其費謂之呼旗) -『고려사』40: 37b1-4.

B: 4월 8일 (공민왕은) 등을 켜고 궁전 뜰에서 벌어진 호기(呼旗)라는 놀이를 관람한 후 놀이 참가자들에게 포(布)를 선물하였다. 국속에 따르면, 4월 8일은 석가의 생일이기 때문에 집집마다 등을 켰다. 그리고 그날이 오기 수십 일 전에 무리를 지은 아이들이 종이를 잘라 막대기에 붙여 깃발을 만들었다. 그리고 아이들은 그것을 들고 성안의 거리와 마을로 두루 외치고 돌아다니면서 쌀과 베를 구해서는 그 비용으로 쓰곤 하였다. 그러한 놀이가 호기였다. -『고려사』권40, 공민왕 13년 하4월 신축.

A는 김종명(2001, 129)의 한 부분이며, B는 채상식(2015, 116)의 한 부분인데, B의 내용은 A의 그것과 거의 일치하지만, B에서 A에 대한

언급은 전혀 없다. 우연의 일치일 수도 있지만, 자구까지 거의 일치한다는 점에서 표절의 의혹이 있을 수 있다. 주석들은 긴 내용에도 불구하고 출처가 명기되어 있지 않은 경우(안지원 2005, 14, 주 13) 등도 적지 않은데, 이 점도 현행 국내 학계의 기준에 의하면 표절에 해당된다.

인명, 왕조명 등은 처음 나타날 때는 생몰년, 연대를 표기하는 것이 바람직하지만, 생략된 경우가 대부분이다. 모든 인류의 활동은 시대적 산물임은 부정할 수 없으므로, 시대에 대한 인식은 아주 중요하다. 안지원(2005, 337-338)의 일차 자료들인 한문 문헌은 문헌 제목만 있고, 저자, 출판지, 출판사, 출판 연도 등을 포함한 서지사항이 없다. 일차 자료는 판본 등도 중요 사항이므로, 서지 사항 명기는 필수다.

인용문에 대한 표기는 각주에서 "高麗史 권72 志26 輿服 鹵簿 燃燈 鹵簿"(안지원 2005, 74)로만 밝히고, 인용 원문의 쪽수 및 줄 수는 밝히지 않아, 독자로서 여러 쪽에 달하는 원문에서 인용 부분이 어디인지를 찾기가 용이하지 않다.

참고문헌과 관련, 상당수의 연구 성과에서 최신 연구 업적들이 반영되지 않고, 상대적으로 시대가 지난 업적들로 구성된 경우가 적지 않다.

공식적인 문서는 존대어를 사용하지 않는 것이 상식이며, 학술논문도 공적인 연구 업적이므로 이 원칙을 준수하는 것이 필요하다. 그러나 "4·8 연등회의 원래 의미가 부처님의 탄신을 기념하는 행사였다는 점"(이종수 2012, 139)처럼, 학술 연구 업적에서 존대어가 사용되는 경우들도 산견되는데, 이는 학문의 두 축인 객관성과 보편성 약화의 한 원인도 될 수 있으므로 시정될 필요가 있다.

요약하면, 상원연등회와 중동팔관회의 성격 등에 대한 재조명의 필요성은 관련 연구 성과 자체의 부족에 있다기보다는 우리 학계가 지닌 선행 연구 참조 부족, 일차 자료 검토 미비 등과 같은 관행의 산물로 나타났다.

2. 선행 연구와의 차별성

1) 연구사

논문의 증감 현상은 그 분야에 대한 관심도를 반영하며, 연구 인력의 수는 논문 증감에 영향을 미치는 중요한 요인이다(김종명 2001, 29). 고려 불교의례에 관한 연구 업적은 양적으로도 여전히 많지 않은 가운데[18], 지금까지 불교의례 연구는 개별적인 의례의 내용과 기능 면을 중

---

18 고려 불교의례의 개관, 명칭별 불교의례, 국왕 재위별 불교의례, 대표적 불교의례, 중요 불교의례에 대해서는 김종명(2001, 55-80) 참조. 안지원은 제석도량을 팔관회, 연등회와 함께 고려의 대표적 국가 불교의례로 간주하고 논의를 전개하였다(안지원 2005, 226-293). 안지원은 제석도량을 포함시킨 이유를 고려시기 불교의례들 가운데 일부 계층이나 특정 목적에 한정되지 않고, 국왕부터 일반인까지를 아우르는 초계층적인 성격을 강하게 지니고 있어, 고려 문화를 종합적으로 이해하는 데 유용하다고 판단되었기 때문(안지원 2005, 14)이라고 한다. 그러나 김종명(2001)에 의하면, 제석도량은 고려의 중요 불교에 포함되어 있는 고려 고유의 불교의례였으나, 그 개최 빈도수 면에서도 상위에 있지는 않았다. 더욱이 안지원도 소재도량은 문종 즉위년인 1046년에 처음 개설된 이래, 고려시기에 가장 빈번하게 개최되었으며, 고려 말까지 약 150회 설행된 대표 행사였다(안지원 2005, 304)고도 주장하고 있지만, 그의 책에서 소재도량은 포함되어 있지 않다. 외제석원은 창건될 때부터 호왕과 호국을 표방하였는데, 1157년(의종 11) 이후 국왕의 외제석원 행차는 중단되었으며(안지원 2005, 279) 강화도 천도 이후에는 1257년(고종 44) 4월의 외제석원 행차 기사가 유일하여(안지원 2005, 280), 제석도량을 소위 '호국'의례로 보기도 힘들다. 제석도량은 1060년(문종 14)에 처음 개설되었으며, 고종(1213~1259) 대까지는 간헐적으로 개최되고 있었으나, 그 후에는 개최되지 않았는데(김종명 2001, 68-74), 안지원이 다른 중요 불교의례들 가운데 왜 제석도량에 초점을 두었는지는 명확하지 않다. 팔관회와 연등회를 포함한 고려시대의 월별 정기 불교의례의 종류에 대해서는 한기문(2003, 38-39) 참조.

심으로 이루어져왔다(한기문 2003, 29). 연등회의 내용과 성격에 관한 논의가 역사학 분야에서 많이 이루어졌듯이(채상식 2015, 105), 팔관회의 연구도 그러하며, 최근에는 민속학 분야의 연구 업적도 다수 나오고 있다. 그러나 이 의례들이 불교의례거나 적어도 불교적 요소를 강하게 가지고 있는 의례임에도 불구하고, 이 의례들에 대한 불교학자의 연구 업적은 소략한 가운데, 선행 연구들에서의 이들 의례에 대한 성격 규명은 여전히 일정한 한계성을 띠고 있다.

고려의 불교의례에 대한 관심은 일제강점기(1910~1945)의 신채호(申采浩, 1880~1936), 최남선 등과 같은 민족주의자들에 의해 촉발되었다. 그러나 민족주의자들의 주장이 충분한 사료 검토와 근거가 부족했던 것도 사실이며, 이에 반성적인 고찰과 연구가 불교 연구자 내부에서 있었다(이원태 2009, 11). 연등회와 팔관회의 최초기 연구자는 니노미야 케이닌(二宮啓任)과 안계현(安啓賢, 1927~1981)[19]이었는데, 이들은 불교사 연구에서 팔관회와 연등회를 단독 주제로 설정하여 이 의례들의 역사적·사회적 의미를 부여한 업적을 남겼다(안지원 2005, 16). 또한 그 이후 적지 않은 연구 성과들이 축적되었으나, 김종명(2001) 정도를 제외하면, 안지원(2005)과 그 이후의 대부분의 관련 연구들은 기존의 연구 성과를 답습 또는 확대 재생산한 경향이 크다. 내가 고려의 불교의례를 1990년대 초반에 박사학위논문인 Kim(1994)의 주제로 택한 이유 중의 하나는 불교의례의 성격과 역할 등과 관련, 기존의 시각에서 문제점이 발견되었으나, 이들 주제에 대한 연구가 시작된 1950년대 말 이래 30여 년 동안의 후속 연구들에서 새로운 주장을 별로 발견하지 못했

---

19 이들은 거의 동시에 한국과 일본에서 연등회와 팔관회에 관한 논문을 발표하였는데(안지원 2005, 15-16), 이 두 명의 학자 중 니노미야가 먼저인 것으로 나타난다. 안계현의 논문에 니노미야의 논문이 인용되어 있기 때문이다(윤광봉 2012b, 82).

기 때문이었다. 이러한 경향은 현재까지도 지속되고 있는 것으로 나타나는데, 이는 적어도 이 주제에 대한 새로운 학문적 발전이 여전히 전개되지 못하고 있음을 뜻한다. 또한 연등회와 팔관회의 역사적 중요성에도 불구하고, 이 두 가지 의례에 대한 역주 연구는 제대로 이루어지지 못했다.[20]

2) 차별성

『고려사』의 예[21]제에 대한 연구는 「예지」에 대한 개괄적 소개나 의례에 등장한 잡기의 분석 등이 있으나, 『고려사』 예제의 내용 자체에 대한 분석은 거의 이루어지지 않았음(김대식 2009, 307-308)을 고려할 때, 본서는 내용과 형식 등 다양한 면에서 선행 연구와 차별성을 가지고 있다.

첫째, 『고려사』 「예지」의 성격 규명을 위해, 다른 관련 자료들과의 비교 연구가 진행되리란 점이다. 이는 연등회와 팔관회에 대한 기존의 적지 않은 연구 성과들의 대부분이 『고려사』의 관련 기록을 바탕으로 이루어져온 것과는 다른 점이다. 「상원연등회의」와 「중동팔관회의」에 나타난 불교적 요소는 향(香)과 등(燈)에 대한 간단한 언급 외에는 발견되지 않으며, 연등회일에는 하루, 팔관회일에는 3일의 공휴일이 주어졌음에도, 『고려사』에서 연등회와 팔관회가 「가례잡의」로 분류된 점 등, 『고려사』의 불교 관련 내용은 상당한 한계성을 가지고 있음은 이미 지

---

20 김효탄(2001)은 『고려사』의 「세가」, 「지」, 「열전」에 대한 발췌본인데, 이 책의 「지」 편에는 「상원연등회의」와 「중동팔관회의」는 포함되어 있지 않다.
21 예(禮)는 통합적, 규범적 예법의 뜻을 가지고 있으며(신명호 2011, 140), 이 개념은 인간의 두려움의 대상인 신에 대한 제사에서 비롯되었는데, 사마천(司馬遷, 145~85 B.C.E.)은 예를 통치의 한 수단으로 보았다(정구복 2007b, 1).

적되었으며, 따라서 불전과 문집 등 관련 자료들에 대한 참고의 필수성 또한 강조되어왔다(김종명 2001, 197-201).

둘째, 선행 연구에 대한 철저한 분석을 통해 이 연구의 주장들이 논증될 것이다. 본서의 주제에 대한 기존 연구 성과들은 공통적인 문제점들을 가진 것으로 나타나는데, 그것은 주제 관련 일차 자료에 대한 부분적 검토 및 현존 일차 자료에 대한 포괄적 검토 결여, 선행 연구에 대한 분석 불철저 등은 가장 큰 문제점으로 등장한다. 따라서 본서에서는 이 점들에 대한 분석에 중점을 둘 것이다.

여기서는 2000년대 이후 출간된 학술 단행본과 2005년 이후의 학술지 게재 논문, 박사학위논문(김미숙 2013a) 및 학회 발표문[22]을 중심으로 이 책의 주제들을 검토할 것이며, 그 이유는 다음과 같다. 고려의 연등회와 팔관회에 대한 대표적인 연구 업적이자 학술 단행본은 김종명(2001)과 안지원(2005)[23]이다(채상식 2015, 105). 전자는 고려시대의 대표 불교의례에 대한 최초의 학술 단행본이며, 이 의례들의 성격과 역할에 대한 기존의 연구 내용은 이 책에서 일단 정리된 것(최영호 2011, 49)으로 간주된다. 그리고 후자도 팔관회(윤광용 2012, 86-87) 등 고려 불교의례 분야의 대표적 연구 성과로서, 2004년도까지의 연구 성과들을 포함하고 있으며, 이 책 이후의 관련 학술 단행본은 아직 출간되지 않았다.

김종명(2001)은 1994년 발표된 저자의 박사학위논문의 수정 증보본이며, 특히 이 책의 약 3분의 1을 차지하는 불교의례의 사상적 배경은

---

22 『八關會 학술세미나 합본호 2011/ 2012/ 2013』에는 2000년부터 2013년까지 팔관회의 연혁과 2011년부터 2013년까지 매년 봉행된 팔관회 학술세미나 자료도 정리·수록되어 있다(일러두기 2013, 142).
23 안지원은 이 책의 거의 3분의 2를 팔관회와 연등회의 의례 내용과 사회적 성격을 검토하는 데 할애하였다(안지원 2005, 25-224).

새로운 연구 결과였다. 이 책은 불교의례와 유교의례로 이원화되어 있었던[24] 고려의 국가의례 중에서 불교의례의 사상적 배경과 불교 교학적 성격 및 역사적 의미에 대해 분석한 저서로서, 국왕을 중심으로 한 왕실의 후원 아래 빈번하게 개최되었던 소재도량, 인왕회, 연등회, 팔관회 등 4대 불교의례의 불교 경전적 기원과 의미, 의례 형태, 사회적 중요성, 의례의 특징, 의례 절차 및 사상적 배경과 역사적 의미를 분석함으로써 고려 불교의례의 성격 규명을 시도하였다.

안지원(2005)은 안지원(1999)의 수정본으로서 연등회, 팔관회, 제석도량의 성격과 역할 규명을 시도한 책이다. 최근에는 민속학적 관점에서 팔관회(구미래 2003; 2012; 2013)와 연등회에 대한 연구 업적(한국불교민속학회·연등회보존위원회, 2013)도 이루어졌다. 그러나 이들 기존의 연구에서는 이 두 의례의 성격에 대한 치밀한 분석이 진행되지 못한 경향이 있다. 일례로 연등회와 팔관회에서 "연등은 핵심적 의례요소"(구미래 2013, 277-278)로 주장되고 있으나, 「가례잡의」의 의례 절차를 검토하면, 그렇게 볼 수 있는 여지는 별로 없다. 특히, 2000년대 이후 본 연구의 주제 관련 연구 성과들의 상당수는 축제로서의 성격을 강조한 응용 분야에서 이루어진 경향이 강하다. 승단에서도 국민 축제화 내지는 세계화의 차원에서 연등회와 팔관회의 부활 또는 현대화 작업에 상당한 정성을 기울이고 있는데, 특히 부산은 이 분야의 활동이 상당히 활발한 지역이다. 그러나 이러한 응용 연구들과 관련된 행사들[25]은 학문적 엄밀성이 담보되지 못하고 있는 것으로 나타났다.

셋째, 「상원연등회의」, 「중동팔관회의」에 대한 역주를 바탕으로 한

24　고려에서 유교의례와 불교의례는 별개의 사전 체제로 운영되었다(안지원 2005, 322).
25　필자는 이 행사들에 일반 참가자 및 관찰자로서 수차례 참가하였다.

상원연등회와 중동팔관회의 성격 재조명에 대한 구체적 연구도 이 연구가 가진 또 하나의 차별성이다. 역주와 관련된 선행 연구들의 경우, 주제와 관련된 연구 부분은 없거나, 있더라도 해제 정도에 머물러, 구체적 논증이 가해진 연구는 드물다.[26]

넷째, 본서의 주석의 내용도 선행 역주서들의 그것과는 다르다. 박종기(2016), 김건곤(2015), 박려경·이봉규·김용천(2015), 박창희(2015a; 2015b), 문옥표·이충구(2014), 김일권(2011)은 최신 관련 연구 업적들이다. 특히 박종기(2016)는 이들 가운데서도 시기적으로 가장 최신 연구 업적이다.[27] 이 책은 뒤표지의 설명에 의하면, "고려 왕조 지방사 연구의 원전 『고려사』「지리지」 국내 최초 단독 역주서"다. 다른 역주서들의 경우도 사정은 대동소이하므로, 이 책을 중심으로 살펴보기로 하겠다. 기존의 연구 성과들의 주석의 내용이 특정 개념들에 대한 교감이나 용어 설명 등으로 이루어진 경우가 일반적인 데[28] 비해, 본서의 주석 내용은 학계의 관련 연구 성과들을 적극 반영시켜 연구사적 역할을 할 수 있도록 하는 데 중점을 두었다. 이러한 접근법은 "연구 성과는 이후에도 변화·발전하고 계속 축적되기 때문에 주석 작업에서 자세한 연구 성과를 반영하는 것은 오히려 역주의 가치를 훼손할 수 있다. 그러한 이유로 연구 성과는 자료 해석과 원문 오류를 바로잡는 데 도움을 줄 수 있는 경우에만 주석 작업에 반영하였다"(박종기 2016, 34-35)라는 주장과는 다른 것인데, 그 가장 큰 이유는 논지의 객관성 확보가 중요하기 때문이다.

---

26 김일권(2011)의 연구는 예외에 속하는 편인데, 2부로 이루어진 이 책의 1부는 오행지 자체에 대한 연구에 해당되며, 주석도 상대적으로 철저하다.
27 박종기(2016)의 간행일은 7월 30일이다.
28 박종기는 "주석은 원문과 번역문에 나타난 주요한 지명·인명·제도 등의 여러 용어를 풀이한 것이다"(박종기 2016, 34)라고 한다.

본서는 형식에 있어서도 기존의 역주서들과는 차별성을 지니고 있다. 기존의 역주서들은 일반적으로 원문, 번역[29], 주석으로 구성되어 있으며[30], 원문이 상당한 지면을 차지하고 있다. 영인본은 사료에의 근성을 높이고, 구조를 알려주기 때문에(박가영 2009, 43), 기존의 의궤[31] 번역문들의 경우도 의궤의 한문 원문은 대부분 영인하여 뒤에 첨부되었고(박소동 2009, 20), 영인본이 있는 의궤의 복식 연구[32]도 영인본이 없는 의궤에 비해 더 많이 이루어져왔다(박가영 2009, 43). 따라서 대중서의 경우, 원문이 필요 없어도 되지만, 연구서라면 독립적 자료 역할을 할 수 있도록 원문을 첨부하는 것이 바람직하다(박소동 2009, 20)고 한다. 그러나 이 책에서는 한문 원문은 생략되었다. 그 이유는 다양하다.

첫째, 이미 관련 선행 연구들이 있기 때문이다. 본서도 『북역(北譯)』과 『동석』이란 선행 연구들이 있다. 둘째, 다른 외국어는 특별한 이유가 있지 않으면 원문을 명기하지 않는 것이 일반적인데, 한문만 굳이

---

29 직역과 의역을 잘 조화시켜 원문의 의도와 분위기를 살리면서 정확한 의미를 전달하는 것이 역자의 의무면서 능력이다(박가영 2009, 44). 의궤 번역의 문제들은 자료 접근의 어려움과 종합 영인 계획의 부재, 동일 의궤의 중복 번역과 오류의 문제, 용어의 통일 문제, 참고자료의 미비 문제(박소동 2009, 11-24)가, 복식 의궤 번역상의 과제로는 대표성 지닌 번역 대상의 선정, 정확하고 이해하기 쉬운 번역, 사전과 해제 서적 편찬, 전산화와 대중화(박가영 2009, 43-48)로 주장되고 있다.
30 박종기(2016)의 경우도 그러하다(박종기 2016, 34).
31 의궤에 대한 대중의 관심이 집중된 것은 1980년 후반 약탈 의궤 반환 문제가 사회적인 문제로 대두되면서부터다(김연주 2009, 55).
32 복식사 연구에 사용되는 사료로는 실물, 문헌, 회화, 조각, 사진 등을 들 수 있으며(박가영 2009, 20), 조선시대 복식사 연구에 있어서 의궤는 『조선왕조실록』과 더불어 가장 기본이 되는 문헌사료로 인식되고 있는데, 특히 의궤는 복식과 복식의 제작, 복식의 착용, 복식을 둘러싼 배경에 관한 기록을 모두 포함한다는 데서 탁월한 사료적 가치를 지니고 있다. 한국 복식사에서 의궤를 대상으로 삼은 연구는 1970년대에 시작되었으나, 1980년에 들어서면서 여러 학자가 의궤에 기록된 복식을 분석하였으며 보다 다양한 분야의 의궤에 도전하기 시작하였다(박가영 2009, 20-35).

원문을 명기할 학문적 이유가 없기 때문이다.[33] 셋째, 연구 업적의 가장 중요한 부분은 주제와 관련된 논증 부분인데, 원문을 명기할 경우 원문이 차지한 지면만큼 논증 부분이 약화되어 그 연구 업적의 질적 약화를 초래할 수 있기 때문이다. 원문 입력 시 발생할 수 있는 오타 등의 오류 가능성도 고려되어야 한다. 이러한 점들은 우리 인문학계에 대한 건의 사항이기도 하다(김종명 2016, 90-91).

본서에서의 번역은 선행 연구를 참고하면서, 선행 연구의 오류나 빠진 점 등을 수정 또는 보충하는 데 중점을 두었다. 2008년에 교육과학기술부가 발표한 표절 가이드라인에 의하면, "여섯 단어 이상 무단 인용", "여섯 단어 이상의 연쇄 표현이 일치하는 경우" 등은 표절로 인정되고 있는데, 선행 연구들의 경우, 이 기준에 저촉되는 경우도 있으며, 주석의 내용에 대한 출처를 밝히지 않아 표절의 혐의가 짙은 예 또한 적지 않다.[34] 이와는 달리, 본서에서는 학계의 표절 가이드라인을 준수하면서, 일반적으로 알려진 사항들 외에는 가능한 한 출처를 명기하였다. 원문 등에 대한 출처 명기 방식도 기존의 서명, 권수, 제목 등의 형식을[35] 지양하고, 서명, 권수, 쪽수는 물론, 인용 부분의 단수와 줄수까지 명기하여[36] 독자로 하여금 쉽게 원문을 확인할 수 있도록 하였다.

---

33 나는 이 문제를 십수 년 전 당시 서울대학교 불교철학 전공 교수였던 고 심재룡 교수와 논의한 적이 있었다. 당시의 결론은 "한문이 지닌 다의성 문제도 있긴 하겠지만, 원문 명기 준수는 분야 학자들의 학문적 기득권 수호 차원의 산물일 수도 있지 않겠느냐?"라는 것이었다.
34 박종기는 "주석 작업 과정에서 보완이 필요한 자료나 연구 성과를 밝혀야 하는 경우에는 각주를 붙였다"(박종기 2016, 34) 한다. 그러나 주석은 출처가 밝혀져 있지 않은 경우가 많다.
35 박종기(2016, 67)는 본문의 우봉군에 대한 설명에서 한문 원문을 제시한 후, 그 원문의 출처를 "『史記』 권35 지리2 漢州 우봉군조 참고"로, 주석의 경우, "麗史 권77 百官2 外職條"로 표기하였다.
36 그 일례는 다음과 같다. 『고려사』 67, 48a1-5. 나는 이 방식이 한문 원문을 인용하면서 작성되는 우리 학계의 학술논문에도 적용될 필요가 있다고 생각한다.

본서에서는 번역문만 제시하고, 한문 원문은 인용 쪽수와 인용 줄 수로 표기된 정확한 출처만 제시되었는데, 이는 기존 방법보다 제한된 지면에 더욱 충실한 내용 수록이 가능할 것이기 때문이다.

따라서 본서는 국내 학계의 역주 내용과 방향에 대한 새로운 틀을 제시할 수 있을 것이다.[37]

3. 연구 자료, 내용 및 방법

1) 연구 자료

고려의 불교의례 연구 시의 가장 큰 제약은 자료상의 한계다(안지원 1999, 22). 팔관회를 비롯한 고려시대의 수많은 의례들에 대한 연구도 아직 만족스럽지 못한 상태에 있는데, 그 이유도 이 의례들에 대한 『고려사』의 기록들이 지극히 단편적이기 때문(정은우 2013, 120)이란 지적은 타당하다. 그러나 상원연등회와 중동팔관회 관련 기존 연구들의 대부분은 『고려사』 등의 사서 중심의 연구였다. 고려 불교의례 연구의 가장 중요한 자료가 『고려사』임은 분명하다(김종명 2001, 23·34). 그러나 불교 관계 기사에 관한 한, 『고려사』 등이 가진 한계성으로 인해, 연등회와 팔관회의 성격 규명을 위해서는 불전과 문집 등 다른 관련 문헌들에 대한 검토는 필수적이며, 현행 관련 연구에서는 이 자료들을 검토하지 않은 경우가 대부분이다.

---

[37] 이러한 방식은 나의 독창적인 것은 아니며, 서구의 불교학계에서는 일반적인 것인데, Buswell(1983; 1989; 2007)은 한국 불교 관련 좋은 전례다.

고려 불교의례를 비롯한 고려시대 연구의 중요 일차 자료에 대한 논의는 이미 개진되었다(김종명 2001, 32-38). 그리고 『고려사』의 「열전(列傳)」과 「지」 부분 속의 불교 관계 기록과 『동국이상국집』, 『고려명현집』, 『동문선』 같은 문집들, 고려시대 비문들과 묘지명, 중국 측 사서 등을 적극 활용한다면 사료 부족에서 오는 문제점이 많이 보강될 수 있을 것이다.[38] 고려시대의 문헌자료 가운데 『고려사』 외의 문헌자료나 유물자료를 통한 연구도 앞으로의 과제(한홍섭 2009, 4)라는 지적도 제기되었다.[39] 그럼에도 불구하고, 현존하는 일차 자료들을 종합적으로 검토하지 않고 『고려사』 중심의 특정 자료에 의존하는 연구 경향은 여전히 강하게 남아 있다.[40] 이 연구에서도 고려사는 핵심 자료 중의 하나며, 2000년대의 관련 주요 연구 성과들인 단행본, 학술지 게재 논문, 학회 발표문 및 학위논문이 검토될 것이다. 그 이전의 연구 성과들은 김종명(2001)에서 분석되었기 때문이다.

---

38 이러한 지적은 김종명(2001, 32-38)에서 이미 제기되었다.
39 안지원은 고려 의례를 문화, 경제, 사상 면에서 접근하고, 사상적인 접근은 설행 때 작성된 시문과 표문, 문집 기록과 악곡 등의 자료를 검토하였다(안지원 2005, 22)고 한다. 그러나 "시문과 표문, 문집 기록과 악곡 등의 자료 검토"를 통해 사상적 접근을 한 것은 상당한 한계가 있다. 이 자료들에는 사상적인 면이 별로 포함되어 있지 않기 때문이다.
40 안지원은 팔관회에 대한 기록으로서 가장 먼저 살펴야 할 자료가 연등회와 마찬가지로 태조의 「훈요」(안지원 2005, 140)라고 하며, 구미래는 팔관회를 고구려의 동맹의 연속으로 보았는데, 여기서 사용된 일차 자료는 『송사』와 『고려도경』이다(구미래 2013, 295). 그리고 채상식의 연등회 연구의 일차 자료는 『삼국사기』, 『삼국유사』, 『고려사』, 『고려도경』이다(채상식 2015, 127).

2) 연구 내용

고려의 불교의례는 시기적으로는 정규의례와 특설의례로 구분되며, 다시 정규의례는 국가의례 및 개인의례로 구분되는데(한기문 2003, 52), 본서에서는 고려의 대표적 정규의례들인 상원연등회와 중동팔관회를 분석 대상으로 한다. 『고려사(高麗史)』 제 69권 「지」 제 23권 「가례잡의(嘉禮雜儀)」(『고려사』 69, 1a-33b)에는 상원연등회와 중동팔관회에 대한 의례 절차가 각각 「상원연등회의」, 「중동팔관회의」란 제목으로 상술되어 있다. 팔관회는 10월과 11월에 서경(西京)과 개경(開京)에서 각각 개최되었는데, 이 책에서 검토할 팔관회는 후자로서 더욱 중요하였던 중동팔관회다. 문화적 습합과 접변 형상을 밝혀볼 수 있는 유력한 자료일 수 있는(나경수 2008, 46) 고려의 연등회는 정규연등회인 상원연등회, 특별한 경우에 개최되었던 특설연등회[41], 사월초파일연등회의 세 가지 종류가 있었다(김종명 2001, 123; 채상식 2015, 111).[42] 특설연등회는 간헐적으로 개최되었으며, 불탄일연등회는 음력 4월 8일에 열렸는데, 고려 후기에 이르러 본격적으로 개최되었다(채상식 2015, 103).[43] 이 책의

---

[41] 특설연등회 개최 횟수와 관련, 김종명(2001)은 8회, 즉 덕종(1031~1034) 대 1회, 문종(1046~1083) 대 5회, 예종(1105~1122) 대 2회 개최되었다(김종명 2001, 127)고 하며, 채상식은 7회, 즉 문종 대 5회, 예종 대 2회라 하여(채상식 2015, 114), 덕종 대의 1회가 누락되었다. 안지원(2005, 87-89·328)도 특설연등회 개설에 대해 논의하고 있다.

[42] 고려에서 개최된 연등회는 내용상 크게 세 종류로 구분되는데, 필자에 따라 정규연등회 또는 정례연등회, 특별연등회 또는 특설연등회, 불탄일연등회 등 용어 사용에 약간의 차이가 있다(채상식 2015, 111). 채상식은 특별연등회란 개념 대신 특설연등회란 용어를 사용하고 있는데(채상식 2015, 111), 이 책에서도 이 개념을 따른다. 그리고 고려시대에 상원연등회와 4·8연등의 두 가지가 있었다(홍윤식 2012, 10)는 주장이 있으나, 여기서는 특설연등회가 빠져 있다. 연등과 관련된 연등민속을 국왕 주관의 연등회, 사찰의 연등공양, 민간의 연등놀이의 세 가지로 분류한 경우(나경수 2012, 52)도 있다.

[43] 사월초파일연등회에 대한 기록은 1166년부터 등장하였다(『고려사』 122, 14b5-6).

검토 대상은 상원연등회다. 1392년 조선 건국과 함께, 도당(都堂)은 팔관(회)과 (상원)연등(회)의 중단을 청하였으며[44], 그 이후 이 의례들은 혁파되었다. 그러나 불탄일연등회는 조선시대를 이어 현재까지도 국민적 축제의 장으로 자리매김되고 있으며, 팔관회도 고려시대와는 그 성격을 달리한 채 현대에도 개최되고 있다.

이 책은 2부로 구성되어 있다. 제1부에서는 '고려 불교의례의 성격 재조명'이란 주제 아래, 상원연등회와 중동팔관회에 대한 분석적 연구가, 제2부에서는 「상원연등회의」와 「중동팔관회의」 역주 연구가 진행된다.

제1부 '고려 불교의례의 성격 재조명'은 연등회 및 팔관회의 역사, 주체, 참가자, 절차, 역할, 사상 등에 대한 검토를 통한 성격 재조명, 『고려사』 「예지」의 성격 재검토 및 종합 분석으로 구성되어 있다. 먼저, 상원연등회와 중동팔관회를 비롯하여, 고려시대에 개최되었던 불교의례들의 일반적 성격에 대한 논의가 이루어진다. 그리고 '상원연등회의 성격 재조명'과 '중동팔관회의 성격 재조명'에서는 「상원연등회의」와 「중동팔관회의」에 대한 역주 연구를 바탕으로 하고, 선행 연구 성과들에 대한 비판적 분석을 통하여 고려 상원연등회와 중동팔관회의의 성격을 재조명한다. 이를 위해 선행 연구와 쟁점에 대한 검토와 분석이 이루어

---

[44] 『태조실록(太祖實錄)』 1권, 1년(1392) 8월 5일(갑인). 학자들은 이 기사를 근거로 조선은 건국과 함께 즉시 팔관회가 혁파되었다(변동명 2016, 151; 서금석 2016, 180-181)고 주장한다. 그러나 이 기록은 도당에서 팔관(회)의 혁파를 청한 것이기 때문에, 실제로 팔관회가 언제 없어졌는지는 분명하지 않다. 이 기사 이후, '팔관(회)'이란 명칭이 『조선왕조실록』에서 다시 나타난 것은 『세종실록』 90권, 22년(1440) 8월 11일(경진) 기사인 "옛날 고려의 팔관회와 우리 왕조의 강무(講武)는 비록 가물어서 흉년을 당했어도 항상 시행하여 폐지하지 않았는데"라는 데서다. 그리고 1415년(태조 15)에 초파일 연등이 중지되었고, 1416년 이후로 『조선왕조실록』에는 정월 연등에 관한 기록이 없다. 이 점들을 고려하면, 팔관회도 1392~1415년 사이에 없어진 것으로 생각된다.

진다. 특히 안지원(2005)은 중심 분석 대상이 될 것인데, 그 이유는 이 연구 성과의 주장은 후행 연구들에서 재생산되고 있기 때문이다. 그리고 본서의 결론에서는 김종명(2001)의 주장이 다시 강조될 것이다. 그 이유는 십수 년 전에 출간된 이 연구 성과가 연등회와 팔관회의 성격 및 기능과 관련된 기존의 통설에 대한 반론을 제기하였음에도 불구하고, 여전히 이 반론에 대한 재반론이나 새로운 견해들은 제기되지 않았기 때문이다.

제2부 '「상원연등회의」와 「중동팔관회의」 역주'에서는 연등회와 팔관회의 절차가 상술된 『고려사』의 「상원연등회의」와 「중동팔관회의」에 대한 연구사 중심의 역주가 각각 진행된다. 상원연등회는 이틀간 개최되었으며, 첫날의 행사는 연등소회(燃燈小會), 둘째 날의 행사는 연등대회(燃燈大會)라고 불렸다. 팔관회는 일 년에 두 번 개최되었는데, 한 번은 10월[45]에 서경에서, 다른 한 번은 11월에 수도인 개경에서였다. 임금은 관리들을 서경에 파견하여 팔관회를 개최하게 하였으나, 개경의 팔관회는 왕 자신이 직접 주관하였는데, 「중동팔관회의」의 기록을 통하여 11월에 개경에서 개최된 팔관회의 절차를 알 수 있으며, 이 절차는 의종(毅宗, 1146~1170) 대 이후 체계화된 것이다.

1970년대 이래 「백관지(百官志)」, 「병지(兵志)」, 「식화지(食貨志)」, 「악지(樂志)」, 「오행지(五行志)」, 「형법지(刑法志)」 등 『고려사』의 각 지(志)

---

45 10월은 1년 중 가장 좋은[上] 달이라 하여 상달[上月]이라고 한다. 태조는 그의 「훈요」 다섯 번째에서 수덕(水德)이 순조로운 서경을 중시하도록 한 점에서, 서경 팔관회의 10월 절일은 고려의 수덕 숭상과 관련이 크며, 서경의 10월 팔관회도 왕조의 정통성을 부각하고자 했던 것으로 간주되고 있다. 서경의 10월 팔관회 개최가 언제부터 시작되었는지는 사료상 확인할 수 없으나, 개경의 11월 개최가 정해진 뒤, 어느 시점에 이르러 서경의 10월 팔관회가 열렸을 것으로 보인다. 즉 팔관회는 11월 개경과 10월의 서경에서 같은 시기에 시작된 행사가 아니라, 개경에서 정착된 이후 특정 목적을 지향하고 서경에서 설행되었다고 추측된다(서금석 2016, 192-199).

에 대한 역주서들은 꾸준히 출간되어왔으나(김기덕 2001, 179; 허흥식 2001, 20·40-41; 박종기 2016, 7), 흉례(凶禮), 빈례(賓禮), 가례(嘉禮) 등에 대한 연구는 아주 저조하며(정구복 2002, 51), 연등회와 팔관회에 대한 주석적 연구는 진행되지 못하였다.[46]

3) 연구 방법

『고려사』의 역주에 앞서 선결될 작업이 있는데, 그것은 원전인 『고려사』의 판본을 대조하여 틀린 글자를 바로잡고, 그 차이점을 밝히는 것이며(허흥식 2001, 15), 전거 문헌의 특성을 밝히는 것도 중요하다(허흥식 2001, 38). 『고려사』 「예지」는 중국 당(唐, 618~907)과 송(宋, 960~1279)의 예제의 영향을 크게 받았기 때문에 『대당개원례(大唐開元禮)』[47]와 『정화오례신의(政和五禮新儀)』도 반드시 참고해야 할 자료들이다(정구복 2002, 41). 현재 여러 가지의 『고려사』 판본[48]이 있으나, 학

---

[46] 『고려사』의 역주사에 대해서는 김일권(2011, 18-20) 참조.
[47] 원문은 古典研究會(1981, 1-724) 참조. 『대당개원례』는 의례행사에 대한 가장 중요한 자료인 동시에 당대 전성기의 관행을 반영한 것이었으며(하워드 J. 웨슬러 2005, 292), 황제 이하가 행해야 할 오례의 대계였으나, 이 책은 실행을 전제로 하기보다는 예전의 기재나 이념을 우선시하여 편찬된 것이었다(野田有紀子 2008, 42·54). 『대당개원례』에는 당대의 의례, 제사 체계가 기술되어 있고, 율령과 함께 국가운영의 기본적인 규범이 제시되어 있어(渡辺信一郎 2002, 151), 이 책은 당나라가 멸망한 이후로도 조정의 예전 편찬에 크게 참고되었다. 『대당개원례』는 송(宋, 960~1279) 대의 제의 설계와 담론에도 모델이 되는(육정임 2007, 318) 등 중국의 역대 왕조뿐 아니라, 발해(渤海, 699~926), 신라, 고려 등 한국의 고대 국가와 일본 등 동아시아 각국에도 큰 영향을 미쳤으며, 중국의 역대 왕조와 한국의 국가 법률제도 및 왕조 의례의 규범적 틀이 되었다(이현진 2012, 103). 그러나 이 책의 내용에 대한 연구는 별로 없으며, 전체를 통독한 사람도 극히 드물었다(池田溫 1981, 822-830).
[48] 『고려사』의 판본, 현대의 축쇄영인본, 활판본과 역주본 및 표점본에 대해서는 허흥식 (2001, 16-17) 참조.

계에서 공통적으로 인정하는 정본은 아직 없다.[49] 특히 「지」를 이해하기 위해서는 「세가」나 「열전」에 비하여 해당 분야의 전문적 지식이 필요한데, 「지」의 역주는 고려의 문물제도의 연구와 필수적인 관계가 있기 때문이다(허흥식 2001, 19-21). 본서에서는 시기적으로 최신본들인 『북역(北譯)』과 『동석』을 기준으로 연등회와 팔관회의 의례 절차에 대한 역주를 진행하였다. 그리고 연등회와 팔관회의 의례 절차에 대한 연구는 김종명(2001, 132-135·180-186)과 안지원(2005, 64-81·171-195)에서 이미 이루어졌는데, 의례 절차에 관한 한, 후자가 더욱 상세하다. 따라서 여기서는 두 의례의 절차 역주 시의 소제목들은 후자를 특히 준용하였다.

4. 기대 효과

이 책의 예상 독자층은 전공 분야와 관련 분야의 전문 학자와 대학(원)생이다. 그러나 이 연구의 내용은 한글 전용 원칙 아래, 현대의 교양인이면 이해할 수 있는 문장으로 저술되어, 관심 있는 일반 교양인도 그 대상이 될 수 있다.

이 연구의 학문적 의의는 적지 않을 것으로 생각한다. 현재 국내외 학계의 한국학 연구 동향을 시대 면에서 검토할 때, 조선시대(1392~1910) 이전의 연구 성과는 그 역사적 중요성에 비추어 볼 때, 양

---

[49] 관찬인 『고려사』보다 훨씬 후대의 사찬 문집인 다산 정약용(丁若鏞, 1762~1836)의 문집이 이미 정본화되어 『정본 여유당전서(定本 與猶堂全書)』로 존재하는 것(방인 2014, 118)과는 대조적이다. 사찬에 대한 연구도 물론 필요하다. 그러나 제한된 재원상 연구에도 순서가 있는 법. 따라서 이는 우리 학계의 연구비 지출 기준에 대해 의문을 갖게 하는 한 예도 된다.

적으로도 상당히 적다고 할 수 있다. 이러한 입장에서, 이 연구는 고려의 불교의례들에 대한 이해를 심화시킬 수 있는 필수적인 연구 과제로 간주된다. 특히 연구사 위주의 역주를 시도한 이 책은 국내 학계에 새로운 역주 내용 및 방법론 제시의 역할도 가능할 것이다. 불탄일연등회는 삼국시대 이래 우리 민족의 공동체 의식을 잘 보여준다는 점에서(허정철 2014) 2012년 중요무형문화재[50] 제122호로 지정되었으며(임장혁 2012, 25; 한상길 2012, 101; 이성수 2013), 유네스코 무형유산의 잠재목록에 올라 있기도 하다. 상기한 것처럼, 팔관회 역시 우리 사회에서 새롭게 조명되고 있다. 따라서 이 두 의례에 대한 연구 및 역주를 목표로 한 이 책은 유관 학문 분야에 대한 기여뿐 아니라, 사회적 기여도 또한 적지 않을 것이다.

---

[50] 한상길(2012)은 "연등회는 2012년 3월 국가 유형문화재로 지정되었다"라고 하는데, 여기서 유형문화재는 무형문화재의 오기다. 대한민국의 전체 유형문화재 중에서 불교문화재는 전체의 60퍼센트 이상을 점유하고 있다. 그러나 무형문화재의 경우, 불교문화재는 영산재(靈山齋)와 연등회뿐이며, 전체 무형문화재의 2퍼센트에도 미치지 못한다(나경수 2012, 59). 무형문화재 제도는 동북아시아의 산물이며, 유네스코가 무형문화유산 제도를 만들 때, 철저하게 무형문화재를 전승·관리하고 있던 한국의 제도를 특히 많이 참고하였다(정상박 2012, 73; 최공호 2013, 106). 무형문화유산은 고정적인 것이 아니라 재창조되는 것인데, 한국의 무형문화재 정책은 지나치게 원형주의를 고집해왔다(정상박 2012, 75). 그러나 현재는 원형 자체가 이론적으로 불가능하다는 비판이 제기되었고, 대부분의 학자들은 여기에 동의하는 추세며, 국내에서는 전문가 인력풀의 체계적 구축이 시급한 형편에 있다(최공호 2013, 108-111).

제1부
고려 불교의례의 성격 재조명

1장
상원연등회의 성격 재조명

　연등회는 오랜 전통을 지닌 채 이어져왔다(홍윤식 2012, 10; 김형우 2012, 15).[1] 연등회가 가장 활발하게 전개된 시기는 고려시대였으며(채상식 2015, 103·105), 고려 왕조 전 시기에 걸쳐 수백 년 동안 지속되었는데(김형우 2012, 16), 연등회는 팔관회 다음으로 중요한 의례였다.[2] 또한 연등회는 고려사회가 창출해낸 문화적 장치면서, 고려 문화를 유지

1　연등 및 연등회의 기원에 대해서는 채상식(2015, 106-110) 참조. 여기서 채상식은 연등회의 기원에 대해 김종명(2001, 118-122)을 주로 참고하였다(채상식 2015, 108)고 한다. 『고려사』「세가」 수록 연등회 관계 기사표에 대해서는 안지원(2005, 350-356) 참조.

2　팔관회가 연등회보다 더 중요하였다고 볼 수 있는 증거 중의 하나는 공휴일 수다. 팔관회 때는 3일, 상원연등회 때는 1일의 공휴일이 주어졌다. 또한 팔관회의 경비 조달을 위해 팔관보(八關寶)가 운영되었던 것과는 달리, 연등회의 경비를 위한 별도의 보는 존재하지 않았다(안지원 2005, 329)는 점도 또 다른 증거다. 고려사회에서 연등회의 중요성은 연등회에서의 호위병의 수를 통해서도 살펴볼 수 있다. 연등회 때의 봉은사 진전(眞殿) 행차 시 위의사의 총 인원수는 밝혀져 있지 않으나, 위의사들의 인원수를 합산하면 총 1,883명으로 팔관회의 1,964명과 큰 차이가 없었다(안지원 2005, 172-173). 연등회 위장의 규모도 3,276명의 위의사가 동원된 팔관회 때와 비슷하였을 듯하다(안지원 2005, 73).

해간 핵심 장치였다(안지원 2005, 21). 그러나 연등회 개최 상황은 고려 시대에도 시대별로 달랐다. 고려 전기의 일반 불사에서는 연등이 보편화되지는 않은 듯하며, 고려 후기에는 전 계층에 걸쳐 연등회와는 다른 연등 관련 불사들이 유행하였다(안지원 2005, 113-114). 고려 전 시대를 통하여 가장 많이 개최된 연등회는 정규연등회인 상원연등회였으며(김종명 2001, 115; 채상식 2015, 103-105), 이들 다양한 연등회 가운데서 이 책에서 논의될 연등회도 상원연등회다. 상원연등회의 절차도 일정하지 않았으며, 고려에서 상원연등회의 의례 정비는 정종(靖宗, 1034~1046) 대에 이루어졌다(한기문 2003, 39). 고려 말에 이르면, 충선왕(1308~1313)의 예에서처럼, 국가 자주성 상실에 따라 고려 왕실의 정규연등회에 대한 의식은 약화되기도 하여, 연등회보다 사월초파일의 불탄일연등회의 사회적 비중이 커졌으며(안지원 2005, 113-115), 특히 사찰 단위의 불탄일연등회는 대단히 사치스러우면서도 큰 규모로 치러졌다(채상식 2015, 117).

 조선 전기에도 상원과 사월초파일의 연등 풍속은 매우 활발하였다(전경욱 2008, 39).[3] 태종(太宗, 1400~1418)의 명에 따라 신하들이 고려조의 예서인 『상정예문(詳定禮文)』[4]을 검토한 결과, 중국 원(元, 1206~1268)나라 때의 백과사전 격인 『사림광기(事林廣記)』에 따라서 궁에서 연등의례

---

[3] 조선 전기 문인들의 한시에서도 사월초파일의 불탄일 연등은 묘사되었는데, 이에 대해서는 전경욱(2008, 29-32) 참조.
[4] 『상정고금례』는 『고금상정』, 『고금상정례』, 『고금상정록』, 『고금상정예문』, 『상정상정예문』, 『상정예문』, 『상정례』로도 불렸다. 이 책의 원명은 『상정예문』인데, 이는 이규보(李奎報, 1168~1241)의 『동국이상국집(東國李相國集)』 권11에 나와 있어 바로잡아야 할 것이다. 그리고 이 기록을 통해 『상정예문』은 1234년에서 1241년 사이에 금속활자로 인쇄되었음도 알 수 있다(김창현 2011, 41; 남윤성 2015, 179). 여기서는 남윤성(2015)의 견해를 수용하여 모두 『상정예문』으로 표기한다.

를 실시한 바 있는데[5], 이때의 연등은 상원에 중국 한(漢, 206 B.C.E.~219 C.E.)나라 이래의 전통인 도교의 신인 태일(太一)에게 제사[6] 지내기 위한 것이었다(나경수 2012, 55-57). 그러나 1415년(태종 15) 1월 25일 상원연등회는 혁파되었으며[7], 같은 해 1월 25일에는 불탄일연등도 없애라는 왕명이 있었다(김형우 2012, 21).[8] 반면 조선시대 내내 불탄일연등회는 사원과 민가에서 전승되었으며, 그 전통은 현재까지도 유지되고 있는 셈이다(이종수 2012, 126; 채상식 2015, 118).[9] 성종(成宗, 1469~1494) 때도 민간에서 연등놀이가 활발하였다.[10] 성리학(性理學)적 질서가 완성된 17세기 이후에도 불탄일연등회가 지속된 것은 연등회가 불교계만의 행사가 아니라, 민가의 풍속으로 정착되었음을 뜻하며, 영조(英祖, 1724~1776) 대에도 민간에서 연등놀이가 열렸다.[11] 그러나 조선 후기의 불탄일연등회는 사찰 중심의 불교행사라기보다 욕불일(浴佛日)이라고 하는 명칭만 남아 전래된 민속이었다(이종수 2012, 132-137).[12]

개화기 이후 해방 이전에도 불탄일연등회는 개최되었으며, 1955년부터는 불탄일연등회를 기념하는 제등행렬도 시작되었다(임장혁 2012,

---

5 『태종실록』 21권, 11년(1411) 1월 15일.
6 제사라는 말은 『서경(書經)』에서 최초로 사용되었다. 유교의 성립 시부터 제사라는 용어가 통용되어오다가 중국 역대 사서 중에서 제사지가 나타난 것은 『후한서(後漢書)』였는데, 제사는 가장 보수적이고 지속적인 성향이 강한 것이다(정구복 2007b, 1-3).
7 『태종실록』 29권, 15년(1415) 1월 25일(갑자).
8 『세조실록』 42권, 13년(1467) 4월 8일 1번째 기사를 근거로 조선조 세조(世祖, 1455~1468) 때 국가제전으로서의 연등회는 사라졌다(나경수 2012, 52)는 견해도 있다. 『조선왕조실록』 초기 기록에 보이는 연등회 관련 기사에 대해서는 채상식(2015, 118) 참조.
9 조선시대 이래의 사월초파일연등회의 설행 사실과 그 의미에 대해서는 이종수(2012, 113-145) 참조.
10 『성종실록』 54권, 6년(1475) 4월 8일 6번째 기사.
11 『영조실록』 120권, 49년(1773) 4월 8일 6번째 기사.
12 조선 후기의 연등회에 대해서는 전경욱(2008, 32-37) 참조.

28-40). 불탄일은 1975년에 법정공휴일이 되었고, 불탄일연등회는 1976년부터는 연례행사가 되었으며, 1996년부터는 그 명칭이 '연등축제'로 변경되었다[정해성(각성) 2009, 445].[13] 현재 불탄일연등회는 불교행사(김명자 2008, 64)며, 매년 불탄일에 대한불교조계종을 비롯한 30여 개의 불교종단이 모두 참가하는 연등축제가 전국적으로 개최되고 있다[정해성(각성) 2009, 440]. 2012년 국가지정 중요무형문화재로 지정된 불탄일연등회[14]는 지정 시점인 2011년의 불탄일연등회를 원형으로 인정한 셈인데(나경수 2012, 47), 현재 연등 축제는 유네스코 인류무형유산으로 등재 신청 중에 있다(한상길 2012, 101).[15]

따라서 "정월과 2월의 연등에서 우선 불교의례화되어 다음에는 불교의례화한 연등행사가 다시 불탄일과 같은 경축행사에 병설되어 오늘날에 전하는 초파일 연등으로 전개된 것으로 볼 수 있다"(김명자 2008, 54)라는 주장은 연등회의 역사적 전개를 고려할 때, 타당하지 않다. 상원연등회는 고려에서 조선 초기까지만 설행되었으며, 그 이후에는 맥이 끊어진 것으로 보아야 한다. 대신 불탄일연등회는 오랜 전통을 지닌 채 계속 이어져왔으며(홍윤식 2012, 10; 김형우 2012, 15), 현재도 한국의 대

---

13 이 점에서 불탄일연등회는 왕경과 지방의 민중들도 같이 즐겼던 행사로서 조선시대를 거쳐 현재까지도 이어지고 있는 불교의례(채상식 2015, 104-105)라는 주장은 일리가 있다.
14 편무영은 현재 일반화되어 있는 국내의 불탄일 연등 가장 행렬이 일제강점기 일본의 초파일 연등회의 영향을 받아서 시작되었다고 하며(김명자 2008, 69), 국가지정 중요무형문화재로 지정된 현재의 불탄일연등회도 이러한 산물이다(나경수 2012, 49). 일제강점기 민간에서 전승되어온 연등제의 양상에 대해서는 미등(2008, 73-92) 참조.
15 현대 한국의 연등축제 영상들에 대해서는 연등회 사이트(www.llf.or.kr), 부산연등축제 사이트(www.bba48.or.kr) 참조. 현대 한국의 연등회가 일본, 중국의 연등회와 변별되는 큰 차이점은 연등회의 성격에 있으며, 그것은 연등회가 열리는 시기에서 확인할 수 있다. 일본에는 사월초파일에 한국처럼 등을 밝히는 풍속이 없으며, 중국에서는 정월 보름의 상원연등이 행해지고 있는데(미등 2012, 42), 이것은 등절(燈節)이라고도 불리며, 이때 등을 설치하고 즐기는 축제를 등회(燈會)라 한다(전경욱 2012, 63).

표 축제로 자리 잡고 있다.

아래에서는 연등회 관련 선행 연구 검토, 쟁점, 분석의 순서로 살펴보도록 하자.

1. 선행 연구 검토

연등회 관련 주요 선행 연구들은 학술서, 학술지 게재 논문, 학회 발표문, 학위논문 등으로 구성되어 있다. 고려의 상원연등회 자체에 관한 학술서는 현재 없으며, 고려의 대표 불교의례로서 연등회를 검토한 학술서는 김종명(2001)과 안지원(2005)이 대표적이다. 전자는 연등회의 문헌적 기원(116-118)[16], 고려 이전의 연등회 및 고려 연등회의 역사적 전개(123-132), 종류, 중요성, 절차(132-135), 성격(135-139), 역할에 대한 통설(139-142) 및 고려 연등회의 유산에 대해 검토하였으며[17], 후자의 주요 주제는 연등행사의 기원과 중국의 상원연등회(26-50), 고려 연등회의 의례 내용(51-89)[18], 고려 연등회의 사회적 성격(90-117), 고려 불교의례와 국가불교(295-336) 등이다. 한국불교민속학회·연등회보존위원회(2013)는 학자들의 논문집으로 구성된 또 한 권의 연등회 관련 학술서다. 이 책은 『연등회의 종합적 고찰』이란 서명 아래 연등회의 역사적 접근, 민속적 접근, 연희적 접근, 축제적 접근, 공예적 접근의 5

---

16 중국에서도 송(宋, 960~1279) 대 이래 연등회의 기원에 대한 논의가 활발했지만, 지금까지 일치된 의견은 없다(전경욱 2007, 228; 나경수 2012, 55에서 재인용. 나경수가 재인용한 "전경욱 2007, 228"은 '전경욱 2008, 338'의 오기다).
17 고려시대의 국왕별 연등회 개최 횟수에 대해서는 김종명(2001, 124-125) 참조.
18 안지원(2005, 53), 주 78의 『고려사』 권39는 권93의 오기다.

부, 총 20편의 논문으로 구성되어 있는데, 상원연등회 자체에 관한 논문은 없다. 대한불교조계종 행사기획단(2009)과 부대(2008)도 단행본으로 출간된 것이나, 전문 학술서는 아니다.

학술지 논문들의 주제는 연등과 민속(진철승 2002; 구미래 2013, 279-304), 연등의 의미와 형태(박진태 2012, 227-263), 연등회의 운영과 추이(채상식 2015, 103-130), 연등회와 문화(김용덕 2009; 표정옥 2009, 155-184; 고상현 2014a, 515-545; 고상현 2014b, 185-228; 이윤수 2014, 93-136), 연등회와 연등굿(한금순 2008, 463-502), 연등회와 음악(한흥섭 2007a, 107-133; 한흥섭 2009, 46-70), 연등회와 축제(진철승 2006; 전경욱 2008, 329-379; 정형호 2013, 43-80) 등이며, 이 논문들이 게재된 학술지들은 『공연문화연구』, 『남도민속연구』, 『동아시아불교문화』, 『불교와 사회』, 『불교학보』, 『선문화연구』, 『어문학교육』, 『정토학연구』, 『한국민속학』, 『한국민족문화』, 『한국불교사연구』 등이다. 단행본인 『한국 고대극장의 역사』에도 연등 관련 논문 1편이 실려 있다. 따라서 연등회 관련 학술지 게재 논문들 가운데 상원연등회 자체에 대한 연구 성과는 별로 없으며, 이 논문들이 게재된 학술지들은 문화, 민속, 불교, 어문학, 예술 분야 학술지로 다양하나, 불교 관련 학술지가 가장 많으며, 불교 관련 학술지에 게재된 최근의 연등회 관련 연구 성과들 중에는 응용 연구가 가장 많다.

발표문은 대한불교조계종 포교원의 불탄일연등회 준비 내부 자료집 2권(부처님오신날 봉축위원회 2009a; 부처님오신날 봉축위원회 2009b)과 연구보고서 1권(대한불교조계종 행사기획팀 2006)이 있으나, 모두 전문적인 학술 연구 성과물은 아니다.

학위논문은 2편의 박사학위논문과 1편의 석사학위논문 등 3편이 발표되었다. 2편의 박사학위논문은 각각 연등과 문화(이윤수 2012), 연등회와 축제(고상현 2013)를 주제로 하고 있으며, 1편의 석사학위논문도 연등과 축제(이갑상 2010)를 주제로 한 것으로, 상원연등회를 주제로 한 학위논문은 없다.

요약하면, 최근에 발표 또는 출판된 연등회 관련 주요 연구 성과 가운데 상원연등회 자체를 다룬 연구는 거의 없으며, 대부분은 응용 분야의 연구들이다. 그런 가운데서도 연등회 관련 쟁점들에 대한 연구는 단편적이나마 지속되고 있다.

2. 쟁점 검토

기존의 연구에 나타난 고려의 연등회 관련 주요 쟁점은 역할, 주체, 참가자, 절차, 사상 성격 등으로 나타난다.

1) 주체

연등 행사 주체와 연등과의 상관성 규명도 필요한 주제인데(나경수 2008, 46), 상원연등회의 주체는 국왕이었으며, 상원연등회의 소회일과 대회일의 모든 의례 절차와 내용은 국가의 상징인 왕을 정점으로 진행되었다(한흥섭 2007a, 109).[19]

---

19 사월초파일(불탄일)연등회의 경우, 의례 주체가 시대에 따라 정권 실세인 경우도 있었다. 1245년(고종 32)에는 당시 최고 실력자였던 최이(崔怡, ?~1249)가 자기 집에서 연등회를 열었고(『고려사』129, 40b7-8), 공민왕 때는 왕권을 압도할 정도의 실권을 가졌던 신돈(辛旽, ?~1371)도 자기 집에서 대연등회를 열었는데(『고려사』132, 4b4-6), 최이와 신돈이 개최한 연등회는 모두 사월초파일의 연등회였다(나경수 2012, 50).

2) 참가자

상원연등회의 참가자는 다음처럼 국민 전 계층이란 견해가 다수다.

연등회는 전 국민이 참여하는 초계층적 문화축제였다(안지원 2005, 21). 연등회는 양경과 일반 향읍(안지원 2005, 326; 김명자 2008, 53)[20]의 전 계층에서 설행된 불교의례로서 고려사회 구성원 전체가 참여하고 있었다(안지원 2005, 326-329). 연등회는 군신동락이 강조된 축제의 성격을 띠고 있어 많은 백성의 참여가 가능하였다(박영재 2015, 56). 『고려사』에 전하는 연등회에 관한 기사는 왕실과 지배 귀족·관료들 중심으로 되어 있으나, 그들에게만 한정된 행사는 아니었다. 현종 원년(1010) 연등회를 부활시킬 때 "연등회를 부활시켰다. 나라의 풍습에 왕궁과 수도로부터 향읍에까지 이르렀다"[21]라 한 것은 경향 각지에서 이전부터 행하여진 보편적인 신앙과 풍속을 국가에서 통합한 것을 의미하며, 정월 연등과 2월 연등은 온 백성의 민중적·국가적 축제였다(채상식 2015, 122).[22]

---

20 양경의 연등회는 중앙정부의 국왕을 정점으로 하는 관료체제를 근간으로 하여 설행된 반면, 지방의 연등회는 지역 내 지배세력들이 중심이 되어 지역 내 유대를 강화하기 위한 행사로서 실시되었다. 지역 단위로 조직되었던 향도들이 실제적인 준비를 담당하였고 지방관들도 이에 참여하였다(안지원 2005, 329)고 한다.
21 『고려사절요』 3, 1b2-5.
22 "대규모 불교행사는 순수한 종교적 의미보다는 집단 내의 사회적 통합이나 연대감 생성에 더 큰 목적이 있으며, 특히 야간행사는 주간행사의 종교적 엄숙함보다는 오락적 성격이 강한 축제 형식을 띠게 된다"(안지원, 2005, 30-31)는 견해는 경청할 만하다(채상식 2015, 122).

3) 절차

연등회의 원형인 고려의 (상원)연등회에 대한 매우 자세한 정보가 있는데, 『고려사』의 연등회에 대한 각종 기록들[23]이 기록 자체가 매우 구체적이며 자세하기 때문에 고려 당시 연등회의 실상을 잘 파악할 수 있는 자료들(나경수 2012, 48-49)이란 입장에서 상원연등회의 절차에 대한 기존의 연구 업적들은 거의 모두 『고려사』의 기록들에 바탕하고 있다.

4) 역할

상원연등회의 역할은 사회 통합과 조상제례에 있었다는 것이 중론이다. 사회 통합 기능과 관련된 주장들은 다음과 같다. 태조가 연등이라는 기존의 불교행사를 국가의례로 승격시킨 궁극적 목적은 국왕의 권위를 강화하고 국왕을 정점으로 하여 국민을 결속하고 고려인으로서의 일체감을 고양시키는 데 있었다(안지원 2005, 14). 「상원연등회의」의 기록에 의하면, 연등회는 중앙에서의 왕실 행사로 한정되어 보이지만, 이것은 고려 연등회가 지니는 사회적 성격의 부분적 면모일 뿐이며, 연등회는 고려 전역에서 설행되었다(안지원 2005, 90). 연등회는 고려 문화의 제 양상들을 두루 종합하고 계층의 구별 없이 전해져 고려의 문화적 동질성을 확인하고 유지하는 데 크게 기여하였다. 연등회는 단순한 축제에 그치지 않고, 의례절차를 통해 고려 국왕을 정점으로 한 지배질서를 상징적으로 구현함으로써 국왕의 권위를 고양하고 국왕을 정점으로 한 결속력 강화에 공헌하였다(안지원 2005, 326-337). 연등회는 참여한

---

23 『고려사』 69, 1a-11b; 『고려사』 72, 44a1-45b1; 『고려사』 72, 25b2-28b3.

모든 사람에게 일체감을 부여하였다(김형우 2012, 24). 흥겨운 음악이 연주되는 분위기 속에서 가두행렬의 참가자들은 일체감을 느끼게 되었다(전경욱 2012, 64). 연등회는 사회 통합을 이루어내는 한 방법이었다(박영재 2015, 56). 연등회는 경향 각지의 토호세력들이 개최하던 지역 공동체적인 축제를 국가적인 차원으로 승화시켜 도성과 지방, 지배층과 일반 민중을 결집하는 의미를 갖고 있었다(채상식 2015, 104).

연등회의 또 다른 중요 역할은 왕실 조상제례로서였다. 연등회는 개성 봉은사(奉恩寺)[24]에 있던 왕실 조상의 진전에 참배하는 조진배알(祖眞

---

[24] 봉은사는 대봉은사(大奉恩寺)라고도 하며, 개경에 위치해 있었는데, 고유섭(高裕燮, 1905~1944)에 의하면, 봉은사의 위치는 옛 국자감터 북서쪽에 인접한 구역으로 추정되며(노명호 2012, 199), 황성의 남쪽 대로와 내성의 동문과 서문을 이어주는 동서가도가 교차하는 사거리 교통요지에 인접해 있었다(朴龍雲 1998; 안지원 2005, 68에서 재인용). 고려 광종 2년(951)에 태조의 원당으로 창건된(『고려사』 2, 27a1) 국찰로서, 태조의 진영을 봉안하였던 곳으로 고려시대의 절 가운데에서 가장 중요한 위치를 차지하였으며(목정배, 「봉은사」, 『한국민족문화대백과』), 고려 왕실에 의해 지속적으로 가장 중시된 사찰이었다(안지원 2005, 69). 봉은사는 고려의 임금들이 가장 자주 찾은 절로서 기록에 나타난 방문 횟수는 300회가 넘었다(허흥식 1990, 61). 또한 봉은사에는 고려의 원당 중 가장 많은 수의 위숙군(圍宿軍)인 산직장상(散職將相) 4명이 배치되어 있었다(허흥식 1990, 73). 그리고 봉은사는 왕사 및 국사를 임명하고(허흥식 1990, 348) 승과시험을 치르던 곳이기도 하였다(허흥식 편 1984, 758). 더욱이, 고려의 임금들은 태조 왕건에게 제사를 드리기 위해 해마다 6월 1일 혹은 2일에는 봉은사를 방문하기도 하였다. 태조는 943년 5월 29일에 죽었으나(『고려사』 2, 18a1-4), 그의 제삿날은 6월 2일이었는데(『고려사』 5, 24b6-7), 태조에 대한 진전 행향은 봉은사가 창건된 광종(光宗, 949~975) 이후부터 기일에 행향하는 것이 상례화되었다(한기문 2003, 43). 제사의 국가적 중요성은 조선도 마찬가지였다. 정도전(鄭道傳, 1342~1398)은 『조선경국전(朝鮮經國典)』에서 "나라의 큰일 중에서 제사가 가장 중요하다"라고 하였다(신명호 2011, 19). 연등회에 국왕이 봉은사에 행사한 최초의 기록은 정종(靖宗) 4년(1038)의 것이며(노명호 2012, 167), 연등회 때 봉은사 행향이 구체화된 것도 정종 대부터로 간주된다(안지원 2005, 71). 덕종(德宗, 1031~1034)부터 공양왕(恭讓王, 1351~1374)까지의 봉은사 진전 행차표에 대해서는 노명호(2012, 173) 참조. 강화도 시기 고종(高宗, 1213~1259) 대의 봉은사 진전 행차는 연평균 2.4회로 매우 높았으며, 봉은사 진전 행차의 연평균 빈도수가 높은 왕대는 국내외 정세의 큰 변화로 거센 도전을 받는 시기인 동시에 국왕이 어떤 형태로든 그 도전에 적극 대응하려는 시도를 하고 있었던 시기다(노명호 2012, 173-174). 고려시대의 사원 일람에 대해서는 한기문(1998, 457-544) 참조.

拜謁)이 의례의 중요한 부분을 이루었고, 그 안에는 태조신앙이 중핵으로 자리 잡고 있었는데, 연등회의 절차로서 조진배알 의식이 확립된 시기는 1038년(정종 4)부터였다(안지원 2005, 70-103). 상원연등회 소회일에 왕은 먼저 조종(祖宗)의 진전(眞殿)을 참배하였다(나경수 2012, 46; 채상식 2015, 120).

백희가무(百戲歌舞) 공연은 연등회와 팔관회 외『고려사』「예지」의 다른 의례에서는 볼 수 없는 것이며, 따라서 연등회와 팔관회의 성격을 규정하는 중요한 행사였다(안지원 2005, 66-67). 백희공연[25]은 연등회에 유락적 요소를 부가하여 왕실만의 행사로 그치지 않고, 일반 백성들의 관심을 끌어들여 참여를 유도하는 데 기여하였다(안지원 2005, 179). 그러나 아악이 유교의례의 핵심 내용인 것과는 달리 연등회 소회일의 백희잡기는 부수적 행사의 성격이 강한 공연이었다(李惠求 1991, 704).

5) 사상

고려 사람들은 불교에 입각한 인생관, 사회관, 세계관을 가지고 있었다. 연등회는 이러한 고려 사람들의 인생관, 사회관, 세계관이 투영된 고려만이 가진 고유성이 총체적으로 결집된 국가 행사(안지원 2005, 99)며, 고려인들의 인생관이 반영되어 있었다(한흥섭 2007b, 349)고 한다.

---

25 연등회에서 연주된 음악은 통치철학의 한 형태였다(한흥섭 2007a, 121).

6) 성격

연등회의 성격 규정에 대한 문제는 그 자체에 그치는 것이 아니라 발전 방향을 지향하는 데 있어서도 매우 중요한 기준이 된다(나경수 2012, 57)는 인식 아래 연등회의 성격에 관한 기존 연구 성과들은 적지 않으며, 그 내용은 고유의 국가의례, 농경의례, 불교의례, 짝 의례 등으로 논의되고 있다.

(1) 고유의 국가의례

상원연등회의는 고려만의 고유한(안지원 2005, 111·161-162) 또는 독자적인(김대식 2009, 330) 국가의례(안지원 2005, 15ff.[26]; 나경수 2012, 52; 김형우 2012, 16; 채상식 2015, 103-104)[27]로서, 팔관회와 더불어 가장 '고려적' 성격을 지닌 것이었다(안지원 2005, 116).

(2) 전통 민속과 결합된 농경의례

상원연등회의 기능과 성격을 현 학계에서는 일반적으로 농경의례로 파악하고 있으며(채상식, 2015, 104)[28], 비슷한 시각에서 연등회는 재래의 농경의례를 포섭하고 태조신앙을 중핵으로 한 의례(안지원 2005, 111) 또는 기곡제(祈穀祭)와 결합한 의례였다(이종수 2012, 115). 전통적인 제

---

26 연등은 민간의 불교행사를 국가가 전국적인 불교행사로 만들어서 국가 불교의례화한 것(안지원 2005, 15)이라고 한다.
27 정기연등회와 특설연등회는 왕실이 주도하는 행사였지만, 국가적인 차원으로 설치된 것이었으며, 정종 4년(1038) 이후부터는 태조의 진전에 대한 참배라는 국가적, 정치적인 의미를 아울러 지니게 되었다(채상식 2015, 103-121).
28 정기 불교의례의 성격의 하나는 농경의례로서의 성격이었다(편무영 1998, 101; 한기문 2003, 51)고도 하나, 향, 등의 사용은 불교적 요소로 볼 수 있다.

천의식과 농경의례에 의한 재래의 습속을 복합적으로 계승한 의례로서, 의례행사는 불교의식을 따르지 않고[29], 전통적인 의식 절차를 따르고 있으며, 특히 불교의례에서는 찾아볼 수 없는 백희가무도 동반했다(채상식 2015, 124). 또한 상원연등회는 원구단(圓丘壇)[30]에서의 제사처럼 단순한 농경의례가 아니라 제천(祭天)을 상위개념으로 하여 조상숭배와 농경까지도 포괄하는 복합적인 기능을 가졌는데, 이는 고구려의 동맹(東盟)을 계승한 것이며, 그 이념적 기반은 고조선 이래의 전통사상(신앙), 곧 최치원(崔致遠, 857~?)이 밝힌 풍류도(風流徒)에서 찾을 수 있다. 또한 상원연등회는 불교의 연등 방식을 채용했지만 불교적인 행사가 아니었으며, 불교적인 성격을 지닌 연등 행위를 빌려 왔다고 해도 그 본래적인 의미는 전통신앙을 표방한 것이었으며, 좁게는 농경의례적인 요소를 많이 가지고 있는 연중행사라고 할 수 있다. 상원연등회가 전통신앙과 결합된 농경의례란 근거로는 상원연등회가 행해지던 정월 15일은[31] 재래의 민속적 근거를 지니고 있는 날로서, 한 해의 풍년을 기원하는 의미가

---

29 「상원연등회의」의 의식절차에서는 불교의례적인 내용을 하나도 찾아볼 수 없다(채상식 2015, 120)고 한다.
30 1999년 중국 서안(西安)시에서 당나라의 원구(圓丘) 유지가 발견되었다. 당(唐, 618~907)나라 원구 유지는 중국 전역에 남아 있는 명(明, 1368~1662), 청(淸, 1616~1911) 이전의 원구 유지로서, 처음 건축 시기는 수(隋, 581~618) 대로 추정된다. 원구는 명나라 때는 천단(天壇)으로 개칭되었으며, 북경의 천단은 3층의 원단인 반면, 당의 원단은 4층의 원단이었다. 아래로부터 제1층의 지름은 약 54미터, 2층은 약 40미터, 3층은 약 29미터, 4층은 약 20미터였다. 각 층 주위에는 12계단으로 축조되어 있는데, 이는 12진(辰)을 상징하고 있다. 그 가운데, 남쪽 계단은 다른 11계단에 비해 폭이 넓어 황제용 계단으로 판단된다(金子修一 2001, 172-173). 고려의 원구단은 당의 원구단이 4단인 데 비해 1단이고, 크기도 6분의 1 정도였다. 중국의 원구 제사에는 국내 군신들을 비롯하여 주변 국가의 객사(客使)들을 참석시키고 있었으나, 고려에서는 중앙의 문무 관인들만 참석하였다(奧村周司 1997, 312-315).
31 고려시대의 삭일(朔日)과 역일(曆日)에 대한 연구 업적들에 대해서는 서금석(2016, 177, 주3) 참조.

있으며(서금석 2016, 205), 이는 10월[32] 제천 행사와도 연결된다(채상식 2015, 104-124).

(3) 불교 관련 의례

불교 관련 의례란 주장은 크게 세 가지다. 첫째, 불교의례라는 것이며, 둘째, 불교와 결합된 축제라는 것이며, 셋째, 민속과 결합된 불교의례라는 것이다.

상원연등회의 설행에 대한 기록은 『고려사』「예지」에 상세하게 수록되어 그 성격을 분명히 하였는데(정병삼 2015, 203), 상원연등회는 순수 불교적 성격이 강한 의례였다[정해성(각성) 2009, 443; 정병삼 2015, 203-204]. 상원연등회는 부처를 섬긴 불교의례(안지원 2005, 142; 김명자 2008, 51)로서 다른 불교의례들과는 뚜렷하게 차별성을 지닌 고려불교의 국가불교적 성격을 가장 명료하게 보여준 대표적인 의례였다(안지원 2005, viii, 165·326; 안지원 2015, 56). 특히 정종은 의례절차를 통해 연등회가 불교의례임을 분명히 하였는데(안지원 2005, 72), 정종 4년 (1038) 2월부터 연등회 때 왕이 봉은사로 가서 예불하고, 그곳에 모셔져 있던 태조의 진전에 참배하였으며[33], 이후 역대의 왕들은 모두 소회

---

[32] 『예기(禮記)』의 「월령(月令)」과 『시경(詩經)』에서 10월은 연말을 의미하며, 연말은 생산주기의 끝으로 농력(農曆)에서는 1년의 끝을 뜻하였다. 추수가 끝나고 다음 해의 풍년을 기원하는 의식은 농경 주기의 끝과 이어져 있다(서금석 2016, 197).

[33] 고려시대 다른 왕의 경우는 진전사원이 바뀌기도 하나, 태조진전은 불천진전(不遷眞殿)이었다(한기문 2008, 215-216; 강호선 2015, 54에서 재인용). 이 진전에는 태조 왕건의 동상이 안치되어 있었는데, 951년경 제작되어 봉은사에 모셔졌다. 1992년 왕건의 무덤인 개성의 현릉에서 청동상이 발굴되었는데, 이것이 왕건의 동상이었다. 봉은사의 태조진전과 태조상은 고려 말까지 그대로 존속된 것으로 나타나는데, 왕건의 동상은 500년 동안 고려왕국의 최고의 신성한 상징물로 경배되었다. 그러나 고려가 망한 후, 조선시대인 1429년에는 개성의 현릉 옆에 매장되었다(나경수 2012, 46; 노명호 2012, 4-59). 왕건 동상이 가진 중요성 중의 하나는 그 동상에는 한국 고대에 뿌리를 둔 토속

일 저녁에 봉은사로 가서 태조의 사당에 참배하는 것이 중요한 행사였다(채상식 2015, 121).[34] 또한 연등회 때 봉은사에서는 불공을 올리고 고승들을 청해 법문을 듣는 불사도 엄숙히 거행되었다(구미래 2013, 298).

연등회는 불교행사면서 민중축제였다는 것이 통설(김명자 2008, 51)이라고도 한다. 상원연등회는 부처의 공덕을 기리고 칭송하기 위하여[35] 많은 등을 밝히는 형식을 빌려온 것이었으며, 불교적인 행사라기보다 복합적인 사상적·신앙적 기반을 토대로 한 종합적인 축제의 성격을 띠고 있었다(채상식 2015, 119-120). 연등회는 기본적 본질은 축전이었는데 상원성회(上元盛會)로도 표현되어, 제례가 어느 정도 가미되었어도 그 본질은 즐기는 축전이었다(김창현 2011, 67).

정월과 2월 연등회는 민속 신앙의례가 불교의 연등과 융합된 것이다. 연등회는 불교행사의 의미만 있는 것이 아니다. 고려 태조가 남긴 「훈요」 십조에서 "연등은 붓다를 섬기는 것이다(燃燈所以事佛)"이란 그 기원을 불교에서 찾는다는 뜻이지 당시의 연등회가 순수 불교행사임을 뜻하는 것은 아니며, 재래의 민속과 결부된 불교행사(김명자 2008, 52-54)라고 한다.

문화 요소가 고려시대 최상층부의 핵심 정치 문화 속에도 자리 잡고 있었다는 사실이다(노명호 2012, 6). 왕건 동상 사진, 왕건 초상화, 왕건 동상의 형태적, 사상적 특징에 대해서는 각각 노명호(2012, 39-51·104-105·54-141) 참조. 고려시대 왕건 동상 및 관련 제례의 연표에 대해서는 노명호(2012, 239-254) 참조.

34 유교적 종묘(宗廟) 제례보다도 봉은사 태조진전의 제례가 더 중요하였으며, 태조의 기일인 6월(윤달인 경우는 5월)에도 봉은사 진전에서 제사가 올려졌으며, 특별한 사유가 없는 한 국왕이 몸소 제사하였다. 그리고 봉은사의 '태조소상'은 종묘의 아홉 목주들과 함께 조상제례의 가장 중요한 상징물이었다(노명호 2012, 57).

35 연희로서의 고려 연등회에 대한 연구에 대해서는 한흥섭(2007a, 107-108) 참조. 그러나 연등회에서 연주된 음악의 사상적 배경에 대한 연구는 없었다(한흥섭 2007a, 108).

(4) 짝 의례

연등회는 단독 국가 제전이 아니고, 팔관회와 짝을 이루는 국가 제전이다. 연등회는 상원에 벌어진 태음절(太陰節)이며, 팔관회는 중동에 열린 태양절(太陽節)의 성격을 가지고 있다(나경수 2012, 52).

연등회의 성격에 관한 최근의 연구 성과들에 의하면, 연등회는 고려의 고유한 국가적 차원의 불교의례, 전통 민속과 결합된 불교의례 또는 농경의례, 불교행사와 결합된 민속 또는 축제라는 주장으로 대별되며, 특히 연등회는 팔관회와 짝으로 설행된 의례라는 주장도 개진되고 있다.

3. 재조명

상원연등회의 주체, 참가자, 절차, 역할, 사상, 성격 등에 관한 선행 연구의 주장들 가운데 주체와 절차 등에 대한 선행 연구의 견해에 대해서는 동의한다. 따라서 여기서는 참가자, 역할, 사상 및 성격과 관련된 기존 견해에 대한 비판적 분석이 이루어질 것이다.

1) 참가자

상원연등회의 참가자는 전 계층이었다는 것이 선행 연구의 중론이었다. 그러나 연등회의 참가자는 왕실을 비롯한 일부 계층에 제한되었다고 보는 것이 타당하다. 「상원연등회의」 내용에 의하면, 연등회에서 군신 간 상하관계는 엄격하였으며(안지원 2005, 192), 개경 연등회는 중앙의 관청과 관리들, 개경 주변의 5개 주와 현의 지방기관이 주최가 되어 준비하였다(안지원 2005, 91). 또한 팔관회의 경비 조달을 위해 팔관보가 운영되었던 것과는 달리, 연등회의 경비를 위한 별도의 보(寶)는 존재하지 않았는데, 이는 연등회가 관리들의 개인적인 희사와 사찰들의 경제적 기반으로 소요 경비가 충당되었기 때문으로 추측된다(안지원 2005, 329).[36] 더욱이 안지원은 상원연등회의 역할에 대해 두 가지 상반된 주장도 하고 있다. 즉, 한 가지는 이 의례가 초계층적 의례라 한 것이며, 다른 한 가지는 왕실에 한정된 의례(안지원 2005, 330)라 한 점이다. 또한 중국 청(淸, 1616~1912) 대의 절대 다수를 차지한 백성들은 정부에서 진행한 천지일월, 오악삼천의 제사에 참가하지 못했다(치虹 2016, 150). 나아가 전근대 중국과 고려 당시의 의례 개최의 목적 등에 비추어 볼 때(이에 대해서는 이 책의 '제1부 4장 종합 분석'의 해당 부분 참조)도 연등회의 참가자가 왕실을 비롯한 일부 계층에 제한되었다고 할 수 있다.

2) 역할

상원연등회의 주요 기능이 사회 통합에 있었다는 것이 통설이나, 이를 증명할 수 있는 증거는 제시되지 않고 있다. 상원연등회의 주체가 국왕이며, 그가 이 의례를 통해 사회 통합이란 정치적 목적 달성을 기도할 수는 있었을 것이다. 그러나 그러한 바람이 실행되었는가 하는 것

---

36 여기서 "관리의 희사"는 자발적인 것이었는지, 강제적인 것이었는지, 또한 지방민들도 자발적으로 희사를 하였는지에 대한 것이 규명될 때, "지방의 연등회는 지역공동체의 결속을 재확인하는 성격을 가지고 있었다"(안지원 2005, 330)는 주장이 설득력을 얻을 수 있을 것이다. 고려에서 의례 개최에 사용된 예산에 대해서는 김종명(2001, 24-26), 안지원(2005, 92) 참조.

은 또 다른 문제로 증명이 요구되는 사항이다. 현존하는 문헌 증거에 의하는 한, 상원연등회가 사회 통합에 기여했다는 구체적인 증거는 발견되지 않는다. 오히려 그 반대의 증거는 있다. 상원연등회를 지방민의 자발적 민속이라고도 보기 어려운데, 그 이유는 10세기 말에 이 행사와 관련하여 지방민들이 경제적 폐해를 호소한 결과, 폐지되었기 때문이다(이종수 2012, 133-134). 또한 상원연등회에는 수많은 백성이 모여서 왕과 함께 공연예술을 구경하는 행사도 없었으며, 단지 궁중에서 왕과 일부 신하들이 공연을 관람하는 행사만 있었다(전경욱 2012, 103).[37] 또한 연등회의 연회보다는 대관전에서 국왕과 신하들을 위해 개최된 연회가 더 중요시되었으며, 한식(『고려사』 69, 11b6-7)이나 공주의 기일(『고려사』 69, 11b9) 때문에 연등회일이 변경되었다는 점에서 연등회가 가장 중요한 의례였다고도 볼 수 없다.

연등회가 왕실만의 행사가 아니라 백성들도 함께 참여하고, 주변국 사람들까지도 참여한 행사로서(안지원 2005, 101), 그 기간 동안에는 상원을 전후하여 사흘간 성안 전체에 등불이 밝혀지고 야간통행금지가 해제되어 성문이 개방되었으며 기악과 가무가 공연되고 시장이 열려 인파가 몰려들었다(안지원 2005, 327)고 한다. 이 주장의 근거는 "현종(顯宗, 1009~1031) 원년(1009) 윤 2월에 연등회를 다시 열었다. 나라의 풍속에 왕궁과 수도로부터 향과 읍에 이르기까지 정월 보름에는 이틀 밤에 걸쳐 연등을 하였다(『고려사』 69, 11b2-3)"[38]로 생각된다. 그러나 이러한 현상과 상원연등회가 사회 통합의 역할을 했다는 것은 별개의 사안이므로, 이 둘 사이의 관계에 대한 증거가 필요하다. 고려의 상

---

[37] 반면, 중국의 상원연등회는 국제적인 성격도 지니고 있었다(안지원 2005, 67).
[38] 상원연등회가 지방에서 열렸다는 문헌 기록도 없으며(한기문 2003, 50), 현종 대 원년 정월 보름에 열린 연등회가 상원연등회였는지도 의문이다.

원연등회에 참가한 일반인들은 구경꾼들이라고 봐야 할 것이며, 그것이 그대로 사회 통합으로 이어졌다는 주장에는 동의하기 어렵다.[39]

상원연등회의 역할은 국왕의 장수 기원과 왕실 조상숭배에 있었다(김종명 2001, 139).[40] 연등회의 주요 기능이 왕실 조상제례에 있었음을 증명해주는 예들은 다양하다. 우선, 상원연등회의 의례 절차는 중국 당(唐, 618~907) 대의 『대당개원례』에 준한 것으로 나타나는데[41], 이 책에 나타난 의례는 전형적인 황실의 제례였다. 또한 몽골의 침입이라는 고려 역사상 가장 어려운 국난 시기에, 그것도 피난 정부 강화도에서조차 연등회를 개최했다는 사실도 또 다른 증거다. 즉, 1234년에 고종은 강화도에서 차척(車倜)의 집을 사찰로 바꾸어 봉은사라 이름 짓고, 이 봉은사에 행차하여 연등회를 종전과 다름없는 격식으로 개최하였다.[42] 또한 1271년 2월에도 원종은 봉은사에 갔는데, 당시 민가 300여 호에 불이 나 그 수습에 경황이 없었던 상황에서 연등과 기악 행사는 중지되었지만, 태조의 진전 참배는 하였다.[43]

왕실 조상제례로서의 연등회의 역할은 다른 문헌 증거를 통해서도 나타나는데, 임종비(林宗庇, 12세기 활동)의 「등석치어(燈夕致語)」[44]는 조

---

39 현대 대한민국의 지방자치단체들은 재정 자립의 한 수단으로 축제 개최를 위해 많은 노력을 기울이고 있으며, 이러한 축제들에 참석하는 일반 국민의 수도 적지는 않다. 그렇다고 하여 이들의 축제 참가가 그대로 사회 통합에 기여함을 뜻하는 것은 아니다. 대부분의 경우, 놀이의 한 방법으로 축제에 참가하는 경우가 많기 때문에, 이들의 참가가 사회 통합에 기여하였는지의 여부는 별개의 사안으로 면밀한 검증을 거쳐 주장되어야 할 것이다.
40 불교와 융합된 왕실의 조상숭배에 대해서는 허흥식(1990, 47-102) 참조.
41 이에 대해서는 이 책 제1부의 '3장 『고려사』 및 『예지』의 한계성' 참조.
42 『고려사』 23, 27b8-28a2. 이 사실도 연등회가 모든 계층이 참가한 축제는 아니었다는 증거가 될 수 있다. 당시 대부분의 고려인들은 한반도 본토에 있었을 것이기 때문이다.
43 『고려사』 권27, 원종 12년 2월 무신.
44 『동문선』 권104 「致語」 「燈夕致語」.

고(祖考)의 즐(태조 숭배)을 통한 자손의 보존을 목적으로 한 연등회의 성격을 명확히 보여주고 있다(안지원 2005, 104). 이러한 기록들은 연등회의 주요 역할 중의 하나가 왕실 조상제례에 있었음을 분명하게 보여주고 있다.[45]

그러나 왕실 조상제례로서의 역할보다 더욱 중요한 상원연등회의 역할은 국왕의 장수 기원이었다. 전근대 중국의 의례의 역할 또한 그러하였는데, 조상제례의 중심도 산자들이었기 때문이다. 따라서 왕실 조상제례는 전통에 따른 관행으로서 국왕의 장수 기원을 위한 연회 개최를 왕실 조상에게 공식적으로 알린 행사로 볼 수 있다. 더욱이 연등회를 종교의례로만 보기 힘든 점도 있는데, 그중 하나는 연등회와 연등도감에서는 군사적 성격도 나타난다(안지원 2005, 108)는 점이다. 이 점도 연등회의 방점이 산 자, 즉 국왕의 세속적 목적 달성에 있었음을 뜻한다. 따라서 연등회는 원래 임금의 축수를 위한 향연이었다(이성천 1994, 323)는 주장은 일리가 있다.

3) 사상

상원연등회의 사상 배경에 대한 논의는 이미 진행되었다(김종명 2001, 206-237). 그러나 기존 관련 연구에서는 이에 대한 검토 없이, 상원연등회는 고려인들의 인생관, 사회관, 세계관이 투영된 고려만의 행사라거나 연등회에는 고려인들의 인생관이 반영되었다는 단순 주장만 전개되었으며, 이러한 주장들도 문헌 증거들을 바탕으로 이루어진 것은

---

45 이와 관련, 채상식도 왕실의 조상숭배의식이 상원연등에 포함되었다(채상식 2015, 120)고 한다.

아니었다. 결국, 상원연등회의 사상 배경에 대한 심층 연구는 김종명(2001) 이후 거의 없었던 셈이며, 따라서 나는 김종명(2001)의 주장을 수용하면서, 상원연등회의 사상적 배경은 불교의 업(業)설[46]과 결합되고 유교적 효사상에 바탕을 둔 조상숭배설이었다고 주장한다.

4) 성격

상원연등회의 성격과 관련된 기존의 주요 주장들 중의 하나는 그 의례가 농경의례였다는 것이다. 그러나 이 의례가 농경의례의 기능과 성격만을 가진 것으로 보기는 어렵다(채상식 2015, 123). 고려시대의 농사철은 음력 2월부터 10월까지였다(안지원 2005, 59). 음력 2월과 10월은 양력으로는 각각 3월과 11월에 해당한다. 상원연등회는 1월 15일, 중동팔관회는 11월 15일에 주로 열렸으며, 양력으로는 각각 2월 15일과 12월 15일경에 해당한다.[47] 만약 상원연등회와 중동팔관회를 농경의례로 볼 경우, 상원연등회는 농사철 시작 전, 중동팔관회는 농사철이 끝난 후의 축전으로 볼 수 있을 것이다. 그러나 이들 의례를 단순히 농경 축제로 간주할 수 있는 기록은 보이지 않으며, 11월과 12월은 시기적으로 추수 감사절과 거리가 있다(서금석 2016, 179). 더욱이 팔관회

---

[46] 업설은 불교의 인과응보설을 뜻하며, 한국 불교사상 가장 큰 영향력을 미친 불교 이론이었다(김상현 1999, 266-272). 이와 관련된 한국 고대 관리들의 불교관에 대해서는 김종명(2011, 89-123) 참조. 에도시대 또는 도쿠가와시대(1603~1868) 이전의 일본 중기에도 주로 불교적 인과응보론을 바탕으로 한 내세 사상이 전개되었다(末木文美士 2016, 1-15).

[47] 15일은 동양 특유의 홀수 중시 사상의 산물로서, 역법상 천정(天正)의 시기 중 가장 효과적인 날이었으며, 이것은 새롭게 인식된 '대일통(大一統)'의 기제로서 통합의 장치로 상징화되었다(서금석 2016, 186-205)고 한다. 고려에서 탑의 층 높이를 홀수 층에 맞춘 것도 홀수숭배사상 때문이었다(서금석 2016, 205).

가 개최되었을 때의 기후는 몹시 추웠을 것으로 생각되므로[48], 농경 축제의 시기로도 적절해 보이지 않는다. 따라서 이 두 의례를 농경의례로 볼 수는 없다.

선행 연구에서는 상원연등회의 성격 중 하나를 국가 불교의례로 간주하였다.[49] 그러나 이 의례가 실로 백성들에게 도움이 된 고려의 국가 불교의례였으면 조선에서도 지속되었을 것이다. 조선 백성도 결국 고려 백성들이었기 때문이다. 따라서 새 왕조인 조선 건국과 함께 상원연등회가 폐지된 것은 국가의례여서가 아니라, 왕실의례였기 때문이라고 보는 것이 더 타당하다.

고려가 멸망하고 조선이 건국된 후, 상원연등회는 고려문화의 청산이라는 차원에서 전면적으로 부정되었는데, 이 의례가 고려문화를 유지해가는 중요한 장치면서 고려문화의 상징이었기 때문이다(안지원 2005, 336). 조선 건국과 함께 봉은사도 모든 기록에서 일제히 사라졌다. 고려의 정통성과 왕권을 상징한 상징물들도 제거되었는데, 봉은사 태조진전에 있던 고려 태조의 동상은 조선 태조가 즉위한 바로 다음 달에 앙암사(仰菴寺)라는 작은 암자로 옮겨졌으며[50], 태조 동상이 옮겨지면서 봉은사는 태조진전으로서의 상징성과 기능을 완전히 상실하게 되었다(강호선 2015, 54). 따라서 고려의 상원연등회는 고려 왕실의 현실적 목적 달성을 위한 기제로 작용하였으며, 그 운명도 정치 상황에 달

---

48 고려시대의 기후 및 기상 자료는 『증보문헌비고(增補文獻備考)』「상위고(象緯考)」와 『고려사』 53 지 권제7, 오행1·지 권제9, 오행3이다(金蓮玉 1992, 300a). 『고려사』에서 기후에 대한 기록이 자세히 나오는 것은 현종 때부터며, 고려 중·말기에 한랭하였다(金蓮玉 1992, 300b-301a).
49 연등회의 성격과 관련, 연등회가 과연 불교의례인가에 대해서는 그 대답이 정확하지 않다(윤아영 2004, 229)는 견해도 있다.
50 『태조실록』 권1, 1년(1392) 7월 28일(정미); 『문종실록』 권12, 2년(1452) 3월 18일(신해).

려 있었다.[51]

"연등제(燃燈祭) 또는 연등재(燃燈齋)로 불리지 않고 '연등회(燃燈會)'로 불린 이유 규명이 필요하다"(나경수 2008, 44)는 지적도 상원연등회의 성격 재조명을 위해 중요하다. 이는 「상원연등회의」가 기록된 『고려사』 「예지」가 중국의 원회(元會)에 바탕을 둔 『대당개원례』 등을 참고한 데서 기인한 것으로 보인다. 고려의 불교의례 가운데 '~회'란 명칭을 가진 의례는 '~도량' 의례 다음으로 많았다(김종명 2001, 57). 이는 고대 중국 이래 군신 사이의 화합적 성격을 반영한 것으로 생각되는데, 연등회도 군신 간 친목 도모와 아울러 국왕의 정치적 권위를 확인하는 위계적 성격도 지니고 있었다(안지원 2005, 82).

결론적으로 고려의 상원연등회는 불교의 업설과 유교의 효사상이 결합된 의례로서, 그 주체는 국왕이었고, 그 주요 역할은 국왕의 장수 기원과 왕실의 조상제례에 있었다. 이 두 가지 중에서도 전자인 국왕의 장수 기원에 방점을 둔 왕실 중심의 의례였으며, 상원연등회가 지닌 이러한 성격은 조선 건국과 함께 이 의례가 더 이상 존속되지 못한 이유가 되었다.

---

51 이러한 예는 그 이후에도 발견되는데, 조선시대의 유교의례도 당시 정치 상황과 밀접하게 연관되어 있었으며, 의례서에는 변화된 이념도 반영되어 있었다(박수정 2017, 40-41). 일제강점기(1910~1945)의 연등제도 또 다른 예다. 이 시기의 연등제도 전승기원이나 전몰장병 위령제 등 통치적 목적에 이용되었으며, 관 주도의 전시 행사로 변화되기도 하였다(미등 2008, 74).

2장
중동팔관회의 성격 재조명

　고려시대의 팔관회는 국왕이 직접 참가한 중요한 의례였다. 『고려사』「예지」에서 중동팔관회는 「가례잡의」로 분류되어 있으며, 한 장으로 구성되어 있다. 이것도 팔관회가 고려사회에서 중요한 의례로 간주되었음을 의미한다. 또한 고려의 팔관회는 팔관회에 대한 팔관회 시의 휴일 기간, 개최 장소, 불길한 날 회피, 경죄수 사면, 사형 집행 금지, 팔관회 전담 기관 설치, 팔관회 전문가에 대한 융숭한 대우 등의 면에서도 고려사회에서 중요한 의례였음을 알 수 있다(김종명 2001, 164-167).

　그러나 고려의 팔관회는 목적·개최일·참가자와 후원자·의례 장소와 절차 등에서 불전의 기록과 달랐으며, 목적·중요성·개최일에 있어서도 중국이나 고려 이전 한국의 팔관회와도 달랐다(김종명 2001, 145). 팔관회는 다른 불교의례들과도 뚜렷하게 차별성을 지녔으며(안지원 2005, 326), 다른 나라의 의례와도 다른 한국적 특징을 잘 보여준 전형적인 의례였다(김종명 2001, 205). 현존 기록에 의하면, 고려의 중동팔관회의 전신은 중국, 신라(新羅, 57 B.C.E.~935 C.E.)[1], 태봉(泰封, 918~943)에서 개최된 것이었다.[2]

그러나 팔관회가 한국 역사상 가장 많이 개최된 시기는 고려시대인데[3], 팔관회는 500년에 이르는 고려의 역사 가운데 불과 22년의 공백기만 있었을 뿐[4], 큰 단절 없이 계속되었으며(한상길 2012, 101), 외침으로 국왕이 피난을 간 지방에서도 개최되었다.[5] 팔관회는 조선 건국과 함께 폐기된 것으로 보이지만, 현대에서는 1990년대 이래 개별 불교계에서 개최

---

1   삼국시대 시작 연대에 대한 국내외 학계의 견해는 다르다. 국내 학계는 기원전 1세기 또는 기원후 1세기(윤기엽 2014)로 보는 반면, 서양학계는 기원후 4세기(Best 2006, 8-11; Duncan 2000, 3-4; Buswell 2011, 12-13; McBride 2011, 127; Sango 2015, 1)로 표기하여, 양자 사이에 약 400년의 시차가 있거나, 의문으로 남겨두고 있다. 그러나 이 주제와 관련된 두 학계 간의 실질적인 대화는 아직 전개되지 못하였다.
2   고려 이전의 팔관 의례에 대해서는 김종명(2001, 167-173) 참조.
3   고려 팔관회의 역사적 전개에 대해서는 김종명(2001, 174-179) 참조. 팔관회의 문헌적 기원, 팔계의 내용, 팔계의 목적, 수계자의 자세, 수계 기간, 팔계 수계의 공덕에 대해서는 김종명(2001, 145-164) 참조. 임금별 고려 팔관회 개최 횟수에 대해서는 김종명(2001, 175-179) 참조. 팔관재 또는 팔계재는 『아함경』에서부터 언급되고 있기 때문에 불타 생존 시부터 행해졌다(안지원 2005, 123; 안지원 2011, 8)고 하나, 이는 불교문헌의 시대적 한계성(Schopen 1997, 23-33)을 고려할 때, 동의하기 힘든 주장이다.
4   안지원은 『고려사』에 나타난 공식적 정지 기사는 원 간섭기의 네 차례(안지원 2005, 194-197)였다고 하나, 팔관회가 정지된 기간은 성종 6년(987)부터 목종 12년(1009)까지 23년간, 충선왕 즉위년(1308)과 3년(1311), 충숙왕 6년(1319), 우왕 3년(1377)이었다(한홍섭 2007b, 376). '원 간섭기'란 용어와 관련, 기존 학계에서는 이를 '원 지배기'로도 칭해왔으나, 던컨(John Duncan)은 당시의 고려는 반식민 상태에 있었다고 보고, 당시를 '반식민(semi-colonial)'기로 부를 것을 제안(Duncan 2013, 1-19)하였다. 여기서 반식민의 의미는 "명목상으로는 독립을 유지하고 있으나, 실제로는 외세의 지배 아래 있는 경우"(Duncan 2013, 5)를 뜻한다.
5   『신증동국여지승람(新增東國興地勝覽)』「나주목(羅州牧)」조에 인용된 정도전(鄭道傳)의 「유부로서(諭父老書)」에 현종 대 거란 침입 시 피난지인 나주에서도 팔관례(八關禮)가 개최되었다는 기록이 남아 있는데(문안식 2014, 69-70), 나주 팔관회는 현종(1009~1031) 때 약 20년 동안에 걸쳐 개최되었다(변동명, 2013a, 84; 문안식 2014, 94에서 재인용).

해오고 있다.[6] 이 책에서는 국왕도 친히 참가한 정규 의례였던 중동팔관회의 성격 재검토를 시도한다.

1. 선행 연구 검토

팔관회는 고려 불교사회의 성격을 이해하는 데 필수 과정이며, 다양한 문화 속에서도 강한 내적 질서를 발휘한 고려사회의 역동적 구조를 해명하는 중요한 열쇠가 되는 주제다(배상현 2011, 47). 따라서 팔관회가 고려문화의 결집체이자 상징이라 했을 때, 팔관회의 본질적 성격을 올바로 규명하는 작업은 고려시대를 대표하는 공연문화의 정체성을 확인하고 나아가 고려문화의 실체적 진실에 접근하기 위한 매우 필수적이며 중차대한 절차다(한흥섭 2007b, 349).

팔관회에 대한 논의는 1947년 최남선(崔南善, 1890~1957)에 의해 처음 거론되었다(윤광봉 2012b, 81). 그러나 팔관회에 대한 본격적인 논의는 1956년 일본의 니노미야 케이닌이 그 시초였으며(윤광봉 2012b, 82), 국내에서는 같은 시기에 안계현(安啓賢, 1927~1981)에 의해 진행되었다. 그 후 2000년대 초까지 팔관회의 성격에 대한 연구는 지속되었으며, 기존의 관련 연구 내용은 김종명(2001, 193-203)[7]에서 일단 정

6 　현대에 들어 2000년부터 팔관회 재현 행사들이 부산, 대구, 나주 등에서 개최되었다. 특히 부산 팔관회(www.palgwanhoe.or.kr)는 현대의 팔관회로는 가장 연원이 오래되었고, 그 규모나 열의, 지속성 등에서 가장 중시되는 사례인데, 오늘날 팔관회의 복원과 재현을 위해 노력하는 단체는 부산광역시불교연합회가 유일하다(한상길 2012, 103-120). 부산 팔관회의 연혁에 대해서는 「팔관회 연혁」(2013, 부록) 참조. 부산에서 개최된 팔관회는 2000년(불기 2544)부터 2015년(불기2559)까지 총 16차례에 걸쳐 열렸다.
7 　김종명(2001)은 팔관회의 불교 경전적 기원을 검토하고, 그 의례의 중요성, 역사적 전개, 의례 절차, 화랑 전통과의 관련성, 성격 및 역할에 대한 통설 등을 중심으로 분석하였다.

리되었다(최영호 2011, 49).[8] 이에 따르면 기존 견해는 한국의 고유한 신앙 또는 그 연장선상의 의례, 불교의례, 고유 신앙과 불교의례의 결합된 형태, 도교 의례, 기타 등으로 다양하였다. 그러나 고려 팔관회의 성격과 관련된 이러한 다양한 견해는 그 의례의 성격을 부분적으로 이해한 결과거나 추측성 결론의 산물인 경우가 많았다. 어떤 학자들은 단순히 발음이 비슷하다는 이유만으로 하늘에 대한 고유의 제사 의례와 팔관회를 동일시하거나 고대의 추수감사제와 팔관회를 같은 것으로 간주하기도 하였으며, 이러한 견해들은 답습 또는 확대되었다. 그러나 이러한 견해들의 상당수는 문헌 증거를 결하고 있거나, 특정 자료에 의존한 것이었다. 2009년까지의 팔관회의 연구 경향에 대한 약술(전영준 2012, 59-60)도 진행되었는데[9], 이들 선행 연구는 주로 팔관회의 기원과 정치·사회적 성격 분석에 치중되어 있다(구미래 2012, 95).

특히 2000년대 이후 2016년 현재까지 팔관회 관련 연구 업적들은 저술과 학술지 게재 논문, 박사학위논문, 학회발표문으로 구분되는데, 그 현황은 다음과 같다. 김종명(2001)과 안지원(2005)은 팔관회 관련 전문 학술서인 동시에 대표적 연구 성과이기도 하다. 학술지 논문은 모두 10여 편이 발표되었으며[10], 주제별로는 팔관회와 육례 1편, 특정 지역과 팔관회 2편, 고려 팔관회의 종교적 성격과 의미 1편, 팔관회와 국제문화교류 1편, 팔관회의 복원과 재현 2편, 고려시대 팔관회 행사와 팔

---

8 안지원(2005, 140-225)도 팔관회의 의례 내용과 사회적 성격을 검토하였다.
9 팔관회에 대한 선행 연구들에 대해서는 전영준(2012, 59-60); 최영호(2011, 48); 한흥섭(2006, 327); 한흥섭(2007b, 348); 이중효(2015, 106); 변동명(2016, 155) 참조.
10 한흥섭(2006); 한흥섭(2007b); 한흥섭(2009); 이원태(2009); 전영준(2010); 김태경(2010); 한상길(2013); 변동명(2013b); 김미숙(2013b); 한정수(2014); 문안식(2014); 정병삼(2015); 김기덕·한정수(2015); 서금석(2016); 변동명(2016). 이 가운데 한흥섭(2007b)과 한흥섭(2009)은 같은 논문이다.

관재 신앙 1편, 고려 팔관회 설행과 그 의미 1편, 고려 팔관회와 음악 1편 등이다. 이들 논문이 게재된 학술지는 『남도민속연구』, 『다문화콘텐츠연구』, 『대동문화연구』, 『도교문화연구』, 『동아시아불교문화』, 『민족문화연구』, 『불교학보』, 『선문화연구』, 『한국차학회지』, 『한국학연구』, 『해양문화연구』며, 각 학술지에 1편씩 게재되었다.

학위논문은 1편으로, 2013년에 발표된 박사학위논문(김미숙 2013a)이 그것이다. 이 학위논문은 고려 팔관회의 의례문화 연구를 주제로 하고 있으며, 그 내용은 팔관회의 성립과 수용, 고려 팔관회의 의례문화, 고려 팔관회의 진다(進茶)의례, 팔관회의 현대적 복원으로 구성되어 있다.

학회발표문은 김기덕(2014), 『八關會 학술세미나 합본호 2011/ 2012/ 2013』, 『팔관회의 복원과 현대적 계승』(2012)이 대표적이다. 김기덕(2014)은 '10~14세기 아시아의 상호 교류와 협력'이란 주제 아래 강화고려역사재단과 한국중세사학회 공동 국제학술회의에서 발표된 논문으로서 천하관과 축제와 교역의 관점에서 팔관회와 외국인의 관계를 검토하였다. 『八關會 학술세미나 합본호 2011/ 2012/ 2013』[11]에는 9편의 발표문이 게재되어 있으며, 이 가운데 팔관회 관련 발표문은 8편이다.[12] 논문의 주제는 고려 팔관회의 교리적 배경, 고려 팔관회의 역사적 전개와 그 추이, 고려 팔관회를 보는 시각, 팔관회의 전통과 현대 축제화 방안, 팔관회의 문화재적 가치 재정립, 팔관회의 역사성과 의례,

---

11 『八關會 학술 세미나 합본호 2011/ 2012/ 2013』는 2000년부터 2013년까지 개최된 팔관회의 연혁을 정리하여 수록하였는데, 특히 여기에는 2011년부터 2013년까지 매년 개최되었던 팔관회 학술세미나 자료들이 포함되어 있다.
12 정은우(2013, 120-133); 최공호(2013, 106-119); 윤광봉(2012b, 78-89); 전경욱(2012, 90-103); 정상박(2012, 72-77); 배상현(2011, 31-47); 안지원(2011, 7-31); 최영호(2011, 48-62).

팔관회의 국가·사회적 영향 등이다. 이외 '팔관회 율사 스님 초청 토론회'(2014)가 있으나, 이것은 팔관회에 대한 승려들의 토론을 정리한 것이며, 학술발표문은 포함되어 있지 않다. 『八關會 학술세미나 합본호 2011/ 2012/ 2013』과 '팔관회 율사 스님 초청 토론회'의 주최자는 모두 ㈔부산광역시불교연합회다. 그리고 『팔관회의 복원과 현대적 계승』은 동국대학교 불교학술원 주최 학술대회에서 발표된 논문들을 모은 자료집이다. 여기에는 5편의 발표문이 수록되어 있으며[13], 그 주제는 「국가축제로서 팔관회의 현대적 계승」, 「팔관회의 역사적·불교적 의미」, 「고려 팔관회 의식에 나타난 연희 양상」, 「고려시대 팔관회의 설행과 국제문화교류」, 「팔관회의 복원과 재현을 위한 과제」 등이었다.[14]

전체적으로 팔관회와 관련성을 가진 주제들에 대한 연구 성과가 대부분이다. 팔관회의 성격은 간단히 언급되고 있는 정도며, 이 주제에 대한 심층적인 연구 성과는 별로 발견되지 않는다.

2. 쟁점 검토

팔관회의 성격에 대한 이해는 문헌상에 나타난 대로의 성격뿐 아니라, 팔관회의 성격과 일정한 관련성을 가진 팔관회의 참가자, 위치, 역할, 사상, 국제성, 성격 등을 중심으로 논의되어왔다.

---

13 구미래(2012, 81-100); 김상현(2012, 9-19); 전영준(2012, 59-80); 윤광봉(2012a, 21-57); 한상길(2012, 101-122). 이 가운데 전영준(2012, 59-80)은 전영준(2010, 213-243)과 같은 논문이다.
14 2014~2015년에는 율사 승려 초청 팔관회 토론회와 세미나가 열렸으며(율사 스님 초청 팔관회 토론회 2014; 율사 스님 초청세미나 2015), 이 세미나에서 발표된 팔관회 관련 학술논문은 없었다.

1) 참가자

팔관회의 참가자에 대한 기존의 견해는 한정된 인사만 참가했다는 '제한설'과 전 계층이 참가했다는 '통합설'이 있는데, 후자가 주류를 이루고 있는 셈이다. 제한설은 김종명(2001)에 의해 주장되었다. 통합설은 안지원(2005)에 의해 대표되고 있는데[15], 그에 따르면, 팔관회는 초계층적 문화축제로서 고려문화의 결집체였으며(안지원 2005, 21), 중앙의 국가기관으로부터 지방의 일반 백성들에 이르기까지 전 계층이 그 준비에 참여해서 전국적인 행사가 되었다(안지원 2005, 197 등).[16]

이러한 주장은 다음과 같이 이어져왔다.

팔관회의 백희가무는 일반 백성에게도 개방되었다(한흥섭 2007b, 348). 팔관회에는 도성을 기울일 만할 정도로 많은 백성들이 모였으며, 격구장은 매우 컸을 것이므로, 모인 사람들도 굉장한 규모였을 것이다(전경욱 2012, 103). 팔관회는 군신동락이 강조된 축제의 성격을 띠고 있어 많은 백성이 참여하였다(강호선 2015, 56). 고려사회의 구성원 전체가 불교신앙에 입각하고 있었으며, 팔관회는 군신과 백성이 함께 즐기는 축제였다(정병삼 2015, 197-205)[17]는 주장 등이다.

---

15 한기문도 팔관회는 궁궐에서 개최되었지만, "관민이 모두 즐거움에 흐뭇하여 온 누리에 인자하신 은택이 흐릅니다"라는 박호의 「하팔관표」의 내용을 바탕으로 궁궐이 개방되어 관민이 함께한 의식이었다(한기문 2003, 45-46)고 하였다.
16 팔관회는 군신여민동락(君臣與民同樂)의 국중대회(김효분 2001, 584a)였다고도 한다. 그리고 안지원은 "백희공연은 팔관회에 유락적 요소를 부가하여 왕실만의 행사로 그치지 않고, 일반 백성들의 관심을 끌어들여 참여를 유도하는 데 기여하였다"(안지원 2005, 179)고도 한다.
17 한기문(2003, 45-46)을 인용하여, 정병삼은 팔관회가 궁궐을 개방하여 관민이 어우러진 의식이었다(정병삼 2015, 205)고 한다.

2) 위상

고려 의례에서 팔관회는 가장 중요한(안지원 2005, 332; 최영호 2011, 53-57; 문안식 2014, 68; 김봉건 2015, 7) 또는 대표적 국가의례였다(안지원 2005, 168; 한흥섭 2006, 326; 한흥섭 2007b, 347[18]; 이원태 2009, 27; 김대식 2009, 331; 최영호 2011, 53-54; 안지원 2011, 7; 이종수 2012, 115; 한정수 2014, 195-196; 정병삼 2015, 197; 강호선 2015, 56)고 한다. 특히 안지원은 팔관회 때 위의사의 총인원이 3,276명이었음을 근거로 팔관회를 고려의 가장 성대한 의례(안지원 2005, 172)라고 주장하며, 문안식은 원정(元正)을 포함한 고려시대의 아홉 가지 명절 중 가장 성대한 행사가 상원(上元)에 행하던 연등회와 중동(仲冬)에 행하던 팔관회였다(문안식 2014, 68)고 한다.

3) 핵심

팔관회의 핵심은 백희가무(한흥섭 2007b, 356-368; 이원태 2009, 26-30[19]; 김창현 2011, 68; 구미래 2012, 95) 또는 연등에 있었다(구미래 2013, 278). 한흥섭은 팔관회의 실상에 대한 오해가 많았으며, 오류의 가장 근본 원인은 팔관회의 핵심의례인 백희가무의 참모습을 올바로 인식

---

18 한흥섭(2007b)은 2004년도 한국학술진흥재단 지원에 의한 연구된 논문이며, 이 논문은 2007년도 문화관광부와 한국국악학회에서 공모한 '전통예술 우수논문'에 선정되어 『2007 문화관광부 선정 전통예술 우수 논문집』에 게재된 것을 보완한 것(한흥섭 2007b, 347)이다.
19 이원태는 성종이 팔관회를 문제 삼았던 것은 백희가무였기 때문에 팔관회를 팔관회답게 한 것은 바로 백희가무에 있었다는 반증이 되며, 고려 팔관회의 정통성의 주요 근거도 가무에 있었다고 한다.

하지 못한 데서 비롯되었다(한흥섭 2007b, 382)고 한다. 그는 이혜구[20], 이은봉, 유동식 등을 인용하여 백희공연의 내용이 바로 팔관회의 본질 (한흥섭 2007b, 359)이라 한다. 특히, 이혜구에 의하면, 백희가무, 그중 에서도 사선악부(四仙樂府)가 팔관회의 핵심(한흥섭 2006, 330-331)이란 것이다. 또한 한흥섭은 백희가무의 내용은 기록이 없어 알 수 없다고 하면서 일단 백희가무 공연에서 사선악부가 핵심 행사라고 전제하고 논의를 전개하고 있다. 이를 바탕으로 백희가무가 (연등회와 함께) 팔관회에만 있는 의례기 때문에 백희가무가 팔관회의 핵심이라고 주장하기도 하고, 백희가무가 팔관회의 핵심 의례일 가능성이 있기 때문(한흥섭 2007b, 357-369)이라고 추측성 결론을 내놓기도 한다.

4) 역할

팔관회의 역할에 대한 기존 연구의 내용과 통설은 김종명(2001, 193-205)에서 일단 정리되었는데(최영호 2011, 49), 그에 의하면, 고려의 정규 연등회처럼 팔관회도 임금의 장수 기원과 왕실의 조상숭배 의례로서의 기능을 가졌다.

그 후의 연구 성과들에 의한 팔관회의 역할은 다음과 같다. 풍년 축제(안지원 2005, 152-155)[21], 불력 기원(한기문 2003, 145), 사회적 일체감 확산(안지원 2005, 14ff.; 최영호 2011, 53-57[22]; 한상길 2012, 104; 한정

---

20 이혜구는 『고려사』 「예지」를 바탕으로 국선이 가무백희로 용과 하늘을 기쁘게 하여 복을 빈 것이 팔관회의 본질이며, 팔관회의 핵심은 사선악부(이혜구 2001, 627-629)라고 하였다.
21 안지원은 "팔관회는 계절축제 가운데 무르익은 곡식을 추수한 후 한 해를 마감하는 마지막에 열리는 풍요축제며, …… 팔관회에 난장적 요소들이 등장하는 것은 팔관회의 계절 축제적 성격을 보여준다"라고 한다.
22 최영호는 "충숙왕(忠肅王, 1313~1330, 1332~1339) 때 상왕인 충선왕(忠宣王,

수 2014, 217; 강호선 2015, 56; 정병삼 2015, 196; 서금석 2016, 180)[23], 기복(한흥섭 2007b, 352-367; 이원태 2009, 19; 한정수 2014, 204)[24], 왕실의 지배력 확보 수단(안지원 2005, 332-336[25]; 최영호 2011, 56-61; 한정수 2014, 195-228), 왕권의 신성화 담보(이원태 2009, 19), 사람과 하늘의 즐김(이원태 2009, 26), 임금의 장수 기원과 왕실 조상숭배(정병삼 2015, 204)다.

김종명(2001)과 이를 인용한 정병삼(2015)을 제외하면, 팔관회의 역할과 관련된 통설은 주로 사회 통합에 있었던 것으로 나타난다.

5) 사상

고려 팔관회의 사상에 대한 선행 연구는 아주 드물다. 그 가운데 아래와 같은 견해들이 주장되고 있다. 팔관회는 왕실 조상숭배의 불교

1308~1313)과 왕족, 왕사, 권문세가의 노비들까지 팔관의례에 참가하였으며, 따라서 팔관회는 전 국민이 참여한 최대의 국가의례인 동시에 사회적 일체감을 확산시킨 축제의 장이었다"라고 한다.

23 "박호의「하팔관표」의 내용에 따라서 팔관회의 성격은 사회적 일체감 향상에 있었다"(한기문 2003, 45-46)고도 한다. 부산불교연합회의에서 주최한 팔관회의 목표는 국론통일, 민족화합, 불교중흥, 세계평화, 전통문화 계승, 팔관회의 국가 중요 무형문화재 등재 기원 등으로 나타나며, 특히 팔관회의 국가 중요 무형문화재 등재는 2010년대의 주요 목표였다(정여 스님 2011, 3;「2012 팔관회 학술세미나 개요」, 2012, 70;「2013 팔관회 학술세미나 개요」, 2013, 105).

24 이원복은 "의례절차에서만 보면, 팔관회 행사가 왕과 왕실의 복을 기원하는 내용을 담고 있으며, 이는 왕의 권위를 드러내어 왕권 강화라는 정치적 목적을 달성하기 위한 절차로만 보이지만, 팔관회에서 뚜렷이 드러나는 특징은 왕을 중심으로 진행되는 절차였으며, 그 목적은 임금의 만복을 기원하는 데 있다"라고 한다. 팔관회의 특징에 대한 선행 연구로는 김종명(2001, 201-203) 참조.

25 안지원은 "팔관회는 단순한 축제에 그치지 않고, 의례절차를 통해 고려 국왕을 정점으로 한 지배질서를 상징적으로 구현함으로써 국왕의 권위를 고양하고 국왕을 정점으로 한 결속력 강화에 공헌하였다. 따라서 이 의례는 어떤 다른 불교의례들보다도 고려 불교의 국가불교적 성격을 명료하게 보여주는 의례였다"라고 한다.

적 표현, 즉 효사상의 불교적 표현이며, 구체적으로는 불교사상과 유교의 효사상, 용신신앙을 포함한 자연숭배 사상 및 화랑제도(김종명 2001, 186-192) 등 전통사상과의 결합 형태였다. 고려의 팔관회는 전륜성왕 관념을 매개로 하여 미륵신앙을 교리적 배경으로 한 신라 팔관회를 계승하였다(안지원 2011, 23). 예악사상에 따른 유교적 의례, 도교적 신선 취향, 불교행사, 토속신앙 등으로 구성되어 있었다(안지원 2011, 7). 팔관회에는 고려인들의 인생관이 반영되어 있었다(한흥섭 2007b, 349).

6) 국제성

팔관회는 국제성을 띠고 있었다는 견해들이 적지 않다(안지원 2005, 217-218·332; 전영준 2012, 56-77; 한상길 2012, 119; 정은우 2013, 129; 이중효 2015, 107; 정병삼 2015, 196·204-205).

이 가운데 선행 연구인 안지원(2005)의 주장은 다음과 같다. 대회일 외국인들의 조하의식은 고려가 국제적으로 동아시아에서 차지하고 있었던 위상을 다시 한 번 확인하는 계기가 되었다(안지원 2005, 332). 고려는 규모는 작으나 나름대로 고려를 중심으로 하는 국제질서를 형성하고자 모색하였고, 이것이 팔관회의 외국인 조하의식을 통하여 나타났다. 외국인 조하 참여자는 송나라 상인, 동·서번자와 탐라인, 일본인이었으며, 그중 주요 외국인은 여진인과 탐라인이었다(안지원 2005, 217-218).

7) 성격

팔관회의 성격에 대한 논의는 단편적이지만, 지속되어왔다.[26] 신라와 고려시대의 국가 행사인 팔관회에 대해서는 그동안 설행 사례와 내용, 성격에 관한 연구가 주류를 이루어왔으며(김광철 2011, 63), 이들 기존의 연구 성과들에 의하면, 팔관회의 성격은 크게 한민족 고유의 제전, 동지의례의 성격, 불교의례의 세 가지로 주장되고 있다(구미래 2012, 85-86). 최근까지 팔관회의 성격에 대한 논의들은 토착신앙, 불교의례와 토착신앙의 습합으로 나뉜다(한정수 2014, 195-196).

특히 2005년 이후의 연구 성과들에 의하면, 팔관회는 주체 면에서는 왕실의례[27], 고려의 가장 중요한(안지원 2005, 116) 국가의례(이중효 2015, 111; 변동명 2016, 155), 주체성 면에서는 가장 고려적 성격을 지닌 의례(안지원 2005, 116), 고려의 고유의례 또는 독자적 의례(김대식 2009, 330; 이원태 2009, 35; 이중효 2015, 106)[28], 국왕의 권위와 고려의 위상 과시 의례(강호선 2015, 50)며, 내용 면에서는 고려문화의 상징(안지원 2005, 321; 한정수 2014, 195-196), 불교의례(한기문 2003, 145; 안지원 2005, 165[29]; 한흥섭 2007b, 349; 안지원 2011, 24-26[30]; 최영호 2011,

---

26 팔관회의 성격에 관한 연구 업적들에 대해서는 문안식(2014, 68-69) 참조. 여기에는 '정순일, 『고려 팔관회의 의례문화연구』, 원광대학교 박사학위논문(2014)'도 포함되어 있는데, 정순일은 김미숙의 오기며, 정순일은 김미숙의 지도교수다.
27 왕실의례로서의 고려의 불교의례에 대한 논의는 김종명(2001, 286-291) 참조.
28 이지백의 견해는 팔관회가 고려 고유의 의례로 인식된 것임을 단적으로 알려주는 예(안지원 2005, 161-162)라고 한다.
29 안지원은 팔관회가 고려 불교의 국가불교적 성격을 가장 명료하게 보여주는 불교의례(안지원 2005, viii)라고 하며, 한흥섭도 안지원(2005)은 팔관회를 불교의례로 규정하는 대표적 연구 성과(한흥섭 2007b, 349)라고 한다.
30 안지원은 태조가 「개태사화엄법회소(開泰寺華嚴法會疏)」에서 불교의 신불들을 토속신보다 우위에 두었으며, 따라서 팔관회가 토속신앙의 비중이 큰 행사였다 하더라도, 그

55; 김상현 2012, 10-13; 구미래 2013, 298; 김봉건 2015, 7; 정병삼 2015, 196), 불교와 재래 고유신앙이 습합된 의례(정병삼 2015, 203)[31], 토착신앙의 요소가 융합된 통합적 불교의례(김종명 2001, 205[32]; 최영호 2011, 54; 전경욱 2012, 95), 농경의례 또는 수확제 또는 추수감사제(안지원 2005, 152; 이종수 2012, 115; 김태경 2010, 32; 정병삼 2015, 197), 제천의례(이원태 2009, 30-35)[33], 토속의례(한흥섭 2009, 3), 백신(百神)을 섬기는 행사(이원태 2009, 21), 축제 또는 축전(안지원 2005, 152-155; 이원태 2009, 30; 김창현 2011, 67; 최영호 2011, 54; 전경욱 2012, 103; 김봉건 2015, 7), 도교 사상과도 관련된 의례(최영호 2011, 56)[34] 등으로 다양하게 나타나고 있는 가운데, 팔관회를 고려의 대표적 불교의례로 보는 시각이 통설로 나타난다.

3. 재조명

팔관회의 참가자, 위치, 핵심, 역할, 사상, 국제성, 성격에 관한 선행 연구들은 상당한 한계성을 가지고 있다. 특히 2005년도 이후의 팔관회

본질은 불교의례였다고 한다.
[31] 팔관회는 토착신앙(무교)과 함께 불교와 습합된 의례라는 것이 통설(박진태 2001, 130)이라고 한다. 정병삼은 김종명(2001, 164·205)을 인용하여, 팔관회가 단순한 불교의례가 아니라, 고유 전통인 조상숭배와 자연숭배, 화랑제도 등이 결합된 의례였다(정병삼 2015, 204)고 한다. 팔관회와 화랑 전통과의 관계에 대해서는 김종명(2001, 186-192).
[32] 김종명(2001, 205)은 팔관회는 단순한 불교의례만은 아니었으며, 한국의 고유 전통인 조상숭배, 자연숭배, 화랑제도 등이 결합된 의례였다고 한다.
[33] 그러나 「중동팔관회의」에는 제천의식의 구체적 모습이 보이지 않는다(이원태 2009, 24)고도 한다.
[34] 최영호는 팔관회 때 금오산(金鰲山) 모형의 편액이 제작되었기 때문이라고 한다.

관련 논문들 가운데 팔관회의 성격 자체를 새로이 검토한 논문은 없으며, 이들 논문들이 게재된 학술지들도 팔관회가 불교 관련 의례임을 고려할 때, 불교 전문 학술지는 『동아시아불교문화』와 『불교학보』 2편에 불과하다. 그리고 2005년 이후 출판 또는 발표된 팔관회 관련 연구 성과들의 범위는 팔관회의 역사, 교리, 연희, 국제성, 복원 등으로 다양하였으나, 팔관회의 성격 자체에 대한 심층적인 논의를 전개한 경우는 드물며, 대부분은 기존의 연구 성과를 답습하고 있다.[35] 학술지 게재 논문들은 도교, 동아시아문화, 민속학, 불교학, 콘텐츠학, 한국학, 해양문화 등 다양한 학문 분야의 학술지에 게재되었으며, 불교 전문 학술지에 게재된 논문은 소수에 불과하다. 박사학위논문은 1편으로, 고려 팔관회의 의례문화 연구를 주제로 하였다. 학회발표문들은 사학 분야와 승단 및 불교학계 주최의 학회에서 발표되었으며, 특히 승단 주최의 발표문들이 주류를 차지하고 있다.

1) 참가자

선행 연구들에 따르면, 팔관회의 참가자는 전 국민 계층이었다. 그러나 이러한 주장들은 탄탄한 문헌 근거 위에서 전개되었다기보다는 선행 주장을 비판 없이 인용 또는 답습한 결과로 나타난다. 오히려 문헌 증거들에 의하면, 팔관회 참가자는 소수의 선택된 사람들로 한정되었으며 일반 백성들은 팔관회의 '구경꾼'이었을 뿐 참가자는 아니었다.

태조 원년(918) 11월의 팔관회 기록에 따르면, "모든 관리들이 도포

---

[35] 『고려사』와 『고려사절요』를 바탕으로 한 팔관회의 역사적 전개(배상현 2011, 33-41), 『고려사』를 바탕으로 팔관회의 역사를 표를 통해 길게 소개한 경우(정은우 2013, 120-129)도 그러한 예들이다.

와 홀 차림으로 의례를 거행하니, 구경꾼들이 수도를 가득 메우고, 낮 밤으로 즐겼다"[36]라고 한다. 여기서 참가자는 관리들이었으며, 백성들은 구경꾼으로 나타난다. 안지원은 서경과 개경을 중심으로 거행되었기 때문에 팔관회에 직접 참여할 수 있던 사람들은 해당 주민들로 제한(안지원 2005, 196)되었다고 하나, 해당 지역의 백성들이 참가하였다는 기록은 보이지 않는다. 또한 팔관회는 궁정 행사가 주를 이루었고(윤광봉 2012a, 53), 중동팔관회가 지방에서 열렸다는 문헌 기록도 없다(한기문 2003, 50). 또한 정종 대에 정형화된 팔관회의 의례 절차는 어떠한 다른 의례보다 엄격하게 준수되었으며(안지원 2005, 166-168), 팔관회의 연회 의식은 군신 간 철저한 상하 관계를 분명히 하고 있었다(한기문 2003, 46-47). 중국과 일본의 경우도 모두 의례의 실질적 주관자는 천황이었으며, 두 나라의 황실 조상제사에는 백성들이 참가할 수 없었다. 마찬가지로 고려 팔관회의 참석자도 국왕과 왕실 가족 및 소수의 관리들이었으며, 일반 백성들이 거기에 참가했다는 증거는 찾기 힘들다(김종명 2001, 297-298).

따라서 팔관회가 전 계층적 행사였다는 주장은 설득력이 약하며, 팔관회의 참가자는 국왕을 비롯한 왕실 가족이었고, 이 왕실 행사에 관료와 관리들도 동참하였다고 보는 것이 더욱 타당하다.

2) 위상

고려의 의례들 중 중동팔관회가 차지한 위치, 중동팔관회 때의 공휴일 수 등을 고려할 때, 팔관회가 고려의 가장 중요한 또는 대표적 국가

---

36 『고려사절요』1, 15a9. "觀者傾都 晝夜樂焉."

의례란 주장에는 동의할 수 없다. 현존 자료에 의하는 한, 고려의 가장 중요한 국가의례는 유교의례로서 대사(大祀)였다. 『고려사』의 분량에 있어 길례대사(吉禮大祀)인 태묘(太廟)는 18면, 원구(圓丘)는 13면(한흥섭 2007b, 350)이어서, 팔관회보다는 많아, 이들 의례가 팔관회보다 더 중시되었다고 할 수 있다. 또한 설날 전후와 납향(臘享)[37] 때는 7일간의 공휴일이 주어졌으며, 이것은 고려에서 가장 긴 휴일로서, 중동팔관회 때의 공휴일 3일[38]보다 훨씬 길었다(김종명 2001, 165). 따라서 팔관회가 고려의 불교의례 중 가장 중요한 의례였던 것은 확실하지만, 고려의 가장 중요한 국가의례였다고는 볼 수 없다.

3) 핵심

팔관회의 핵심이 백희가무였다는 주장에는 동의할 수 없다. 오히려 중동팔관회의 핵심은 국왕의 장수 기원과 왕실 조상제례로 나타났기 때문이다. 백희가무는 팔관회의 한 부분이었기는 하지만, 그것의 위치가 팔관회에서 연주된 음악보다 더 상위에 있었는지도 불분명하다. 또한 난가출궁(鸞駕出宮) 의례의 마지막에 행해진 알조진작헌은 팔관회가 태조신앙을 중핵으로 하였음을 의미한다. "이 의례(팔관회)에서는 국왕만이 진영이 있는 곳으로 올라가 잔을 올리고 재배하였기 때문에 팔관회 의식을 시작하면서 팔관회 설행을 유훈으로 남긴 태조를 기리며 태

---

37 매년 말의 납일(臘日)에 한 해 동안 지은 농사 형편에 대해 여러 신에게 고하는 제사(李相殷, 1988, 1027a).
38 팔관회가 언제부터 공휴일이 되었는지는 명확하지 않다. 그러나 팔관회 개최일이 11월 15일로 확정된 것은 현종 때(1009~1031)였으므로, 이때 공휴일로 확정된 것 같다(김종명 2001, 165).

조신앙을 확인하는 의례 정도로 여겨지며, 팔관회에서 차지하는 비중은 연등회에서 국왕과 태자 이하 문무백관들에 의한 봉은사 진전 행향이 차지하는 비중보다 적었다고 생각된다"(안지원 2005, 174-175)고 한다. 그러나 이렇게만은 볼 수 없다.

태조는 고려인들의 신앙의 대상이 될 정도로 중요한 고려 왕실의 조상이었기 때문에, 오히려 알조진작헌은 팔관회의 핵심 위치를 차지하고 있었다고 생각된다. 원 간섭기 또는 반식민기 정도를 제외하면, 팔관회가 국상 중에도 개최된 이유도 그 의례가 왕실 조상제례였다는 점에서 찾을 수 있을 것이다. 조상제례로서의 팔관회의 중요성(김종명 2001, 205)은 다른 증거들을 통해서도 뒷받침된다. 고려의 의례들은 특히 『대당개원례』의 영향을 많이 받았으며, 중동팔관회의의 절차[39]도 『대당개원례』의 형식을 취하고 있는데(김대식 2009, 331)[40], 고대 중국의 황실제례의 참가자도 황제를 비롯한 소수의 황실 가족으로 제한되어 있었다.

또한 충렬왕 4년(1278) 3월 원(元)의 금주령이 고려에도 적용되어 공사 간에 일체 술을 금지한다는 금령이 선포되었으나, 연등회와 팔관회는 제외[41]되었다. 이 점도 팔관회는 연등회와 함께 왕실제례였음을 의미한다. 더욱 중요한 팔관회의 핵심은 아래 역할에서도 살펴보듯이, 국왕의 축수 기원에 있었다. 신하들의 국왕에 대한 조하는 가장 중요한 행사로서(배상현 2011, 42), 팔관회 소회에서 왕이 궁전에서 하례를 받는 부분은 소회 행사 중 가장 중요한 행사(안지원 2005, 175·182)였으

39　팔관회의 의례 절차는 『고려사』의 「가례잡의」, 「여복지」의 「중동팔관회출어간락전위장」과 「중동팔관회출어간락전노부」에 나타난다(김광철 2011, 63).
40　이에 대해서는 이 책 제1부의 '3장 『고려사』 및 「예지」의 한계성' 참조.
41　『고려사』 85, 13b-8.

며, 하례의 중요 내용도 축수에 있었다는 점도 이를 지지한다.

4) 역할

팔관회의 역할은 다양하게 주장되었으며, 그 중심에는 사회 통합이 있었다. 팔관회를 통해 그 의례의 주체인 국왕이 사회 통합을 시도하려 하였음은 충분히 짐작할 수 있다. 그러나 사회 통합이 팔관회의 역할이 었는지에 대해서는 문헌 증거들이 요구되며, 특히 개최 동기와 결과에 대한 병행 검토가 필요하다(김종명 2001, 334-335). 그러나 선행 연구에서는 이러한 문제점에 대한 논의가 진행되지 못했다.

태조는 그의 재위 19년(936) 9월 후백제 정벌이 끝나자, 위봉루(威鳳樓)[42]에 나아가 문무백관과 백성들의 조하를 받았으나, 축하의식은 간략하게만 제시되어 있다. 따라서 통일 위업을 높이고 신료와 백성들의 사회 통합을 위한 축제가 설행되었으리란 예상과는 거리가 있다.

최영호(2011)가 주장한 충숙왕 대의 경우도 그러하다. 왕족과 왕사 등은 의봉루의 동쪽에서 풍악을 관람하였으며, 권력자들의 노비들이 넓은 뜰로 들어와 서로 싸우다가 돌을 던졌는데, 그 돌이 의봉루 위로 떨어졌다[43]고 한다. 이 기록에 의하면, 권력자들의 노비들이 팔관회에 참가하였다고 하기보다는 그들의 참가는 의례 행사 중 벌어진 한 사단의 결과였다고 해야 할 것이다. 따라서 팔관회가 전 국민 사이의 일체

---

42 위봉루는 '위엄이 있는 봉황'을 뜻하는 곳으로, 국왕으로서 태조의 신성성이 온전히 담겨 있는 곳이다. 즉, 태조가 후백제를 평정하고 돌아와 문무백관들과 백성들로부터 하례를 받았던 곳이며, 팔관회가 개최되었을 때, 그 의례를 관람했던 상징적 장소로서 후대의 왕들에게도 중요한 장소였다(서금석 2016, 191). 고려시대의 누각 그림은 노명호 (2012, 183) 참조.
43 『고려사절요』 23, 36b10-37a1.

감 조성에 기여하였다는 주장에도 동의하기 어렵다.

팔관회를 통해 실제적으로 사회 통합이 이루어졌는지 하는 점도 검토 대상이다. 현전 자료에 의하는 한, 팔관회의 목적은 국왕의 장수 기원과 왕실 조상제례로 나타난다.[44] 그리고 죽은 자를 대상으로 한 조상제례에서도 그 수혜자는 산 자란 점에서 전기한 팔관회의 두 가지 역할 중에서도 가장 중요한 것은 국왕의 축수 기원에 있었다고 할 수 있다.

5) 사상

안지원은 "팔관회의 성격과 내용을 연구한 논저는 있으나, 체계적으로 팔관회의 교리적 배경을 밝힌 본격적 논문은 없다"(안지원 2011, 7)고 하였다. 그러나 팔관회의 사상적 성격에 대해서는 김종명(2001, 193-197)에서 정리되었다(최영호 2011, 54). 이에 따르면, 팔관회의 사상 배경은 고려인들의 인생관이었던 조상숭배설이었다. 나는 다른 설득력 있는 연구 성과가 도출될 때까지는 이 견해를 따르고자 하며, 더욱 구체적으로는 현실주의[45] 및 불교의 업설과 결합된 효사상으로 보고자 한다.

---

[44] 팔관회는 10월 15일에 서경에서도 열렸다. 서경의 팔관회는 덕종 3년(1033) 10월 대신[輔臣]을 파견하여 서경에서 팔관회를 베풀어주고, 이틀간 연회를 열었다(김종명 2001, 177). 따라서 서경 팔관회 휴가도 3일이었을 것으로 짐작된다(서금석 2016, 197). 서경은 고려의 건국자인 태조 왕건이 주로 활동한 곳으로서 그의 의관이 모셔져 있었기 때문에, 10월에 임금은 관리들을 이곳에 보내어 팔관회를 개최하게 하고 태조의 제사를 모시게 하였다(김종명 2001, 127). 따라서 서경에서 개최된 10월의 팔관회도 왕실 조상제례 차원에서 이해해야 할 것이며, 후세의 국왕도 태조가 서경을 중시했던 유훈을 받들어 서경 팔관회를 시행하고 관례화시킨 것으로 보인다. 그리고 서경 팔관회의 10월 개최 의미는 태조의 건국 이념인 천명사상의 발로였으며, 10월 15일의 행사는 농경 주기가 끝난 시점에 이루어졌던 보상과 감사절의 성격이 크다(서금석 2016, 196-205).

[45] 팔관회의 가장 큰 역할이 국왕의 축수 기원과 군신 화합을 강조한 점에 있었다는 점에서, 이를 현실주의로 표현하였다.

6) 국제성

팔관회는 국제적 성격을 가진 의례라는 것이 통설이었다. 그러나 이 주장은 팔관회가 개최된 시대별로 선별 적용될 필요가 있다. 우선, 팔관회의 조하 의식은 정종 때 처음 실시되었으며, 이러한 전통은 인종 3년(1126)까지 약 90년간 유지된 것으로 추측되기(안지원 2005, 216) 때문이다. 그리고 태조 대의 팔관회가 국제성을 지니고 있었다는 문헌 증거도 없다. 따라서 시기적으로도 정종 대에서 인종 대까지를 제외하면, 태조 이후 정종 이전까지와 인종 이후 고려 말까지도 외국인에 의한 조하 의식이 있었는지에 대해서는 현재로서는 알 수가 없다.

또 다른 문제는 팔관회에 참가하였던 외국인의 정체성 문제다. 외국인 조하와 관련된 현존 자료는 『고려사』 「예지」의 「중동팔관회의」인데, 이 기록에 등장한 외국인은 중국 송나라의 상인, 동·서의 번자(蕃子) 및 탐라인이다. 여기서의 동·서번은 고려시대 국경지대에 거주하던 오랑캐로 여진족(女眞族)을 가리킨다. 고려에서는 '번(蕃)'을 조공국의 개념으로 쓰고 있었으며, 고려 태조 21년(938)에도 탐라국의 태자가 조공을 바쳤다.[46] 따라서 여진인과 탐라인은 외교 임무를 띠고 고려를 방문한 사람들로 볼 수 있다. 그러나 당시 고려와 외교적으로 가장 중요하였던 나라는 중국 송나라였으며, 송나라에서 온 사람들은 정치적 중요성을 띤 공식적인 외교 사절들이 아니라 상인이었기 때문에, 팔관회의 성격을 진정한 의미에서 국제성을 가지고 있었던 의례로 볼 수 있을지는 의문이며, 그들의 참여는 고려 정부의 외국인들에 대한 호의적 표현

---

[46] 동·서번자와 탐라인에 대한 더욱 구체적인 설명은 이 책에서 제2부의 '2장 「중동팔관회의」 역주'의 관련 부분 참조.

의 결과로 보는 것이 타당할 것이다.

7) 성격

팔관회의 성격에 관한 기존의 견해들은 주최 면에서는 국가의례와 왕실의례, 내용 면에서는 농경의례를 포함한 민족 고유의례, 토착신앙과 불교의례의 습합 및 불교의례 등이었다. 그러나 대부분의 관련 주장들은 특정 일차 자료, 특히 『고려사』의 내용에 기반을 둔 것이어서 고려 당시의 중동팔관회의 성격을 제대로 규명하였다고 하기에는 상당한 한계가 있다.[47]

안지원(2005)을 비롯한 대부분의 연구 성과들에서는 팔관회를 국가의례라고 하였다. 안지원은 위봉루부터 시작하여 구정(毬庭)[48]을 지나 승평문까지를 의례공간으로 하여 관등별로 문사위와 배위를 배치하여 국왕을 정점으로 하는 권력구조를 시각화하고, 행사에 참석한 사람들

---

47 팔관회를 고려시대의 중요한 민간종교 행사로 본(윤이흠 외 2002, 40-41) 견해도 있으나, 이 견해는 일차 자료를 바탕으로 한 것도 아니며, 기존의 관련 연구 성과들에 대한 비판적 분석의 결과도 아니어서, 이 견해에는 동의할 수 없다.

48 구정은 팔관회의 주 무대였으며, 위봉루의 남쪽에 있었으며, 회경전(會慶殿)에 들어가기 전 신봉문(神鳳門)과 정남문인 승평문(昇平門) 사이에 있었던 너른 마당(강호선 2015, 45; 서금석 2016, 190)으로, 유호인(兪好仁)의 「유송도록(遊松都錄)」에 의하면, 주위가 수십 보가 되는데, 세상 사람들이, "팔관회 때 승려들을 모아놓고 공양하던 곳" (『續東文選』21, 22a8-9)이라고 한다. 또한 구정은 궁궐의 큰 뜰이란 공간적 의미와 함께 의례적 측면에서 고려 왕실과 밀접한 연관성도 가지고 있었는데, 이곳에서는 국가의 공식적 의식행사들도 거행되었다. 그것의 기능은 단지 팔관회와 연등회에만 국한되지 않고 국로연, 대사령, 명절 축하의식 등의 행사에서도 관등에 따라 자리가 배정되고 예법에 따라 진행되었다. 구정의 명칭에서 '구(毬)'는 단순히 공간의 둥근 형태를 지칭한 것뿐만 아니라 천하의 중심이라는 상징적인 의미까지 담고 있다는 점에서 팔관회가 열렸던 구정은 정치적 장소였다. 또한 구정에서 팔관회가 설행되었을 때, 위봉루는 태조가 그 의례를 관람하였던 상징적이고 위엄 있는 장소였다는 점에서, 구정과 위봉루는 유기적으로 조성되었음을 알 수 있다(서금석 2016, 190).

에게 공연을 관람하고 연회를 즐길 수 있는 좌석을 배정하는 등 의식 절차를 세분화한 것은 팔관회가 왕실만의 행사가 아닌 공적인 국가의 례임을 천명하는 것(안지원 2005, 192)이라고 하였다. 그렇다면, 국왕은 곧 국가라는 등식이 성립되어야 한다. 그러나 김종명(2001, 295-297) 에서는 고려시대의 국왕이 곧 국가를 의미하는 것이 아님을 이미 논증 하였다. 그럼에도 불구하고, 이보다 후속 연구 성과들인 안지원(2005, 208) 등은 이에 대한 비판적 검토 없이, 여전히 국왕과 국가를 동일시 하고 있다. 팔관회에서의 위계질서의 준수를 이 의례가 왕실의례만이 아닌 국가의례란 증거(이중효 2015, 111)로 삼기도 하나, 위계질서 준수 자체가 국가의례의 증거는 될 수 없다. 사적 의례의 경우도 위계질서 준수는 필요 사항일 수 있기 때문이다.

그러나 중동팔관회는 국가의례라기보다는 왕실의례로 볼 수 있는 문 헌 증거들이 적지 않다. 현종 대에 나주에서 개최되었던 나주의 팔관회 도 당시의 팔관회가 국가의례가 아니라, 왕실의례였음을 증명해준다. 나주 팔관회는 현종(1009~1031)을 환대하고 위기를 피할 수 있도록 도 와준 나주 사람들에 대한 보은의 성격이 강하였다(변동명 2013a, 67).[49] 현종은 나주에서 열흘 정도 머물다가 개경으로 되돌아갔는데, 현종은 자신의 몽진을 환대하고, 왕조 부흥에 도움을 준 나주를 적극 배려하였 으며, 현종이 나주에서 팔관회를 개최할 수 있도록 배려한 것도 비슷한 대우책의 일환(문안식 2014, 91-92)으로 간주되고 있다.

고종(高宗, 1213~1259) 대의 최충헌(崔忠獻, 1149~1219)은 팔관회에 참가하지 않았는데, 실질적으로 국왕 위에 군림하고 있던 최충헌은 국

---

49 나주 팔관회가 개최될 수 있었던 역사지리적 배경을 검토한 데 대해서는 문안식(2014, 67-102) 참조.

왕을 정점으로 하여 진행되는 의식절차 속에 참여할 수 없었고 그럴 필요도 없었다(안지원 2005, 206). 이 사실도 팔관회가 국가의례가 아니라, 왕실의례였음을 반증하는 것이다.

고려가 멸망하고 조선이 건국된 후, 팔관회는 고려문화의 청산이라는 차원에서 전면 부정되었다(안지원 2005, 336). 팔관회가 실로 백성들에게 도움이 된 고려의 국가의례였으면 조선에서도 지속되었을 것이다. 고려가 망하고, 조선이란 새 왕조가 건립되었어도, 백성은 여전히 전 시대의 고려인들이었기 때문이다. 이 점도 고려의 팔관회는 왕실의례였음을 반증해주고 있다. 따라서 다른 설득력 있는 견해가 제시되지 않는 한, 팔관회는 왕실의례였다는 김종명(2001, 204)의 견해는 여전히 타당하다고 생각한다.

『고려사』「가례잡의」의「중동팔관회의」는 의종(毅宗, 1146~1170) 대의 산물이지만, 인종 16년(1138) 이후 원 간섭기 또는 반식민기 이전에 확립된 의례 내용을 정리한 것이다. 그리고 팔관회는 인종 16년 이전까지만 하더라도 몇 차례 변화를 거치면서 정비된 것으로 이해된다(한정수 2014, 199). 팔관회의 운명도 시기별로 달랐으며, 특히 성종 대를 비롯하여 고려시대를 통하여 팔관회는 4차례에 걸쳐 정지되기도 하였다(구미래 2012, 84). 따라서 팔관회의 내용도 고려 전 시기를 통하여 일관성을 지녔다고 보기는 어렵다.

팔관회는 불교와 관계가 없다는 주장은 꾸준히 발표되고 있으며[50], 이러한 주장은 최남선으로부터 시작되었다. 최남선은 팔관회가 '밝의 뉘'에서 비롯된 것으로서 불교와는 관계가 없다고 하였으나, "언어학적

---

50 『고려사』에서 팔관과 연등을 구분한 점에서 팔관회 자체와 불교의례와는 별개의 것으로 간주된다(이혜구 2001, 622)는 견해도 있다.

기초조차 결여한 그의 주장은 '위험한 작란'일 뿐"(김상현 2012, 10)이란 비판도 제기되었다. 팔관회가 민족 고유의례란 주장은 농경의례에 의해 대표된다. 그러나 팔관회를 농경의례로 보기는 힘들다. 농경의례란 주장은 태조의 「훈요」와 중국 기록들을 바탕으로 한 것이다. 태조는 그의 「훈요」에서 "팔관(회)은 천룡, 오악, 명산, 대천, 용신을 섬기는 것을 의미한다"[51]라고 하였다. 이를 바탕으로 기존 연구들에서는 팔관회의 성격을 전통적 추수감사제로 해석했고, 특히 천룡은 그 추수감사제에서 섬겨진 천신을 의미한다고 하였다.

그러나 태조는 「훈요」에서 연등회와 팔관회를 구분하고 있는데, 양자의 기능이 각각 불교와 제천을 비롯한 산악·대천·용신 등에 관한 것으로 되어 있으나, 이 기록은 신중하게 접근할 필요가 있다. 태조는 연등이 행해지는 행사 중 팔관회와 겹치는 내용은 제외하고, 양자를 구분할 필요에 따라 그렇게 언급한 듯하다(채상식 2015, 120)는 견해도 있으며, 80권본 『화엄경(華嚴經)』 권1 「세주묘엄품(世主妙嚴品)」에 등장하는 40류 신중 가운데, 주지신(主地神), 주산신(主山神) 등이 포함되어 있어, 팔관회의 명산대천신을 토속신으로만 볼 수 있을지는 의문(김광철 2011, 64)이란 견해도 있다. 또한 초제(醮祭)는 도교의 제사를 일컫는 말인데, 도교가 고려에 수입된 때는 예종(睿宗, 1105~1122) 대므로, 그 이전의 초제는 도교적 제례가 아니라 토착적인 제사를 의미하며, 초제에서 모셔졌다는 천지·산천의 신들은 팔관회에서 모셔지는 천룡·명산·대천·용신 등의 신들과 중첩되고 있다(안지원 2005, 164)고도 한다.

「훈요」의 신빙성에 대한 문제도 여전히 제기되고 있다. 태조의 「훈요」는 현존하며, 국내외 학자들의 상당한 관심을 끌었는데, 고려 불교

---

51 『고려사』 2:16a2-4. "八關所以事天龍五嶽名山大川龍神也."

정책의 기본 원칙이 된 것으로 간주되어왔다. 그러나 「훈요」의 신빙성에 대한 문제는 일찍이 제기되었는데, 이마니시 류(今西龍, 1875~1932)를 비롯한 일본 학자들은 「훈요」의 진실성을 비판하였으며, 이병도(李丙燾, 1896~1989)를 포함한 한국 학자들은 그 내용이 진실하다고 주장하였다. 내부적 증거로 볼 때, 「훈요」가 태조의 작이 아닐 이유는 없으나, 문제는 왜 현종(顯宗, 1009~1031) 대 이후에야 「훈요」의 정치적 중요성이 등장하게 되었느냐에 있다(Vermeersch 2008, 91-92)[52]는 견해도 있다. 「훈요」에 대한 통설에 의문을 품는 견해는 여전히 존재하고 있다. 즉, 「훈요」의 동기, 수단, 기회의 관점에서 볼 때, 「훈요」는 태조의 작이 아니며(Breuker 2008, 1-73), 현종 대의 사정에 맞도록 짜 맞춰진 것(Breuker 2010, 3-11)이란 주장이다.[53] 그러나 이러한 비판적 견해들에 대한 반론은 제기되지도 않은 채, 통설은 재생산되고 있다. 따라서 「훈요」의 내용만을 바탕으로 팔관회를 전통적인 농경의례로만 보기에는 무리가 따른다.

농경의례란 주장은 중국의 전적들인 『고려도경』과 『송사』를 기본으로 하고도 있다.[54] 그러나 이 책들은 이 주제와 관련된 한계성을 가지고

---

52   이 책에 대한 서평은 Kim(2010b, 174) 참조.
53   "이전의 왕[태봉의 궁예(弓裔), 901~918]은 …… 헛되이 풍수설을 믿어, 갑자기 송악을 떠나 철원으로 돌아갔다"(『고려사』 1, 12a)는 태조 자신의 말을 근거로 태조는 도선(道詵, 827~898)의 권위에 호소할 필요도 없었고, 무분별한 사찰 건립을 막을 필요도 없었다(Breuker 2010, 28)고 한다. 그렇다고 하여 「훈요」가 태조의 후대에 조작되었다는 사실이 훈요의 중요성을 경감시키는 것은 아니며, 「훈요」는 여전히 초기 고려의 역사 및 자기 인식(self-perception) 이해에 중요하다(Breuker 2010, 3)고 한다. 그러나 『고려사절요』에도 「훈요」는 태조의 작으로 기록되어 있고(『고려사절요』 1, 15:b5-16a8), 태조가 고려를 건국한 918년의 같은 책에도 도선이 명기되어 있으며, 조선시대의 『세종실록(世宗實錄)』 83, 3b-4a에도 고려의 태조가 지세가 부정적인 지역에 절들을 세웠다는 기록으로 판단할 때, 태조의 후예들이 「훈요」를 태조의 작으로 본 점은 인정된다. 위서(僞書)의 역사에 대해서는 Breuker(2010, 6-8) 참조.
54   안지원은 『고려도경』과 『송사』의 기사는 10월의 서경 팔관회가 고구려의 동맹을 계승한

있다. 『고려도경』에서는 고려의 팔관회를 고구려의 추수감사절인 동맹(東盟)과 동일시하였지만, 이것은 고구려와 고려를 혼동한 결과였다. 『송사』에 기록된 팔관회의 기록도 『고려도경』의 견해를 그대로 따른 것이다(김종명 2001, 33). 따라서 이들 중국 측 사서의 기록을 바탕으로 팔관회의 성격을 농경의례로 규정한 것은 설득력이 약하다.

특히, 연구자들 사이의 대표적인 연구 쟁점은 고려 팔관회의 종교적 성격에 관한 것인데, 팔관회의 종교적 성격에 대해서는 민족 고유의 신앙을 바탕으로 하는 제천의식으로 보거나 불교행사로 보는 두 가지 견해가 있다. 팔관회가 민족 고유의 신앙과 불교가 습합된 성격을 갖는다고 보는 점에서는 양자가 일치하며(이원태 2009, 9-14), 이 주장 자체에는 나도 동의한다. 중동팔관회의 성격은 현존하는 자료들에 관한 한, 고유의례와 결합된 불교의례로 보는 것이 가장 적절할 것으로 생각된다. 그러나 팔관회가 전통신앙[55]과 불교의례의 결합이란 주장의 근거에는 동의할 수 없다. 이 주장의 근거는 거의 대부분 『고려사』의 기록들인데, 고려시대의 불교에 관한 한 『고려사』가 지닌 상당한 한계성은 이미 논의되었으며(김종명 2001, 34-38), 이에 대해서는 제1부 3장에서도 보충 논의되고 있다.

팔관회가 불교의례란 주장도 한계성이 있다. 고려 태조의 명에 따라 처음 개최되기 시작한 팔관회는 정조 대에 의례 절차가 확립되었는데[56], 정종은 의례 절차를 통해 팔관회가 불교의례임을 분명히 하였다(안지원 2005, 72)고 한다. 그러나 정종 대에 정해진 의례 절차는 「중동

고유의례라는 것을 명백히 전하고 있는 셈(안지원 2005, 165)이라고 한다.
55 팔관회에 보이는 전통적 요소에 대해서는 안지원(2005, 140-165) 참조.
56 고려 팔관회의 의례 절차에 대해서는 김종명(2001, 180-186), 안지원(2005, 166-195) 참조.

팔관회의」를 뜻하는데, 이 「중동팔관회의」의 내용에 관한 한 '팔관'이라는 명칭(이원태 2009, 13), 향과 등, 연등회 소회일에 알조진의가 봉은사에서 행해진 것을 제외하고는 전혀 불교적인 색채가 드러나지 않는다(윤아영 2004, 224).

팔관회는 불교의례가 아니라는 반대 주장도 있다. 즉, 고려 태조가 "팔관회를 부처를 공양하고 신령을 즐겁게 하는 모임"이라 한 표면적인 발언을 근거로 불교의례라고 해석하는 것은 팔관회의 본질적 성격이 역사적으로 변모되어갔던 점과 「훈요」 십조의 의미를 간과하거나 자의적으로 해석한 결과며, 팔관회의 본질은 선풍(仙風)에 따른 토속의례임을 팔관회의 핵심 의례인 백희가무를 통해 입증하였다(한흥섭 2007b, 349-368; 한흥섭 2009, 3)고 단언하는 경우도 있다.[57] 또한 사선악부가 중심이 되고, 국선이 담당한 백희가무 공연행사는 불교행사는 아니었으므로, 팔관회는 불교의례가 아니었다(한흥섭 2007b, 376)고도 한다. 팔관회에서 백희가무를 통해 복을 빈 것도 그 대상이 유교나 불교, 도교에서 존숭하는 신이 아님이 명백하다(한흥섭 2007b, 352-353)고 하여, 팔관회와 불교의 관계성을 부정하기도 한다.

그러나 이러한 주장들도 설득력은 약하다. 그 이유는 역사적으로 변화된 팔관회의 성격이 무엇인지에 대한 설명도 없고[58], 「훈요」의 재등장도 현종 대며, 백희가무가 팔관회의 핵심이라 볼 수 있는 근거도 없기 때문이다. 또한 백희가무가 불교와 관련이 없다는 증거도 없을 뿐 아니라, 백희가무가 불교행사가 아니라는 것과 팔관회가 불교의례가 아니

---

57 이 주장은 불교가 변해가는 중에 자연적으로 형성된 신불습합(神佛習合)의 일면을 간과해서 오는 소치일 수 있다(윤광봉 2012b, 88)는 지적이 있다.
58 팔관회는 태조 대에 그 내용이 정비되었으며, 이후 시대에 따라 변화는 있었지만, 기본 성격은 유지하였다(한정수 2014, 224)고 한다.

란 사실도 관련성이 없기 때문이다.

팔관회가 불교 요소를 강하게 가지고 있었다는 증거는 상당히 많으며, 이 점은 김종명(2001, 197-201)과 안지원(2005, 120-139)에서도 이미 상세히 논의되었다. 다른 문헌 증거도 많다. 특히 고려시대 문인들의 문집은 팔관회의 성격 연구를 위한 필수 자료들이다. 이 문집들[59]은 팔관회가 불교 요소를 가진 의례였음을 증언해주고 있는데, 고려 말 대표 지식인이었던 이색(李穡, 1328~1396)의 시도 그러한 예다.

> 세존당(世尊堂)에 두 번 절하고[60], 신중전(神衆殿)에 세 번 순행할 제, 촛불은 색깔을 구별하기 어렵고, 향 내음은 내 몸을 물들이려 하였네.[61]

여기서 세존당, 신중전, 향 등은 불교 관련 개념이며, 이는 팔관회의 예행연습에서 불교의례가 높은 비중을 차지하고 있었음을 뜻한다(배상현 2011, 42).

팔관회일에 국왕이 법왕사(法王寺)[62] 등의 사찰로 행차한 점(이원태

---

[59] 이규보(李奎報, 1168~1241), 「법왕사팔관설경문(法王寺八關設經文)」, 『동국이상국집(東國李相國集)』 39; 이곡(李穀, 1298~1351), 「팔관재소(八關齋疏)」, 『가정문집(稼亭文集)』 권10; 이색(李穡, 1328~1396), 『목은시고(牧隱詩稿)』 권20; 이숭인(李崇仁, 1349~1392), 「팔관표(八關表)」, 『도은집(陶隱集)』 권5; 「연산군일기(燕山君日記)」 권10; 『중종실록(中宗實錄)』 권8; 안정복(安鼎福), 『동사강목(東史綱目)』 7권; 이능화(李能和), 『조선불교통사(朝鮮佛敎通史)』 4, 2010, 597; 안지원(2005, 142); 이인로(李仁老), 「팔관회호종(八關會扈從)」, 『동문선』 권31 표전(表箋); 박호(朴浩), 「하팔관표(賀八關表)」, 『동문선』 권31 표전; 이유원(李裕元, 1814~1888), 보제산락십육수(補制散樂十六首)(윤광봉 2012a, 29-39).

[60] 이혜구는 이 불교적 요소는 팔관회와는 별립된 것이었다(이혜구 2001, 61)고 한다.

[61] 『목은시고』 권12, 「십일일사수(十一日四首)」. 여운필·성범중·최재남, 『역주 목은시고』 5(월인, 1998), 139쪽.

[62] 법왕사는 개경의 10대 사찰 가운데서도 가장 중요시된 절로서 팔관회가 행해질 때 국왕의 법왕사 행차와 봉향은 공식 절차에 포함되어 있었다(서금석 2016, 191). 팔관회 법

2009, 14), 팔관회일에 국왕이 법왕사에서 불공을 올리고, 승려들을 초청하여 경전을 강설케 한 점[63], 팔관회 개최 장소의 한 부분이었던 구정이 팔관회 때 승려들을 모아놓고 공양하던 곳이란 점 등도 팔관회와 불교의 관계가 밀접하였음을 보여주는 예들이다.

중국의 『송사』에서도 고려의 팔관회를 「고려석교(高麗釋敎)」란 제목으로 기록하고 있어, 고려 당시의 중국인들이 그 의례를 불교의례로 간주하였음을 명확히 하고 있다.[64] 그리고 『조선왕조실록』에 의하면, 조선시대에도 팔관회는 불교의례로 간주되었다.

> 고려 때는 불교를 숭상하여 승도가 백성의 반이나 되고, 탑묘가 사방에 두루 찼으며, 비용이 만 가지요, 날마다 재올리는 것을 일삼으며, 이름하여 팔관회라고 하였다.[65]

따라서 『고려사』의 기록과는 달리, 고려의 팔관회를 당시의 중국인과 조선인이 불교의례로 간주할 만큼 불교 요소가 상당히 강하였음은 부정할 수 없다.

팔관회의 성격도 시대별 변화를 보였다. 태조 원년 기록으로 알려진 백희가무나 사선악부도 삼한을 합하여 일가로 만든 때여서, 삼한통합 이전 태봉의 것을 계승하여 불교적 차원에서 시행하였던 팔관회는 이 시점에서 큰 성격 변화를 가진 것(한정수 2014, 211)으로 간주된다. 그

    왕사 행향은 성종 즉위년(981)부터 시작되었는데, 987년 팔관회가 폐지되었다가 법왕사 행향이 다시 나타난 것은 정종 대부터다(안지원 2005, 182–183).
63 李奎報, 「法王寺八關說經文」, 『東文選』 三十九, 14a3-10.
64 『宋史』, 卷487, 外國3, 高麗 崇尙釋敎.
65 『燕山君日記』10권, 1년(1495) 11월 12일(신묘).

후 팔관회 의례도 정비되었는데, 그 시기는 정종 대였으며, 팔관회 때 법왕사 행향이 관례화된 것도 이때부터였다. 지방관의 봉표조하(표를 올리고 하례를 드리는 것)와 외국인 조하도 정종 대부터 상례화하였으며, 1125년까지 유지된 것으로 추정된다(한기문 2003, 37-46). 1170년 무신란 이후의 팔관회는 집정 무인과 관련 있는 특정 인사 중심으로 진행된 듯하며[66], 군신동락의 축제 분위기도 크게 퇴색되고, 경비도 축소되었다(배상현 2011, 39).

팔관회는 단독 국가 제전이 아니고, 연등회와 짝을 이루는 국가제전(나경수 2012, 52)이란 주장은 주목할 만하다. 연등회와 팔관회는 불교의 형식을 빌려 각각 봄, 가을에 개최된 임금의 장수 기원과 왕실 조상 숭배 기능을 가진 의례로 보이기 때문이다. 고려의 중동팔관회는 효사상의 불교적 표현(김종명 2001, 204)이기도 하였으며, 궁극적으로는 왕실의 장수를 목표로 하였다는 점은 팔관회가 가진 가장 중요한 특징이었다(김종명 2001, 143-145).

팔관회의 성격에 대한 더욱 구체적인 논의는 시기별 논의뿐 아니라, 인문학적 전통과 예악사상에 대한 선이해(한흥섭 2007b, 383)와 미술사와 공예적 측면의 연구(정은우 2013, 120)도 필요하다. 그러나 현재까지의 검토에 따른 팔관회의 성격은 전통신앙과 결합된 왕실 불교의례, 개최 목적은 군신 화합 시도, 참가자는 왕실 가족을 포함한 관료, 개최 장소는 궁전 및 왕실과 밀접한 사찰, 배경 사상은 업 사상과 결합된 유가의 효사상, 역할은 국왕의 장수 기원과 조상제례, 그중에서도 국왕의 장수 기원으로 요약할 수 있다.

---

66 Shultz(2000)는 고려시대의 무신정권에 대한 최초의 영문 학술서로서, 이 주제를 더 넓은 동아시아적 시각에서 다루고 있다.

3장
『고려사』 및 「예지」의 한계성

『고려사』 「예지」에는 고려사회의 특성이 가장 잘 반영되어 있으며(김대식 2009, 307), 고려의 국가의례가 공식적으로 정리되어 있다(강호선 2015, 37). 『고려사』의 「예지」는 11장으로 구성되어 있는데, 다른 지(志)에 비해 기록량도 많으므로, 고려사회에서 의례가 차지한 비중이 컸음을 알 수 있다.[1] 「예지」에 따르면, 고려의 의례는 길례(吉禮)[2], 흉례(凶禮), 군례(軍禮), 빈례(賓禮), 가례(嘉禮)의 오례(五禮)로 구성되어 있었다. 이 중, 가장 많은 분량을 차지하고 있는 것은 길례로 5장으로 구성되어 있으며[3], 다음은 가례로 4,5장으로 구성되어 있다(변태섭 1987, 75-77).

732년 완성·반포된(池田溫 1981, 822; 渡辺信一郎 2002, 297) 『대당

---

1 그러나 현존하는 내용은 극히 일부분에 지나지 않는다(김대식 2009, 310).
2 고려에서 「길례」의 성립은 주로 성종 이후에 마련되었으며, 「길례」는 「예지」 중에서 가장 많은 분량을 차지하고 있을 뿐 아니라, 그 성격도 일정하다(정구복 2007b, 1-3).
3 중국 당대의 예전에는 모두 152가지 의례가 있는데, 길례는 55가지로 가장 큰 범주를 차지하고 있어(하워드 J. 웨슬러 2005, 133), 고려의 예제도 이에 준한 것으로 보인다.

『개원례』는 주(周, 1134~250 B.C.E.) 대 이래의 예제를 집대성하여(이현진 2012, 103) 당 왕조를 포함한 이후 예서의 기준이 된 책(김대식 2009, 320; 김성규 2012b, 347)이며, 당 후기의 의례적인 본보기를 제공하고, 각 왕조의 국가의례행사의 모범이 되었다(하워드 J. 웨슬러 2005, 270). 북송(北宋, 960~1126) 말기의 예전으로서(김성규 2012b, 350), 예제에 계급적 차등을 두면서(육정임 2007, 336), 1111년에 간행·반포된 『정화오례신의』도 동아시아 전체의 예제를 이끈 책이며, 송나라 당시 고려를 포함한 동아시아 각국은 이 책을 도입하여 시행하였다(김대식 2009, 309-321).

고려의 불교의례에 대한 기존의 연구 업적들도 고려사의 「세가」와 「예지」의 내용을 중심으로 진행되어왔다. 『대당개원례』와 『정화오례신의』는 구조와 내용 면에서 차이가 많아 객관적 비교는 어렵지만, 고려는 그 두 책을 모두 수용하였으며, 『고려사』의 편찬 구조도 이 두 책을 참조한 것으로 간주되지만, 고려의 의례들은 『정화오례신의』보다는 『대당개원례』의 영향을 더 많이 받았으며, 중동팔관회의 절차도 『대당개원례』의 형식을 취하고 있다. 그러나 고려 예제의 운영은 『대당개원례』도 『정화오례신의』도 아닌, 고려사회의 특성에 맞는 독자적인 방식이었다(김대식 2009, 314-331).

고려의 「상원연등회의」와 「중동팔관회의」의 절차는 당 원회의례(元會儀禮)[4]의 그것과 크게 다르지 않다(池田溫 1981, 822-830). 『대당개원례』에는 원구단 의례행사가 기록되어 있는데, 이 행사도 고려 의례의 선구가 된 것으로 생각된다. 이 행사에는 일곱 가지 주요 단계가 있었다.

---

4 『대당개원례』 권97에 나타나는 당 원회의례의 진행표는 渡辺信一郞(2002, 304-305) 참조.

① 격리규정의 준수, ② 의례행사 장소의 설치, ③ 제수용 제물과 제기의 점검, ④ 황제의 마차가 궁궐을 떠남, ⑤ 옥과 비단의 헌상, ⑥ 음식의 헌상, ⑦ 궁전으로 황실 마차의 귀환(하워드 J. 웨슬러 2005, 262-266) 이 그것이다. 이 의례 절차는 상원연등회와 중동팔관회의 의례 절차와 비슷하여, 이 두 의례의 절차 형성에 미친 이 책의 영향이 컸음을 짐작할 수 있다.

『대당개원례』와『정화오례신의』에는 불교의례가 포함되어 있지 않으므로[5],『고려사』도 이에 준하여 편찬된 것으로 볼 수는 있다. 그러나 불교에 관한 한,『고려사』는 상당한 한계를 가지고 있다. 즉,『고려사』는 조선 초기 성리학자들에 의해 편찬되었기 때문에, 불교와 관련된 중요한 기록들을 누락시키거나 폄하시켰기 때문이다. 따라서 고려의 불교의례 연구를『고려사』에만 의존하는 것은 문제가 있으며, 이 점은 이미 앞에서 지적되었다. 그러나 연등회와 팔관회 관련 이후의 연구 성과들에서는 이 점을 거의 고려하지 않았다. 아래에서는『고려사』와「예지」의 문제점에 대해 살펴본다.

1.『고려사』의 문제점

『고려사』는 성리학적 가치관을 최우선으로 하는 사대부들에 의해 편찬된 사서(안지원 2005, 11)지만, 현재는 고려사 연구의 기본 자료며(김창현 2011, 38), 고려의 불교의례 연구에도 가장 중요한 자료다. 오례

---

5 중국 당나라의 불교 및 도교 의례가『대당개원례』등의 정사(正史)의 의례 관련 기록에서 단편적으로나마 기록은 되었다(조성우 2012, 281-284; 강호선 2015, 39에서 재인용).

의 하위 항목을 의(儀)⁶로 표현한 방법이 고려에도 그대로 적용된 점(신명호 2011, 12)은 그 한 예기도 하다. 그러나 고려시대 문화에 대한 조선시대 역사 서술은 유교문화와 관련된 면을 크게 부각시켰으며, 고려시대 유교문화와 관련하여서도 조선시대 성리학적 이념은 사대명분론에 배치되는 것은 역사 서술에서 걸러내거나 축소시켰다(노명호 2012, 5-6). 조선의 유학자들은 배불정책을 폈으며, 따라서 『고려사』의 불교에 대한 기록은 부실하며(허흥식 2007, 14), 『고려사』를 편찬할 때도 불교에 대해서는 편견을 보여주고 있어, 『고려사』를 통해 고려 불교를 이해하려 할 경우 여러 가지 문제점이 발견된다.⁷

고려시대의 정치이념은 유교(김종명 2013, 73)였기 때문에 『고려사』의 모델이 되었던 『고려실록(高麗實錄)』⁸의 내용도 유교적 시각에서 편찬되었을 가능성은 있다. 그러나 편찬자들이 『고려사』를 편찬할 때, 당시 실록에서 국가 중심적, 정치 중심적으로 자료를 발췌하였기 때문에 불교 관련 기록은 단편적이고도 비판적이어서 불교의 사회적 모습을 구체적으로 파악하기가 힘들다는 한계성을 가지고 있으며, 여기에는 불교예술, 불교경제 등도 누락되어 있다(김종명 2001, 34-36). 『고려사』는 조선조의 성리학자들에 의해 역사적 진실과는 다르게 기술된 부분이 적지 않으며(한흥섭 2009, 3), 세종(世宗, 1418~1450)에 의한 『고려사』 재편찬 명령도 그의 신불의 결과⁹일지도 모른다. 또한 『고려사』를 편찬

---

6 의는 예법의 실천에 부수되는 위의(威儀)를 뜻한다(신명호 2011, 14).
7 『고려사』 편찬 과정의 문제점들에 대해서는 홍이섭(1968, 5-6), 한흥섭(2007b, 378)에서 재인용.
8 『고려실록』에 대해서는 『한국민족문화대계과』(encykorea.aks.ac.kr) 참조.
9 조선시대의 세종은 배불군주란 통설과는 달리, 재위 초기부터 상당한 신불군주였으며, 훈민정음(訓民正音) 창제도 그의 신불과 관련이 있었다는 주장에 대해서는 Kim(2007, 134-159) 참조.

할 때, 고려의 의례를 오례[10] 체제로 구성하면서 불교의례를 잡사(雜祀)와 잡의(雜儀)로 판정하여 기록하였기 때문에 대부분의 불교의례 내용이 멸실되어 전해지지 않게 되었다(안지원 2005, 163-164).

『고려사』의 일부 내용은 다른 시기의 것이 첨가되기도 하였는데, 이는 태조 원년(918) 11월의 행사 내용을 통해서도 나타난다(한정수 2014, 205). 『고려사』의 편찬자들이 고려의 역대 왕들에 대한 기록을 본기(本紀)라 하지 않고, 세가(世家)라 한 점, 고려 태조가 제정한 천수(天授) 연호를 그 시행 기간에서조차 표시하지 않고, 단지 간지(干支) 순으로 연대를 엮어놓은 점, 열전에 고승이나 신선 또는 도사 등은 한 사람도 수록하지 않은 점 등에 근거할 때, 『고려사』를 통해서만 고려사회와 불교를 포함한 그 문화의 실체(실상)를 파악하는 것에는 한계가 있다(『北譯』 1, 1-2). 신라는 대사에 산천신앙을 포함시켰으나, 『고려사』에서는 산천에 대한 제사가 대·중·소사[11]에 편제되지 않고, 잡사 항목에 들어가 있다. 잡사는 제사에 대한 의식이나 절차에 대한 체계적인 기록이 아니라, 대·중·소사에 포함된 제사 이외의 고려시기에 행해진 여러 제사에 대한 역사적 기록을 모아놓은 것에 불과하다(안지원 2005, 160).

2. 『고려사』「예지」의 문제점

「지」는 고려의 문물제도를 체계적으로 정리한 부분이며, 특히 「예지」는 고려의 문물을 집대성하고 있어 고려의 사회와 문화를 알 수 있는

---

[10] 중국 정사에서 오례의 형식을 갖추어 저술되기 시작한 것은 당나라의 『진서(晉書)』에서부터다(정구복 2007b, 1).
[11] 국왕이 주재하는 제사는 주로 대사와 중사로 한정되어 있었다(정구복 2007b, 2).

중요한 자료인 동시에 고려시대 의례 연구의 기본 자료기도 하다. 『고려사』 「예지」의 역사적 성격은 황제국의 예제를 그대로 수용하여 실현하였다는 점, 당·송·원의 예제가 수용된 점, 예의 기본 정신을 추구하면서도 현실적인 상황을 적극 배려한 점, 신위 중심의 제사와 전통적 묘제나 경령전 제사가 병행된 점, 시대별 예제의 변화를 반영한 점에 있다(정구복 2007b, 3-4). 『고려사』 「예지」의 기본 자료는 『상정예문』이다(김창현 2011, 37-38). 『고려사』 「예지」에는 오례가 길례, 흉례, 군례, 빈례, 가례의 순서로 수록되었는데, 의례를 오례로 분류한 것 자체가 유교적이며, 『고려사』 「예지」는 『상정예문』 중에서 유교적 행사 위주로 채록·편집된 의례집이다. 그러나 『고려사』 「예지」는 그 찬자가 사료를 적극적으로 세심하게 뽑았다고 할 수 없으며(정구복 2007b, 3), 불교의례 중심의 고려사회의 의례를 유교적 시각과 틀에 의해 취사선택하고 편집한 점은 『고려사』 「예지」가 가진 특징이자 한계였다(김창현 2011, 64-67).

『고려사』의 「중동팔관회의」에는 불교와 관련된 언급이 거의 없는데, 이도 『고려사』의 편찬자와 무관하지 않을 것(김상현 2012, 10)으로 보고 있다. 『고려사』 「예지」의 잡의에 수록된 「상원연등회의」 및 「중동팔관회의」는 모두 국왕의 친행으로 이루어진 의례였다.[12] 이 의례들이 「잡의」에 수록된 것은 『고려사』 「예지」가 고려시대 당시의 국가의례 내용을 얼마나 충실하게 반영하고 있는지에 대한 의문을 제기하게 만든다(강호선 2015, 37). 이와 관련, 윤광용도 "기록 면에서 팔관회 관계 기사 내용을 얼마나 신빙성 있게 다루어야 할 것인가 하는 문제다. 오늘을

---

12 「길례」 잡사조에 수록된 도교의 초제에도 국왕이 친행하였으나, 그 일부는 『고려사』 「예지」에 잡사 혹은 잡으로 실렸다(강호선 2015, 37).

사는 지금도 역사에 대한 시각은 그 차이가 심하다. 언제나 강자의 논리에 의해 기록되는 역사이기에 이를 어디까지 진실이라 믿고 연구할 것인가라는 의문이 그것이다. 숭유억불 정책의 당사자들이 불교국가인 고려의 역사를 서술할 때 얼마나 정확히 기술했겠느냐는 것이다"(윤광용 2012, 88)라고 말한다.

『고려사』「예지」에 대한 연구 성과는 적지 않은데[13], 『고려사』「악지」[14]의 편찬 기준에 대한 검토를 통해서 『고려사』「예지」의 편찬 기준의 한 단면을 살펴볼 수 있다. 『고려사』「악지」 첫머리에는 「악지」의 편찬 기준이 아래와 같이 기록되어 있다.

고려 태조가 국가를 창건하였으며, 성종(982~997)이 하늘과 땅에 대한 제사 제도[郊祀]를 세웠고, 친히 왕실 조상에 대한 제사[禘祫]를 지낸 후부터 나라의 문물제도가 비로소 갖추어졌다. 그러나 여기에 관한 문헌들이 보존되어 있지 않았으므로, 고증할 수 없게 되었다. 예종(睿宗, 1106~1122) 때 송나라에서 새로운 음악[新樂: 아악이 주가 됨]과 대성악(大晟樂)을 선물로 보내왔다. …… 공민왕 때는 명 태조(太祖, 재위 1368~1398)가 특별히 아악을 선사하여, 조정과 태묘에서 사용하였다. 또한 당악과 삼국시대의 음악 및 당시의 속악도 섞어서 썼다. 그러나 병란으로 인하여 종(鍾)·경(磬)은 흩어져 없어졌으며, 속악은 가사가 비속한 것이 많으므로 그중에 심한 것은 다만 노래 이름과 가사의 대의만 기록하고, 이것들을 아악, 당악, 속악으로 분류하여 악지를 만들었다.[15]

---

13 『고려사』「예지」에 대한 연구 성과는 황원구(1968); 이범직(1981, 1983); 김철웅(2002); 이진한(2004); 김문숙(2008); 김창현(2011, 38) 참조.
14 『고려사』「악지」에 대한 주석적 한글역은 한흥섭(2009, 216-424) 참조.
15 번역은 한흥섭(2009, 216-217)을 일부 수정한 것이다.

동동 춤은 그 가사에 송축하는 말이 많이 들어 있으나, 가사가 비속하므로 여기에는 싣지 않는다.(『고려사』「악지」;『北譯』6, 427)

이 기록들에 의하면, 10세기 고려 건국 초기에도 공식적인 예악제도가 있었던 것으로 보이나, 문헌 소실로 성종 때까지의 관련 기록은 남아 있지 않았다. 그리고 12세기 초에 이르러 중국 송나라의 도움으로 예악제도를 재수립하였으며, 역사상 고려의 예악제도에는 당악, 아악, 속악이 포함되어 있었다. 그러나 가사가 비속한 경우 축약해서 싣거나 누락시킨 점을 고려할 때, 「악지」 편찬자들의 주관적 견해가 작용한 것은 분명하다. 따라서 『고려사』 「예지」도 성리학자들의 시각에서 볼 때는 불합리한 전통으로 간주된 불교의 의례들은 그들의 주관적 견해를 전제로 하여 편찬되었음을 짐작할 수 있다.

그리고 고려 초·중기에는 오례의 영향이 적었다. 고려의 예제는 이규보가 살았던 12~13세기에도 오례로 분류되지 않았으며, 고려 말까지도 대개 마찬가지다. 고려는 불교·유교·도교·음양풍수설 등 다양한 사상이 공존한 사회였으므로, 주요 의례가 유교의례인 오례로 편제되기 어려웠으며, 불교의례가 유교의례보다 중시된 면이 강하였다. 그러므로 예지의 오례를 위주로 고려사회를 이해해서는 곤란하다(김창현 2011, 65-78).

원시불교[16]를 기준으로 삼을 때, 불교의 핵심은 무아론(無我論)과 인

---

16 원시불교는 초기불교·근본불교로도 불리며, 견해는 다양하나, 붓다 멸후 100년까지의 불교를 지칭하는 것이 통설이다. '근본불교'란 개념과 관련 "특정 시대와 지역의 불교전통의 측정 기준으로 '근본불교(original Buddhism)'란 개념을 피할 필요가 있다. 불교 창시자인 석가모니 붓다의 재세 시의 불교에 대해서는 자세히 알 수 없으며, 붓다가 살았던 정확한 시대에 대한 학자들의 합의도 아직 없을 뿐 아니라, 최초기 불교를 수록하고 있는 것으로 상정되는 일차 자료들도 그 내용상 유동적 성격을 지닌 특정 불교학파의

연설(因緣說)에 기초한 해탈에 있을 것이다. 팔계(八戒)를 지킴은 그 목적이 해탈에 있다. 그러나 고려의 팔관회 어디에도 고통으로부터 벗어나 해탈을 지향하는 모습은 전혀 보이지 않는다. 더욱이 팔계 가운데는 음주가무를 금지하는 내용도 있으나, 고려 팔관회에서는 음주가무도 행해졌다(김종명 2001, 143-164). 그러므로 고려 팔관회는 전혀 불교적이지 않다(이원태 2009, 13)고 한다. 그러나 이는 팔관회를 비롯한 고려 의례에서 불교적 요소가 없어서가 아니라, 『고려사』에서 불교의례, 불교음악, 불교 춤, 불교 경제, 불교인 등 불교 관계 기록들은 누락, 축소 또는 폄하되어 있기 때문이다.

1) 불교의례 누락 및 축소

(1) 비유교적 의례의 누락

『고려사』 편찬자들은 『고려사』 「예지」 편찬의 근거로 최윤의(崔允儀, 1102~1162)가 편찬한 『상정예문』을 들고, 이에 근거하여 오례로 분류하여 예지를 편찬한다고 하였으며, 그들은 오례에 입각한 유교의례의 입장에서 고려시대 국가의례를 정리하면서 고려 건국 초부터 설행되어 왔던 비유교적 의례들은 국가의례로 인정하지 않았다(강호선 2015, 37-38).

고려의 많은 불교의례들에는 국왕이 친행한 경우가 많았는데, 이는 이 의례들의 중요성을 잘 보여주고 있다. 그럼에도 불구하고, 『고려사』

교리, 수행, 제도 등을 담고 있기 때문이다"(Teiser 1994, 11)란 견해가 있다. 그러나 붓다의 가르침 자체에 대한 논의는 여전히 필요하며, 나는 근본불교의 내용을 불교학자들이 일반적으로 수용하는 사성제, 인연설, 삼법인설, 십이처설, 무아설 등으로 보는 것이 타당하다고 생각한다.

「예지」에서 고려시대에 중시되었던 상당수의 불교의례들[17](강호선 2015, 37)[18]과 팔관회 소회일의 법왕사(한기문 1998, 37)[19] 행차와 행향은 누락되었다(김창현 2011, 68). 사실 「중동팔관회의」에는 법왕사란 단어 자체가 없다.

「예지」의 또 다른 문제점은 길례 대사에 실린 경령전(景靈殿)에 대한 기록이다. 경령전은 태조의 진영과 치세 임금의 진영을 봉안한 중요한 곳으로서, 유교적인 면보다 불교적인 면이 더 많은 시설이었으나, 유교적 헌작 위주로 기록되어 있다는 점이다. 『고려도경』에 의하면, 경령전에는 왕실 초상이 봉안되어 있어, 승려들이 밤낮으로 가패(歌唄)를 한다고 하였다. 따라서 『상정예문』에는 경령전의 불교적 면이 수록되어 있었다고 생각되지만, 『고려사』 「예지」의 편찬자는 이를 고의적으로 누락시킨 것으로 보인다.[20]

『고려사』 「세가」에 따르면, 고려의 국왕은 기일에 선왕과 선후의 진전에서 행향하였다. 그러나 『고려사』 「예지」에는 이에 대한 기록도 누락되어 있다. 기일재가 주로 불교사원에서 불교식으로 거행되어 의도적으로 누락시킨 것이다(김창현 2011, 73-74). 또한 『속동문선』에 의하면, 팔관회가 열렸을 때, 구정에서는 승려들에게 공양이 행해졌다고 하나, 「예지」에는 이에 대한 기록도 전혀 보이지 않는다.

---

17 이에 대해서는 김종명(2001, 66-80) 참조.
18 「길례」 잡사조에 수록된 도교의 초제(醮祭)에도 국왕이 친행하였으나, 도교 관련 상당수 의례도 『고려사』 「예지」에서 누락되었다(강호선 2015, 37).
19 법왕사는 태조가 도읍을 개경으로 옮긴 후 창건한 10곳의 사찰 가운데 하나로서 정치적 위상이 높았던 사원이었다(한기문 1998, 35-37). 법왕사는 궁궐의 동북방 태자궁인 춘궁(春宮)과 멀지 않은 거리에 있었으며, 상시적으로 군대가 주둔하였을 가능성도 높은 사찰이었다(배상현 2011, 43-44).
20 이런 시각에서 "왕궁의 연등은 승려 없이 거행되었다"(이혜구 1991, 704)라고도 주장되고 있다.

(2) 축소

『고려사』「세가」의 기록만으로도 왕실에서 행한 불교행사의 횟수는 475년간 1,214회로 유교나 도교의례보다 월등히 많았다(김형우 1992, 34-35; 김종명 2011, 24에서 재인용). 그러나 니노미야 케이닌에 따르면, 조선왕조의 정인지(鄭麟趾, 1396~1478) 일행의 유교적 입장 때문에 불교 관계 기사의 채록은 다분히 제한적이었다(윤광봉 2012b, 82). 그러나 불전, 문집, 비문 등의 다른 기록들에 의하면, 임금의 봉은사 진전 행사는 분명한 불교행사였다(김종명 2001, 197-201; 김창현 2011, 68). 그리고 왕실 조상의 초상을 봉은사에 모셨다는 것은 불교적인 사찰을 그만큼 중요시한 것이고, 불교가 다른 어떤 종교보다도 우선시되었던 것은 분명하다. 고려시대는 유교적인 사상을 바탕으로 조상에게 제를 지내기 전이므로 조선시대 이후로 조상들의 위패를 모셔놓고 제례의식을 치른 것과는 많이 달랐을 것으로 보인다(윤아영 2004, 238).

불교의례에 관한 『고려사』의 기록은 불교의례인지도 알 수 없을 정도로 축소되어 있으며, 팔관회에서 중요한 부분을 차지하였던 음악과 백희공연도 소략하게 다루어졌다(김창현 2011, 68). 『고려사』「예지」에는 연등회 소회일에 임금이 강안전부터 봉은사 진전까지 이르는 과정이 상세하게 기록된 반면, 진전에 들어가 두 번 절한 후, 술을 드리고, 음복을 한 행위는 간단하게 기록되어 있어, 이것만 본다면, 연등회와 봉은사 행차는 유교적 행사로 착각될 수도 있다. 또한 소회일 알조진의가 봉은사에서 행해졌다는 것과 연등을 제외할 경우, 연등회는 불교의례가 아니라 할 수도 있다(한기문 2003, 41).

왕이 태묘, 원구, 사직 등에 행차할 때의 법가위장(法駕衛將)[21]의 합

---

21 『고려사』 72, 20a1-25b1.

산 수는 3,148명이었다. 이 숫자는 기록에 명기되어 있는 팔관회 위의 사의 총인원수와 거의 일치하고 있다. 법가위장은 유교의례 중 가장 중요한 길례대사에 수반되는 위장이므로, 『고려사』 편찬자들이 가장 자세하게 기록하였을 것임을 고려하면, 상원연등회와 중동팔관회의 의례 내용이 유교의례에 비해 소홀히 다루어졌음을 알 수 있다. 나아가 불교의례 거행 관련 부분은 삭제하고 편집하였을 가능성도 충분히 있다. 또한 『고려사』[22]에는 중동팔관회에 참가한 총인원수가 3,276명이라 하였으나, 실제 명수는 1,964명이다. 이는 『고려사』에서 의례의 내용을 빠짐없이 정확하게 다 기록하지 않았음(안지원 2005, 172-173)을 뜻한다.

2) 불교 음악 누락

불교의례의 본래 음악은 범패(梵唄)라 할 수 있는데(이혜구 1991, 702-704), 이 범패가 고려 궁중에서 불렸다는 기록은 없으나, 불교 음악 자체가 고려 궁중에서 전혀 존재하지 않았다고 할 수는 없다(한흥섭 2007a, 114-115). 그런데 상원연등회는 불교의례임에도 불구하고, 「상원연등회의」에는 불교음악이나, 불교음악이 연주되었다는 기록도 전무하다(한흥섭 2007a, 114). 그러나 14세기 중기의 『고려사』 기록이기는 하지만, "선발한 중 300명이 수미산(須彌山)을 안고 돌면서 범패를 부르니 그 소리가 하늘에 진동하고, 자진하여 나와서 불공에 참가한 자는 무려 8천여 명에 달하였다"(김종명 2001, 76)는 기록은 고려에서 불교음악의 존재를 분명하게 전하고 있다.

---

22 『고려사』 권72 지26 여복 위의 「중동팔관회출어간락전위장」.

3) 불교 춤 누락

『고려사』에는 불교 관련 춤에 대한 기록들도 누락되었는데, 아래 『고려사』「악지」의 기록은 그 일례다.

> 무애(无涯) 춤은 서역으로부터 전하여 온 것으로서, 그 가사는 불교의 말을 많이 썼을 뿐 아니라, 방언을 많이 섞었으므로 수록하기 곤란하였다(한흥섭 2007a, 129; 한흥섭 2009, 392).

무애 춤이 『고려사』「악지」에 수록되지 못한 이유 중 하나는 무애 춤에 불교 관련 용어가 많이 쓰였다는 점이며, 이는 곧 불교 관련 기록에서 『고려사』「예지」의 편찬자들이 편견을 보였음을 뜻한다.

4) 불교 경제 관련 기록 누락

팔관회와 연등회를 비롯한 불교의례 개최에 쓰인 예산액도 고려 정부의 1년 총예산 중 적어도 8.6퍼센트에 달할 정도로 컸다(김종명 2001, 24-26). 그러나 『고려사』를 편찬한 유학자들은 불교 경제에 관한 기록을 누락시켰다.

5) 불교 폄하

『고려사』에서 불교 관련 기록은 폄하되기도 하였다. 『고려사』에서 언급된 승려 관련 사건은 부정적인 시각을 가진 것이 대부분이었다. 명승으로서 전기가 남아 있는 경우는 왕자였던 대각국사(大覺國師) 의천(義

天, 1055~1101) 정도며, 그 외는 전기가 기록되어 있더라도 묘청(妙淸, ?~1135)이나 신돈(辛旽, ?~1371)의 경우처럼 반역자들로서 기록되어 있다(김종명 2001, 36). 이는 불교를 비판적으로 본 관점이 반영된 것이었다(박윤진 2015, 27). 고려시대의 국왕들이 국사(國師)나 왕사(王師)에게 절을 하며 예를 표하였다는 기록이 있음에도 불구하고, 묘청이나 신돈처럼 반역자로 수록된 이들을 제외하면, 명승들에 대한 전기는 생략되어 있다(김종명 2001, 34-38). 대신 고려의 사서에 실린 전기들은 대부분 유학자들과 관계된 것들인데, 그나마 유학자들 중 당시 대표적인 유학자인 이색(李穡, 1328~1396) 등을 포함한 불교에 대해 호감을 가진 학자들은 비판적으로 기록되어 있다.

요약하면, 『고려사』에 나오는 불교 관계 기사는 왕의 행적을 기록하는 가운데 남은 것이지 불교행사 자체를 기록한 것은 아니다. 중국 사서에는 있는 불교와 도교에 관한 「석로지(釋老志)」는 『고려사』에서 아예 편찬되지도 않았고, 열전에도 고승들은 한 명도 수록되지 않았다(안지원 2005, 24). 따라서 『고려사』는 성리학적 가치관을 최우선으로 한 사대부들에 의한 편찬서란 점에서 『고려사』에 나타난 기록만을 과신하고 주장을 펼 때 많은 오류가 생길 우려가 있다. 이미 오래 전에 니노미야 케이닌은 제약된 고려 불교의 전모를 복원하는 것이 한국사 연구상의 일대 과제라 하였다(윤광봉 2012b, 82). 또한 앞에서 논의한 문헌 증거들을 고려할 때, 특히 『고려사』「예지」는 불교 관련 기록들을 의도적으로 포함시키지 않은 것으로 판단된다.

3. 재조명

앞에서 살펴본 것처럼, 『고려사』의 불교 관계 기록은 문제가 많으며, 상원연등회와 중동팔관회 관련 기록도 예외는 아니다. 따라서 선행 연구 업적들에서처럼 『고려사』의 기록에 의존할 경우라도, 『고려사』가 조선 초 고려를 뒤엎은 세력에 의해[23] 그들의 유교적(성리학적) 관점에서 서술된 사서기 때문에 이 책에는 그들의 세계관이나 가치관이 충실히 반영되었을 것이며, 이는 고려시대의 역사적 사실에 대한 왜곡 가능성을 의미하기도 하므로, 이런 점을 염두에 두고 사료를 읽고 해석해야 한다(한홍섭 2007b, 377-378). 그렇다고 하더라도 『고려사』에만 의존하여 연등회와 팔관회의 성격 규명을 시도하는 것은 불충분하며, 불전과 문집, 비문 등의 다른 관련 자료들에 대한 검토도 반드시 필요하다. 또한 『고려사』「예지」도 비판적으로 이용되어야 하며, 다른 자료나 『고려사』의 다른 부분과 함께 비교해 활용되어야 한다(김창현 2011, 77).

『고려사』「예지」에는 원구, 방택, 사직, 태묘 등의 유교의례가 맨 앞에 배치된 반면, 연등회와 팔관회는 맨 끝의 가례잡의 항에 배치되었다. 이는 고려 때 유교의례가 가장 중시되었고, 연등회와 팔관회는 잡다한 풍속이었던 것처럼 오해하도록 만든다. 그러나 이는 『고려사』를 편찬한 조선 유학자들의 왜곡에 불과한 것이다(김창현 2001, 69; 한홍섭 2007b, 378에서 재인용). 『고려사』의 의례 설행 관련 기사와 고려시대 문집에 전하는 의식문과 표문 등을 살펴보면, 고려의 국가의례를 현행 『고려사』의 오례 체계를 기준으로 이해할 수는 없으며, 유교와 불교,

---

23 조선의 건국은 신흥사대부들의 노력의 결과란 것이 통설이나, 던킨은 그들의 혈연적 관계는 고려 때와 큰 차이가 없었다(Duncan, 2000)고 한다.

도교 및 토속신앙이 모두 포함되어 고려의 국가의례가 구성되었던 것으로 보아야 한다(강호선 2015, 38-39).

『고려사』「예지」가 가장 많이 참고한 서적은 『상정예문』인데, 이 책도 오례로 분류되었는지는 의문이며, 『상정예문』에는 고려 당시의 연등회와 팔관회의 모습이 충실히 묘사되었으리라 생각된다. 「여복지」의 큰 비중을 차지하는 「상원연등봉은사진전친행위장(上元燃燈奉恩寺眞殿親行衛將)」, 「중동팔관회출어관락전위장(仲冬八關會出御觀樂殿衛將)」, 「상원연등봉은사진전친행노부(上元燃燈奉恩寺眞殿親行鹵簿)」, 「중동팔관회출어관락전노부(仲冬八關會出御觀樂殿鹵簿)」는 의종 때 상세하게 정해진 것인데, 이것들은 확실히 『상정예문』에 실렸던 것들이다. 따라서 『상정예문』에 연등회와 팔관회 등의 불교행사가 중요한 위치를 차지하며 실려 있었던 것으로 추론된다.

『상정예문』에는 도량문, 초례문, 제문 등의 의례문이 실렸을 가능성도 제기되었다. 『고려사』 편찬자들이 조선 초기 의례를 정비하는 과정에서 고려시대의 『상정예문』을 상고하였으면서도 『조선왕조실록』의 기록에서 불교의례가 한 건도 언급되지 않은 것은 『상정예문』에 불교의례가 수록되지 않아서가 아니라, 조선 전기에 『상정예문』을 참조하던 입장이 반영된 것으로 이해하기도 한다.[24] 『상정예문』은 유교만의 의례집이 아닌 종합 의례집이었으며, 여기에는 강화 천도기 이전 확립된 고려

---

24 『조선왕조실록』에는 『상정예문』 관련 기사가 32건 정도인데, 유교의례 관련 기록이 대부분이며, 불교의례 관련 기록은 전혀 없다. 이는 『상정예문』에 원래 불교의례 관련 기록이 없어서가 아니라, 유교의례를 정비할 때 불교의례를 참고할 필요가 없었기 때문임을 추론할 수 있다. 『조선왕조실록』에서 『상정예문』이 인용된 주요 이유는 유교의례와 기후(특히 기우)의례 정비 때문이었다. 그리고 불교의례가 포함되지 않은 이유도 유교의례 중심으로 재편되었기 때문이며, 불교의례가 『상정예문』에 포함되지 않았기 때문이라고는 할 수 없다(김창현 2001, 42-47).

의 의례와 의례문뿐 아니라, 유교의례·불교의례·도교의례도 차별 없이 수록되어 있었을 것이나, 조선시대 때 의례를 유교 중심으로 재편하면서 『상정예문』 등으로 불렸을 수 있다(김창현 2011, 38-68).

『고려사』는 조선 초 성리학자들에 의해 기록되었으므로 유교의례 위주로 편찬되고, 불교의례 가운데는 팔관회와 연등회만 잡의에 소개되고, 나머지 불교의례는 그 이름만 편년 자료로 나열하였을 뿐, 자세한 내용은 기록되어 있지 않다. 이를 감안하면, 팔관회와 연등회를 길례대사의 잡의로만 그 비중을 낮추어 볼 수는 없다. 『고려사』「예지」의 불교 관련 기록만으로 고려시대 불교의례의 내용과 성격을 속단할 수도 없다. 중동팔관회와 상원연등회는 잡의에 기록되어 있기는 하지만, 중요한 국가의례였다. 그러나 『고려사』에는 불교 관련 항목도 설정되어 있지 않으며[25], 『고려사』「예지」 길례에 나타난 유교식 의례만으로는 고려의 의례를 다 설명할 수도 없을 뿐 아니라, 고려의 중심 의례를 잘못 인식할 수도 있다. 잡사에 나타난 산천, 도교, 성황 의례 역시 잡사로 인식될 수 없을 만큼 중요하다는 것이 밝혀지기도 하였다(한기문 2003, 41-52).

팔관회가 잡기로 폄하된 이유는 당시 유교문화에 경도된 고려 성종의 시각이기도 하고, 『고려사』를 편찬한 조선 초 성리학자들의 관점 때문이라고도 할 수 있다(한흥섭 2007b, 377). 『고려사』 등에 국왕 친향으로 전하는 불교의례는 당시에는 구체적인 절차와 위의가 규정되어 있었지만, 그것들은 『고려사』 편찬 시 배제되었다(강호선 2015, 39). 『고려사』「예지」에는 연등회와 팔관회가 맨 끝의 가례에, 더욱이 그 가례 맨

---

[25] 변태섭은 『고려사』의 불교지(佛敎志)가 따로 설정되지 않은 것은 중국의 정사체, 그중에서도 『원사(元史)』를 기준으로 편찬되었기 때문(변태섭 1987, 219)이라고 한다.

끝의 「가례잡의」에 실려 있다. 그러나 이들 의례가 『상정예문』에 가례로 실렸는지도 의문이다. 연등 위장과 팔관 위장이 제정될 정도로 중요한 의례였으니, 「가례잡의」로 실렸을 리도 없으며, 불교행사도 독립된 장으로 실렸을 가능성이 크다. 상원연등회와 중동팔관회는 불교적 행사였기에 조선의 유자들은 이 의례들을 잡의라는 항목에 배치하였다 (김창현 2011, 67).

따라서 『고려사』의 내용을 중심으로 상원연등회와 중동팔관회의 성격 등을 검토하는 것은 한계성을 가질 수밖에 없으며, 대부분의 기존의 관련 연구 성과들이 『고려사』 중심의 연구임은 재고를 요한다. 적어도 현존 관련 다른 일차 자료들에 대한 종합 검토는 필수다.[26]

---

26 현존 관련 일차 자료 검토의 중요성은 Kim(1995, 23-55)에서도 이미 강조되었다.

4장
종합 분석

 상원연등회와 중동팔관회에 대한 더 나은 이해를 위해서는 그 의례들 자체에 대한 이해는 물론, 종교와 정치라는 더 큰 주제를 전제로 할 필요가 있다. 또한 의례의 대상, 의례 주관자 및 참가자도 의례의 권위 등과 관련하여 생각해야 할 부분이다(강호선 2015, 46). 이를 전제로 고려에서 불교의 위치는 무엇이었는지, 고려는 '불교국가'였는지, 고려에서 불교는 '호국불교(護國佛敎)'였는지, 상원연등회와 중동팔관회의 실제 역할은 무엇이었는지, 상원연등회와 중동팔관회의 성격은 무엇이었는지, 향후의 연구 내용 및 방향은 무엇인지 등에 대한 문제를 검토해야 할 것이다.

1. 정치와 불교

 동서고금을 막론하고 정치와 종교는 밀접한 관계를 맺고 있었다(김종명 2013, 5-11).¹ 한국 역사상 전근대 사회도 정치와 종교 사이의 관계는 밀접하였다. 불교가 주류 종교였던 4세기 이후 14세기 말까지는 국가와 불교의 관계가 가까웠고², 유교시대였던 14세기 말부터 조선이 망한 20세기 초까지는 국가와 유교와의 관계가 그러하였다.

예악(禮樂)은 전근대 사회에서 규범을 잡기 위한 수단이었다(李鎭漢 2007b, 68). 특히 전근대 사회의 예(禮)는 종교와 정치라는 큰 주제를 전제로 이해할 필요가 있다. 예는 법(法)과 함께 중국 역대 왕조의 통치 이념을 구성하고 있었으며(김성규 2012b, 347), 유가 이데올로기로 승화되었다(池田溫 1981, 826). 당나라 시대의 중국인들은 불교와 도교를 별로 구분하지 않았으며, 두 종교의 의례들도 대중 구제란 같은 목적을 가지고 있었다(Teiser 1988, 41).

고려에서도 유교의례와 불교의례는 별개의 규정에 의해 운영되었으나, 고려에서 정치 운영은 유교에 입각해 있어, 불교와 정치와의 관계는 분리되어 있었지만, 왕권 위상의 제고와 국민 통합의 차원에서 불교가 지니고 있는 정치적 기능은 중요하였다(강호선 2015, 40). 연등회와 팔관회의 성격도 이러한 점들을 전제로 하여 이해할 필요가 있다. 그러나 이 의례들과 관련된 자료와 이 의례들의 내용에만 중점을 두고 분석할 경우, 그 성격을 제대로 파악하기 힘들다. 다른 일례는 1980년대의 '국풍81'에서 찾을 수 있는데, 국풍은 단순한 문화적 행사가 아니라, 당시 전두환 군부 정권의 정치적 수단의 한 부분으로 기능하였으나, 일반적으로 그 행사가 사회 통합의 역할을 한 것으로 평가되지는 않는다.³

---

1   정치와 종교와의 관계에 대한 더 구체적인 논의는 김종명(2013, 5-11) 참조.
2   고려의 대표적 불교의례의 역사적 의미에 대해서는 김종명(2001, 273-332) 참조.
3   '국풍81'은 한국신문협회가 주최하고 한국방송공사 주관으로 1981년 5월 28일부터 6월 1일까지 5간 서울특별시 여의도에서 열렸던 대규모의 문화축제였다. 이 문화행사는

전근대 사회는 의례를 통해 국가 질서가 형성되었다고 해도 과언은 아닌데(채미하 2015, 18), 고려를 비롯한 한국의 전근대 사회에서도 예는 국가 운영의 중요 수단이었다(김대식 2009, 308). 중국 역사의 전통적 시대 전체의 특색이라고 할 수 있는 정치적 이상과 실재 사이에는 긴장 관계가 발생하였는데, 당 초기 황제들이 행한 수많은 의례적이고 상징적인 활동들은 이 긴장을 해소하는 데 도움을 주기 위해 계획되었다(하워드 J. 웨슬러 2005, 57). 중국의 군주들은 그들의 정통성을 확립하거나 재확인하려고 추구하거나 그들의 권위를 강화해나갈 때, 의례를 통해 교묘하게 조작하였다(하워드 J. 웨슬러 2005, 83). 일례로, 당 태종(太宗, 627~649)은 자신의 다양한 정치적 목적을 위해 교사의례[4]를 교묘하게 사용하였다(하워드 J. 웨슬러 2005, 254).

전근대 동아시아 사회에서 제사는 군사(軍事)와 함께 국사의 대사였다(채미하 2015, 18). 중국 고대의 황제 제사 가운데 가장 중요한 것은 하늘에 대한 제사[郊天]와 종묘에서의 선조에 대한 제사[廟享]였으며[金子修一(가네코 슈이치) 2001, 172], 황제 일족의 장례와 종묘제사는 조정에서 최고 안건에 속하였다(渡辺信一郎 2002, 22). 특히 유교사상에서 예는 계층질서 유지를 통한 사회질서를 도모하는 규정이며, 오례는 그 대

여의도광장과 둔치 마당에서 5일간 밤낮없이 진행되었는데, 참가자는 전국 198개 대학 6,000여 명의 학생과 일반인 7,000여 명이었으며, 민속 문화를 중심으로 한 각종 공연·대회·축제·장터 등이 진행 또는 운영되었다. 이 행사에 동원된 인원은 16만 명이었고, 5일간 행사를 보기 위해 여의도를 찾은 인원은 600만 명(본부 측 추산 1,000만 명)에 달하였다. 이 행사에 대한 평가로는 전두환을 중심으로 한 신군부는 1979년 군사반란으로 정권을 잡은 후, 1981년 5·18광주민주화운동 1주년을 맞아 광주에 쏠릴 국민의 관심을 잠재우고 정권에 반대하는 세력을 무력화시키기 위한 한 수단으로 개최하였다는 주장도 있다[위키백과(ko.wikipedia.org), 2015년 11월 15일 검색].

4 교사의례의 기원은 주(周, 1134~250 B.C.E.)왕조와 통일 이전의 진(秦, 249~207 B.C.E.)왕조까지 거슬러 올라갈 수 있다(하워드 J. 웨슬러 2005, 246).

표적인 것이었다. 오례는 정치뿐 아니라 사회와도 밀접한 관련을 가지고 있었는데, 왕에게 정치권력의 명분을 제공한 왕권의례로 한국 고대에도 구축되었다(채미하 2015, 7-21). 그리고 한나라의 의례 절차(渡辺信一郞 2002, 90-91)와 당나라의 원회의례는 고려의 팔관회와 연등회의 의례 절차의 선구로 생각되며, 원회의례의 무도례는 명(明, 1368~1662) 왕조까지 계승된다(渡辺信一郞 2002, 130-139).

동아시아 불교사상 국가와 불교는 밀접한 관계를 맺고 있었으며, 국가는 승단을 후원함과 동시에 통제하면서, 정치적 수단으로 이용하였고, 승단은 스스로의 생존을 위해 국가의 정책에 협조하는 경향을 보였다(김종명 2013, 387-392). 의례는 종교적인 원칙보다는 다소 세속적인 원리에 기초하고 있는데, 특히 고대 중국의 사상가들은 의례가 개개의 의례 주재자에게 끼쳤던 영향을 강조하였으며, 의례 활동의 중심에 있었던 것은 조상, 혼령, 신령이 아니라 항상 인간이었다(하워드 J. 웨슬러 2005, 85-86).

특히 고려시대가 다른 시대와 구분되는 중요한 시대적 특징은 유교와 불교가 국가운영의 중심 이념으로 양립하였던 데 있다(강호선 2015, 55; Kim 2016, 19-52). 고려는 유교를 정치 이념으로, 불교를 종교 이념으로 삼았으며, 이 둘의 궁극적 목적은 왕실의 보존에 있었다(김종명 2013, 73). 전근대 한국사회에서 국왕은 고려 불교의례(김종명 2001, 291-295)를 비롯한 풍속의 운명을 좌우하고 있었다(김종명 2013, 4). 태조처럼 실권을 가졌던 국왕은 자신의 정치적 목적 달성의 하나의 수단으로 불교의례를 개최하였고,[5] 고종(高宗, 재위 1213~1259)처럼 무신

---

5 태조의 불교관과 치국책에 대해서는 김종명(2010, 189-215), 김종명(2013, 82-122), Kim(2006, 19-52) 참조.

정권하에서 실권을 잃은 군주는 왕실제례로서 또는 자신의 정신적 피난처로서 불교의례를 열었다(김종명 2001, 325-326). 고려시대 불교계 결사의 전개에 가장 큰 영향력을 행사한 것도 정치권력이었다(박영제 2015, 62). 수선사(修禪社)의 경우 1세 사주 지눌(知訥, 1158~1210)은 정치권과 거리를 두었으며, 2세 사주 혜심(慧諶, 1178~1234)[6]과 3세 사주 몽여(夢如, ?~1252)는 정권과 긴밀한 관계를 유지하면서도 일정한 거리를 두었으나, 4세 사주 혼원(混元, 1191~1271)과 5세 사주 천영(天英, 1215~1286)부터는 정권에 종속되었다(박영제 2015, 69-79).

따라서 종교와 정치라는 두 가지 측면을 함께 살필 때, 연등회와 팔관회를 포함한 고려시대 불교의례의 성격과 역사적 의미도 한결 명확해질 것이다(강호선 2015, 57). 불교와 도교의 혁파에 대한 논의는 조선 태조(太祖, 재위 1392~1398) 때부터[7] 시작하여 조선조 초에 줄기차게 논의되었다(나경수 2012, 56). 고려에서 불교가 융성하였음에도 불구하고 조선으로 넘어가면서 불교계가 쉽게 몰락한 이유는 불교계가 국가에 너무 종속되었다는 점과 승려와 세속 혈족의 밀착관계로 인한 불교계의 사적화 혹은 청정성 훼손으로 비판받은 점 등에서 찾을 수 있다(박윤진 2015, 34).

고려에서 국가와 불교의 관계에 대한 학계의 견해는 크게 두 가지다. 한 가지는 고려는 불교국가란 것이며, 다른 한 가지는 고려는 불교를 주류 종교로 받아들인 국가였다는 것이다. 전자가 주류 견해라면, 후자는 새로운 주장이다. 고려가 불교국가란 견해는 다수 학자들(안지

---

6 전근대 한국사회에서 정치적 성향을 보였던 상당수의 명승들이 칭신(稱臣)한 것(김종명 2013, 389-390)과는 달리, 혜심은 국왕에 대해 신(臣)이라 하지 않고, 빈도(貧道), 산승(山僧)으로 자칭하였다(박영제 2015, 70).

7 『태조실록』 1권, 1년(1392) 8월 11일 2번째 기사.

원 2005, 13; 김명자 2008, 51; 김창현 2011, 71)에 의해 주장되었다. 주장의 근거는 전근대 왕조에서는 왕이 모든 국권을 장악하고 국가를 지배한 것으로 간주하면서 왕권과 국권을 등치적인 것으로 본 데 있다. 고려시대의 국왕과 국가를 동일체로 볼 수 없음은 이미 논증되었음에도 불구하고, 기존 연구 성과들은 이를 검토하지 않았다. 그리고 고려는 동시대의 요(遼, 907~1125)나라와는 달리, 불교국가도 아니었다. 요는 이웃 나라에 불교를 전파하는 데 큰 역할을 하였는데, 왕세자를 교육시키기 위한 교과목에 불교 전적들이 포함되어 있었다. 그리고 공자의 탄생일은 국가 축제일이 아닌 반면, 불탄일은 국가 축제일이기도 하였다(Wittfogel and Feng 1961, 294). 그러나 고려에서는 이와는 달리, 불탄일은 국가의 속절도 아니었으며, 불교 전적들이 왕세자의 교과목으로 지정되어 있었다는 문헌 증거도 보이지 않는다(김종명 2001, 311). 따라서 현존 자료에 의하는 한, 고려를 불교국가로 보기에는 무리가 따른다.

2. 연등회와 팔관회의 정체성

최근까지도 국내 학계에서는 불교를 고려의 국교(강호선 2015, 40; 정병삼 2015, 197·202)[8]로 간주해오고 있다. 다양한 의례는 국왕의 결정에 의해 국가 기관이 주관하였다는 점에서 공식적인 국가의례로서의 성격을 띠고 있었으며, 연등회와 팔관회는 가장 대표적인 예(강호

---

8 허흥식도 2000년 1월 11일 필자와 나눈 대화에서 『고려사』의 내용을 그대로 받아들이기는 힘들며, 금석문과 문집 등의 기록을 고려할 때 고려시대의 불교는 국교였음을 확신한다고 하였다(김종명 2001, 9). 그러나 자신의 주장을 뒷받침할 수 있는 '금석문과 문집 등의 기록'의 내용에 대한 언급은 없었다.

선 2015, 55-56)였다는 것이다.[9] 또한 「훈요」 제1조의 내용[10]을 근거로 고려에서의 국가의례 성립은 불교의례로부터 비롯되었다(안지원 2005, 296)고도 한다. 국행의례는 국가의 공식적인 의례로, 내행의례는 왕실 차원의 의례로 구분해볼 수 있는데, 이러한 구분은 의례비용 지불 주체, 의도, 의례를 추인하는 근거에 따른 것이다(최종성 2002, 13; 강호선 2015, 46에서 재인용). 그러나 전근대 시기 국왕이 주관한 의례는 왕실의례이기도 하면서[11], 더 넓게는 국가의례이기도 하여(강호선 2015, 55), 공적인 성격을 지닌 국가의례와 상대적으로 사적인 성격을 지닌 왕실의례를 분명하게 구분하는 것이 사실 쉬운 일은 아니다(강호선 2015, 46).[12] 이런 관점에서 팔관회는 왕조 차원의 국가적인 제전이었다(변동명 2016, 163)고도 한다.

고려는 다종교 국가로서 고려의 불교도 국교가 아니라 주류 종교였다 (김종명 2001, 9; 윤이흠 2002, 18). 고려의 불교의례도 국가의례라기보다는 왕실의례였다는 견해도 이미 표명되었다. 국가의례의 시대적 변화를 고려하더라도, 고려시대의 상원연등회와 중동팔관회를 통틀어

---

9 강호선은 정기적이며, 궁궐의 전각에서 설행되고, 국왕이 직접 주재하거나 주최한 상원연등회와 중동팔관회 등 『고려사』에 전하는 불교의례는 기본적으로 국가의례(강호선 2015, 47)라고 주장하였다.
10 『고려사』 2:16a2-4. "팔관(회)은 천룡, 오악, 명산, 대천, 용신을 섬기는 것을 의미한다."
11 조선시대 주권자의 본질은 '국왕'이라기보다 '왕실'에 있었다(오수창 2015, 21).
12 강호선은 연등회와 팔관회가 국가 불교의례와 왕실 불교의례(강호선 2015, 57)의 두 가지 성격을 모두 가졌다고도 주장한다. 또한 그는 고려의 경우 국초부터 불교의례가 국가의례와 왕실의례로 설행되었다는 점에서 신라에서 개최된 국가 불교의례와 차이가 있다(강호선 2015, 36)고도 하였다. 그러나 그는 고려의 불교의례 중 어느 것이 국가의례며, 어느 것이 왕실의례인지, 또 왜 그러한 구분이 가능한지에 대한 설명이나 근거는 제시하지 않았다. 또한 신라의 가례는 왕권의례(채미하 2015, 158)란 견해도 있는데, 이 경우도 그 근거는 명기되지 않았다. 조선시대의 국가 의례는 그 종류가 대단히 많고 내용도 복잡하였으나, 왕실과 정부의 일이 명확하게 구분되지는 않았다(박용만 2012, 75).

국가의례로 규정할 수는 없다. 『고려사』 편찬자들은 고려에서 국가의례가 제정된 시기를 성종(成宗, 981~996) 대로 보았으며(강호선 2015, 37), 원구, 방택, 사직, 태묘, 적전 등의 유교의례도 성종 대에 도입되어 예종(睿宗, 1105~1122) 대에 정비기구가 설립되고, 의종(毅宗, 1146~1170) 대에 정비되었다(한기문 2003, 53). 정기 불교의례들 가운데 팔관회는 태조 대부터 상례가 되었고, 연등회 후의 국왕의 봉은사 행향, 팔관회 시 진하표 및 외국 상인의 방물과 관람 등은 1032~1046년에 집중적으로 상례 또는 항식이 되었기 때문에 국가적 정기 불교의례의 확립기는 11세기 초·중기였다(한기문 2003, 39). 그렇다면 적어도 10세기 말 이전에는 고려의 국가의례는 없었으며, 11세기 초·중기 이전에는 국가적 불교의례도 없었던 셈이 된다. 따라서 이때까지의 팔관회와 연등회도 왕실의례였다는 결론에 도달한다. 또한 이 연구 성과들에서도 11세기 이후의 상원연등회와 중동팔관회가 국가의례였다는 증거는 제시되지 않고 있다.

고려에서 불교신앙의 변화를 주도한 것은 정치 환경의 변화였으며(강호선 2015, 42), 그 중심에는 국왕이 있었다. 문종(文宗, 1046~1083) 대는 사회가 가장 안정적으로 발전한 시기였다. 문종은 주로 불교에 의지하였는데, 그가 흥왕사(興王寺)를 건축할 때 백성들의 원성이 컸으나, 그는 전례에 따라 불력을 빌겠다는 이유로 건축 사업을 강행하였다(안지원 2005, 303). 따라서 이때의 불사는 사회 통합에 기여한 것도 아니었고, 그 성격도 국가불사가 아니라 왕실불사였음을 뜻한다. 무인 집권기와 대몽 항쟁기에는 연등회나 팔관회처럼 왕권을 과시한 행사의 설행은 전대에 비해 상대적으로 위축된 점, 최충헌이 집권했던 12세기 말과 13세기 초에는 불교행사의 설행 기록이 많지 않은 점, 원 간섭기 또는 반식민기에는 팔관회가 열리지 못하고, 연등회도 상원연등회보다 불탄일연등회가 더 큰 행사가 된 점(강호선 2015, 43)도 또 다른 증거들이다. 조선의 태조가 1392년 건국 직후 반포된 즉위교서에서 나라 이름도 그 전대로 고려라 하고, 의장과 법제 등[13] 문물제도도 고려의 것을 따를 것을 천명하였으며, 왕사(王師), 국사(國師)제도도 폐지되지 않았던 상황에서 상원연등회와 팔관회만 가장 먼저 제거되었다는 점(강호선 2015, 53-55)[14]도 이들 의례가 왕실의례였다는 반증이 된다.

따라서 나는 상원연등회와 중동팔관회에 대해서도 아래와 같은 나의 기존 주장을 견지하고자 한다.

의례의 개최 주체와 의례의 운영에 대한 분석 결과, 주로 궁전[15]이나 왕실과 밀접한 관계에 있던 절에서 개최되었던 다양한 종류의 고려 불교의례들은 기본적으로 국왕이 주축이 된 왕실의례였다. 그리고 불교의례들을 주도적으로 개최할 수 있었던 이유는 자체적으로 쓸 수 있는 경제력이 뒷받침되었기 때문이었다(김종명 2001, 286-295).[16]

---

13 『태조실록』 권1, 1년(1392) 7월 28일(정미).
14 안지원은 황제의 의례에 준한 조하의식이 중심이 된 팔관회는 조선이 건국되자 고려문화의 청산이라는 차원에서 우선적인 철폐 대상이 될 수밖에 없었다(안지원 2005, 116)고 한다.
15 왕궁을 정점으로 한 곳에서 거행된 각종 의례 행위는 왕권의 권위와 상징성을 구현하는 기능을 지녔다. 왕궁이 정점이 되기 전의 고구려의 최상위 국가의례는 동맹제(東盟祭)였다. 4세기 말 고구려가 국가제사 체계를 개편하면서 왕궁 주변의 의례공간도 재편되었다. 왕궁에서의 군신 향연은 왕궁이 중추적인 의례공간으로 부상한 것과 밀접한 관련이 있는 것으로 파악되며, 5세기 초의 고구려에서는 왕궁을 정점으로 하는 의례공간의 재편이 마무리되었다(여호규 2013, 56-90).
16 그러나 팔관보나 연등회를 위해 설치되었던 도감의 존재로 판단할 때, 국왕이 주최한 국가의례의 경우 기본적 비용은 국고에서 지불하는 것이 원칙이었던 것으로 보인다(강호선 2015, 46)는 견해도 있다.

3. 불교의례와 호국불교

기존의 한국 불교학계에서는 고려 연등회와 팔관회를 포함한 불교의례들을 호국불교 개념을 뒷받침하는 강력한 근거 중 하나로 간주해왔으며, 이러한 견해는 현대 한국의 학계와 승단에서도 이어지고 있다.[17] 그러나 국왕이 의례의 주최자며, 그가 친히 그 의례에 참가한 사실이 곧 그 의례가 국가의례임을 뜻하는 것은 아니다. 기존 학계가 한국불교의 역사적 특징을 호국불교란 개념을 통해 이해해온 데 대한 비판적 분석과 고려의 불교의례를 호국불교의 한 근거로 간주해온 기존 학계의 통설에 대한 비판적 검토도 이미 이루어졌다.[18] 그러나 기존 학계는 이 주장에 대한 검토도, 반론 제기도 하지 않은 채, 통설을 답습해오고 있다.

---

17 최근의 한국 불교학계와 역사학계에서는 한국불교의 역사적 기능을 호국불교로 간주해온 시각이 많이 줄어든 것 같긴 하나, 이 개념은 여전히 사용되고 있다. 한상길은 "고려 팔관회에 관한 기록에서 호국불교적 성격은 어렵지 않게 확인된다. …… 팔관회는 국왕이 주관, 참석한 국가의례였으므로 당연히 호국적 목적을 담고 있다. 팔관회는 국가의 중요한 호국불교 의례였다. …… 호국불교 의례를 재현해야 한다"(한상길 2012, 114-115)고 주장하였다. 특히 승단에서는 이 개념이 여전히 강조되고 있는데, 이 개념은 부산 팔관회 개최의 목적에서도 등장하고 있다(정각 스님 2011, 5-6).

18 내가 아는 한, Kim(1995, 23-55)은 호국불교 개념에 대한 최초의 비판적 논문이었으며, 이러한 시각은 김종명(2000, 93-120; 2001, 277-286; 2008, 310-318) 등에서도 이어졌다.

4. 연등회와 팔관회의 기능

서양 의례학계의 기능주의자들에 의한 주류 견해는 의례의 기능이 사회 통합력과 정치력 강화에 있다는 것이었으며, 비주류를 대변하는 구조주의자들은 의례 자체는 어떤 목적을 가지지 않은 순수한 행위임을 주장하였다(김종명 2001, 334). 그러나 고려의 불교의례의 역할에 대한 학계의 통설은 그것이 사회 통합에 기여했다는 것이다. 팔관회와 연등회는 고려 문화의 제 양상들을 두루 종합하고 계층의 구별 없이 전대와 단절되지도 않으면서 고려의 문화적 동질성을 확인하고 유지하는 데 크게 기여하였다(안지원 2005, 335-336)고 한다.

의례는 집단적으로 설행되기 때문에 대민 동원력을 가지고 있다. 고려 태조는 민심을 규합하고 사회적 통합을 이루기 위한 가장 효과적인 방법으로 불교의례에 주목하였다. 불교의례는 백성들을 전국적인 규모로 조직하고 동원할 수 있어 고려 왕조가 펼치는 새로운 역사의 장으로 그들을 결집시킬 수 있는 기능을 할 수 있었기 때문이다. 고려 불교에서 의례를 중시하는 경향은 이러한 맥락에서 이해되어야 할 것이다(안지원 2005, 13).

이러한 주장에도 불구하고, 고려의 불교의례들이 사회 통합에 기여했다는 증거는 발견되지 않는다. 사실 의례의 역할이 사회 통합에 있다는 주장은 프랑스의 저명한 사회학자 뒤르켐(Émile Durkheim, 1858~1917)으로부터 시작되었으나, 이러한 주장은 현재 의례학계에서도 도전받고 있다(Cardita 2016, 113). 또한 현대 한국 불교계는 '간화선 절대주의'를 표방하고 있으며(김종명 2010, 237), 간화선에서는 공안(公案)이 강조되고 있으나, 공안도 "의례적 공연(ritual performance)"이라는 시각도 이미 제기되었다(Stephenson 2005, 475-496).

봉표 조하의식은 팔관회만의 독특한 의식인데, 이 의례를 통해 중앙과 지방의 상하관계를 분명히 하면서 국왕을 정점으로 하는 국가의 질서체계를 구현하려는 의도가 표현되어 있었으며(안지원 2005, 178; 강호선 2015, 55), 이를 위해 조하와 연회에서의 좌석 배치는 상하관계에 따른 위계질서를 연등회 때보다 더욱 철저하게 준수하고 있었다(안지원 2005, 192). 또한 현재까지도 김종명(2001, 40-48·274-276)[19]을 제외하면, 연등회와 팔관회 관련 기존 연구 업적 가운데 의례의 이론 배경을 검토한 경우는 거의 발견되지 않으며, 고려의 불교의례가 사회 통합에 기여하였다고 주장하는 대부분의 연구 성과는 이러한 주장을 뒷받침할 수 있는 구체적 근거를 제시하지 않고 있다.

통설과는 달리, 현존 자료에 의하는 한, 고려에서 불교의례를 개최한 결과가 왕권 강화나 국민적 공감대 형성에 기여한 증거는 찾기 힘들다. 또한 고려의 대표적 불교의례의 소의 경전들에서 공통적으로 강조된 것은 붓다의 가르침에 대한 바른 이해와 실행이었으며, 국왕의 경우 그 바른 가르침의 이해와 실행이란 자신의 백성관, 선정관에 따라 백성들의 삶의 현장을 정확하게 파악함으로써 선정을 펴는 것을 의미하였다(김종명 2001, 295-297). 그러나 고려의 국왕들이 불교의례를 개최한 이론적 근거는 붓다의 자비력이었으며, 그 개최 목적은 세속적 욕망 달성에 있었다. 적어도 현존 자료를 검토한 결과에 의하면, 고려의 불교의례는 고려의 예제 중 길례대사의 보조의례로서 임금의 정신적 위안 및 왕실의 기복 수단으로 기능하였으며, 상원연등회와 중동팔관회가 호국이나 정

---

19 의례가 정치력 강화와 사회 통합에 기여한다는 주류 견해와 거기에 반대하는 비주류 견해들에 대한 검토는 김종명(2001, 274-277) 참조.

치력 강화의 기능 또는 사회 통합에 기여한 문헌 증거는 잘 보이지 않는다.

5. 연등회와 팔관회의 성격

상원연등회와 중동팔관회의 개최 주체, 참가자, 중요성, 배경 사상, 역할 등을 고려할 때, 이 두 의례는 각각 봄과 가을에 개최된 국왕의 장수 축원 모임과 왕실의 조상제례의 성격을 가진 의례였다.

1) 주체

『고려사』「예지」에 따르면, 상원연등회와 중동팔관회를 주관한 주체는 불교계가 아니라 국가였으며, 주재자는 국왕이었다(나경수 2012, 49).

2) 참가자

통설(강호선 2015, 52 등)[20]과는 달리, 일반 백성은 상원연등회와 중동팔관회의 참가자가 아니었다.[21] 고려 이전의 중국의 선례도 그러하였

---

20 강호선은 유교나 도교의례는 모든 구성원의 참여가 가능하지 않았으나, 상원연등회와 중동팔관회는 백희잡기 공연이나 국왕의 출궁행차 등을 통해 고려시대 불교의례가 가지고 있었던 참여와 개방성을 보여준 좋은 예들(강호선 2015, 52)이라고 한다. 그러나 이 주장에 대한 문헌 증거는 제시되지 않았다.
21 『고려사』「예지」에 기록된 가례의 참가자들에 대해서는 이범직(1990, 435-437) 참조. 특히, 연등회와 팔관회가 포함되어 있는 「잡의」의 참가자에 대해서는 이범직(1990, 437) 참조. 고려의 전 시기를 통해 왕이나 왕을 대행한 관리만 국가적으로 승인된 산천에 대한 제사를 독점한 것이 아니라, 일반인들도 누구나 지낼 수 있었다(안지원 2005,

고, 『고려사』 「예지」의 기록에 의하더라도 그러하다. 중국의 원회의례는 한 왕조 성립 초부터 당에 이르는 동안, 정전을 중심으로 밀폐된 공간에서 거행된 의례로서 왕공 이하 군신에 이르는 참가자 중 문관은 동조당, 무관은 서조당에 집합해 대기하였다(渡辺信一郎 2002, 134)는데, 연등회와 팔관회의 의례 절차 또한 이와 크게 다르지는 않은 것으로 나타난다. 또한 동양의 고대에서 예제는 일반 서민과는 관계없는 왕과 귀족의 권위를 꾸미는 부속품으로 간주되어왔는데(池田溫 1981, 826), 중국의 황실 조상제례는 황실 가족으로만 한정된 행사였다. 7세기 당나라 태종은 자신의 조상을 위해 우란분절에 참가했으며, 이 행사에 일반 대중은 참가가 허락되지 않았다. 특히 768년의 행사는 대중에게 공개되었는데, 이 경우도 황실 가족에 의한 의례가 끝난 후였다(Teiser 1988, 81).[22]

그리고 당의 유교의례였던 종묘의례 행사도 폐쇄된 공간에서 행하여졌다(하워드 J. 웨슬러 2005, 292). 『고려사』 「예지」에 따르면, 상원연등회와 중동팔관회의 참가자는 국왕, 태자, 왕실 가족으로 간주되는 공·후·백, 추밀, 기타 관리 등이었다. 이 두 의례는 군사가 격구장을 에워싼 가운데 거행되었으며, 행사 기간 동안에는 국왕을 정점으로 철저한 위계가 중시되었다(배상현 2011, 39-42).

고려의 불교 인구도 시대별로 차이가 있었던 것으로 주장되고 있다. 고려 초의 불교 인구는 지배층과 지방의 상층 토호층, 소수의 농민 등에 한정되었으며, 고려 중·후기에 이르면 크게 확대되는데, 그러한 추

---

162)고 하나, 이 주장의 증거는 제시되어 있지 않다.
22 "고대 중국의 황제의례는 사회적 통합 기능이 우선시되었으며, 당 말기 왕조 의례는 수많은 백성이 참가하는 국제적 행사가 되었다"(이현진 2012, 107)는 주장도 이런 시각에서 이해되어야 할 것이다.

세에 따라 연등회도 불교적인 방향으로 성격이 서서히 강화되어갔다(채상식 2015, 113-114)는 것인데, 이는 팔관회에도 적용될 수 있다. 따라서 상원연등회와 중동팔관회의 성격과 기능 등을 고려 전 시대를 통괄하여 일반화하는 것은 문제가 있다.

전근대 사회에서 일반 백성은 무식한 계층으로서 교화의 대상으로 간주되었다. 고대 중국에서는 백성은 어리석어 장려와 교화가 필요하고, 자치 능력도 없는 존재로 간주되었다. 한 왕조는 이 자치능력결여론을 전통적인 군주성립론과 결합시켜 더욱 굳건한 국가성립론으로 만들었다. 즉, 군주-황제권력론은 민중의 자치 능력 부정 위에서 성립한 것이었다(渡辺信一郎 2002, 127). 고려시대의 국왕은 자신의 의무가 백성의 안정된 삶을 보장하는 데 있었다고 강조(김종명 2001, 297)하고 있었으나, 이 자치능력결여론은 고려를 포함한 전근대 한국은 물론, 현대 대한민국에도 일정한 영향력을 지니고 있다고 할 수 있다.[23]

반면 『고려사』 「예지」의 「상원연등회의」와 「중동팔관회의」에는 승려가 참가자로서 전혀 나타나 있지 않다. 그러나 전기한 것처럼, 구정에서는 승려에게 공양이 이루어졌다. 봉은사와 법왕사의 불사에서도 승려의 참가는 있었을 것이다. 불교는 고려의 주류 종교였고, 중국 당·송대의 조상제례는 불교식으로 이루어지고 그 주관자도 일반적으로 승려였다는 점(이에 대해서는 아래 「고대 중국의 제례」 참조)에서 이러한 추정은 상당한 설득력을 지니고 있다.

---

23 1970년대의 새마을운동과 개신교의 성장 전략은 '국민은 무식하다'는 전제 위에 서 있었으며, 여전히 대한민국 중장년층의 실질 문맹률은 OECD 국가들 중 최상위권에 있다(KBS NEWS 2014). 한 언론 보도에 의하면, 학력 면에서 볼 때, 2016년 현재 대한민국의 대졸 이상자는 15퍼센트 정도며, 고졸 이상자는 약 40퍼센트며, 전 국민의 약 60퍼센트는 여전히 중졸 이하로 나타난다.

이러한 증거를 고려할 때, 고려 백성을 상원연등회와 중동팔관회의 직접 참가자로 볼 수는 없지만, 승려의 참가는 분명하였던 것으로 판단된다.

3) 중요성

상원연등회와 중동팔관회가 고려의 가장 중요한 국가의례란 주장은 통설 중의 하나였다. 그러나 이는 재고를 요한다. 전기한 것처럼 고려의 정치 체제는 유교였으며, 불교는 주류 종교였기 때문에 이 두 의례의 중요성에 대한 평가도 이러한 구도 속에서 이루어져야 할 것이기 때문이다. 팔관회와 연등회의, 두 의례 중에서 전자가 후자보다 더 중요한 의례였다는 점은 공휴일 수 등을 통해 분명히 드러난다. 『고려사』의 기록량에 있어 가례잡의인 「중동팔관회의」는 11면, 「상원연등회의」는 5.4면으로 팔관회의 절차에 대한 기록은 연등회의 기록보다 두 배나 된다는 점도 또 다른 증거다. 그렇다고 하여 팔관회가 고려의 가장 중요한 국가의례는 아니었다. 현존 자료에 의하는 한, 고려의 가장 중요한 국가의례는 유교의례로서 대사였으며, 『고려사』의 분량에 있어서도 길례대사가 팔관회보다 많았다. 상원연등회와 중동팔관회의 개최 날짜도 동지, 한식, 공주의 기일 등과 겹칠 경우 변경되었으며, 대관전 연회에서는 음식이 여덟 차례 나온 반면, 연등회에서는 세 차례 나왔다. 또한 설날 전후와 납향 때는 공휴일이 7일간으로 상원연등회와 중동팔관회 때의 1일 및 3일보다는 훨씬 길었다. 이러한 점들을 고려할 때, 상원연등회와 중동팔관회가 가장 중요한 국가의례였다고는 할 수 없으며, 왕실 중심의 중요 행사였다고 보는 것이 타당하다.

4) 배경 사상

상원연등회와 중동팔관회와 관련된 현존 자료에 의하는 한, 이 두 의례의 중요 배경 사상은 불교, 유교 및 전통신앙으로 대별된다. 『고려사』「예지」의 기록에 의하면, 중동팔관회의 절차는 유교식이었으며, 의례의 내용은 고대로부터 천제(天帝)의 전통을 계승한 것(김태경 2010, 33b)이었다. 상원연등회의 내용도 다르지 않았다. 전기한 것처럼, 불교 관련 『고려사』의 기록은 상당한 한계성을 가지고 있었다. 그러나 국왕이 태조 진전에 향을 피우는 봉은사 진전행향과 관등 자체가 등 공양의식이므로 상원연등회는 개국조인 태조의 힘을 빌리기 위한 불교의례였다(한기문 2003, 45). 그리고 『고려사』 이외의 다른 관련 자료에 따르면, 이 두 의례에 내재된 불교적 요소의 중요성은 분명하였다. 사실 고려시대 국초부터 국가의례에 불교적 요소가 뚜렷하게 나타났는데, 그것은 불교신앙이 국가 운영에 중요한 역할을 했기 때문이다(강호선 2015, 36).

고려시대의 불교신앙은 다양한 면모로 나타났으며, 그 중심은 정토왕생에 있었는데(정병삼 2015, 198·213)[24], 이는 곧 당시의 죽음관이 업설을 바탕으로 하고 있었음을 뜻한다. 상원연등회와 중동팔관회의 가장 중요한 배경 사상은 업설에 바탕을 둔 조상숭배설 또는 효사상이었으며, 이러한 예는 중국 당대에도 이미 나타났다. 중국 당대의 우란분절에서는 붓다조차도 업설보다 부차적 역할을 하는 존재로 나타났다

---

[24] 신앙결사는 가장 적극적인 재가신앙이었는데, 『동문선』에 나타난 신앙결사의 바람도 정토왕생과 보살도의 수행에 있었으며, 특히 정토왕생은 보편적 신앙 형태였다. 『동문선』은 삼국시대 후반기부터 조선 중종 대(1506~1544)까지의 문학작품들을 모아 편집한 책이다(정제규 2004, 623-648).

(Teiser 1988, 179). 유교의례에서는 고기가 제수로서 등장하는 것이 일반적이었으나, 상원연등회와 중동팔관회에서는 차, 음식, 술, 꽃, 과일, 약 등이 동반된 반면, 고기가 사용되었다는 기록은 없다. 이는 고려에서는 제사를 불교식으로 지냈기 때문으로 생각된다(안지원 2005, 55; 김창현 2011, 71). 이 점도 이 의례들을 불교적 성격을 강하게 가진 의례들로 볼 수 있는 근거가 된다.

5) 역할

수(隋, 581~618)의 문제(文帝, 581~604)는 대흥성(大興城)에서 거행한 국가의례 가운데 불교의례를 중시하여 통치의 정통성과 정당성을 구현하였을 가능성이 높다(최재영 2013, 170) 하며, 같은 맥락에서 연등회와 팔관회의 역할에 대한 통설도 이 의례들이 왕권의 신성성과 통치 체제 강화에 기여하였다(한기문 2003, 40; 최영호 2011, 60-61; 김철웅 2015, 29)는 것이다. 물론, 의례 주최자인 국왕의 입장에서는 그러한 목적의식을 가지고 있었을 것임은 추정할 수 있다. 그러나 문제는 의례 주최자의 그러한 의지가 반드시 의도한 결과를 초래한 것으로 일반화할 수 있는가 하는 점이다.

우선, 개별 왕의 의지와 왕권의 강약에 따라 의례의 역할도 다른 것으로 나타난다. 일례로, 태조는 고려의 건국자로서 연등과 팔관에 대한 자신의 관심을 강하게 표명하면서, 이 의례들을 자신의 정치적 목적 달성을 위한 수단으로 이용할 수 있었을 것으로 보이지만, 성종은 태조의 유훈까지 무시하고 팔관회를 폐지시킨 점에서 적어도 그에게 불교의례의 역할은 크지 않았던 것으로 나타난다. 반면, 고종은 고려 역사상 가장 많은 수의 불교의례를 개최(김종명 2001, 64)하였으나, 그의 왕권은 실질적으로 무신 정권의 지배 아래 놓여 있었기 때문에, 이들 의례의 개최 자체가 '왕권의 신성성과 통치 체제 강화'에 기여하였다고는 볼 수 없다.

또한 법왕사는 상시적으로 군대가 주둔하였을 가능성도 높은 사찰이었다(배상현 2011, 43-44). 봉은사도 그러하였다. 따라서 이 의례들의 국왕별, 시대별 역할에 대한 검토가 필수적이다. 불교계를 국가가 직접 통제하려 한 시점에서 정기 불교의례가 확립된 것으로 추측되는데, 정기 불교의례는 12세기 중기 의종 대까지 전형기를 이루었기(한기문 2003, 40) 때문이다. 이미 고려의 불교의례들은 임금의 정신적 위안처, 임금의 축수와 왕실 조상제사 의례, 정치적 수단으로서 시대별로 다양하게 기능하였다는 견해가 제기되었다. 또한, 특정 의례의 역할에 대한 더욱 정당한 평가는 그 의례 개최의 동기와 더불어 개최 이후의 결과까지 더불어 검토될 때 가능할 것이다. 그러나 통설에서는 동기와 결과를 구체적 근거 없이 동일시한 예가 흔하다. 따라서 나는 김종명(2001, 295-332)에 따라 연등회와 팔관회의 역할은 여전히 국왕의 장수 기원과 왕실 조상제례에 있었던 것으로 본다. 강호선도 상원연등회와 중동팔관회는 각각 정월과 한겨울에 열린 '국가적 성격을 지닌 불교식 왕실 조상제례'였다(강호선 2015, 56)고 주장한다.

한 시대의 조상제사 문제를 검토할 때는 사회의 실제 관행과 지배층의 원칙을 동시에 이해할 필요가 있다(육정임 2007, 315). 팔관회와 연등회의 목적은 국왕의 장수 기원과 왕실의 조상숭배로 같았으나, 팔관회는 가을에, 연등회는 봄에 열린 불교의례였다(김종명 2001, 143). 몽골의 침략으로 수도를 강화도로 옮겨 간 시기에도 상원연등회와 중동팔관회에 필요한 봉은사와 법왕사가 건축된 점(강호선 2015, 42), 고려 시기에 '춘연등(春燃燈)·동팔관(冬八關)'으로 불린 점(채상식 2015, 121)

등도 이러한 주장을 지지하고 있다.

　예제의 정비와 선포는 국가 통치행위의 일부였으며(육정임 2007, 316), 중국 정사에서 국가제사를 대·중·소사로 분류하기 시작한 것은 수(隋, 581~618)대 이후부터였다(채미하 2015, 15). 기원전 2000년경 상(商)대에 조상숭배가 있었으며, 조상숭배는 고대 중국 종교의 가장 중심적 요소였다(하워드 J. 웨슬러 2005, 272-274). 역대 왕조 제례의 핵심은 주대 종묘 제도를 기초로 등급을 정한 가묘 제도에 있었으며(육정임 2007, 317), 친훼이티엔(秦惠田)은 그의 『오례통고(五禮通考)』에서 의례 행사 중 가장 중요한 것은 제사라고 하였다(하워드 J. 웨슬러 2005, 242). 그리고 가례는 '경사스러운 의례'를 의미하였는데, 왕권의 절대 우위를 강조하는 명분 논리기도 하였으며(채미하 2015, 18-19), 고려의 가례는 중국 당나라의 『대당개원례』의 범주 안에서 이해되고 있었다(채미하 2015, 147). 또한 가례는 연회를 수반하였는데, 고려의 상원연등회와 중동팔관회에도 연회가 포함되어 있었다.[25]

　고려의 의례 제도는 중국 당대의 의례 제도를 창조적으로 모방한 점에서, 상원연등회와 중동팔관회의 기능도 이런 맥락의 산물로 이해되며, 특히 조상제례로서의 역할과 그 조상제례의 의미에 대한 더욱 심층적인 논의가 요청된다.

(1) 고대 중국의 제례

　중국 고대국가의 정치는 황제 권력을 중심으로 여러 가지 의례 집행을 통해 운영되었는데(渡辺信一郎 2002, 14), 특히 제사는 서열적 사회

25　연등회와 팔관회 외, 『고려사』의 가례 항목에서 연회를 수반한 의례들은 태후 및 왕비 책봉의례, 원자탄생 축하 의례, 대관전연군신의 등이 있었다(채미하 2015, 158-159).

를 규정하는 지배층의 정치적 규율의 일부였다. 주 왕조가 제후, 경·대부, 사에게 제사 대상인 조상의 세대수, 제사 의식을 거행할 시설, 제사의 빈도, 제물의 종류와 수량 등 항목들을 신분과 계급에 따라 차등적으로 정한 이후, 이 규칙들은 후대의 왕조에도 계승되었다(육정임 2007, 315-317). 의례행사에 관한 논쟁이 많이 일어났던 것은 중국 중세의 특유한 현상이었는데, 당 황실의 조상의례는 618년 3월까지 거슬러 올라가 살펴볼 수 있다(하워드 J. 웨슬러 2005, 278-279).

세오 다스히코(妹尾達彦)는 장안성에서 거행된 왕조 의례를 통해 시각적으로 피지배자의 마음속에 지배의 정통성을 심어준다고 보았다(이현진 2012, 107). 7월 15일의 우란분절 또는 귀절(鬼節)은 중세 중국인들에게 인기가 있었으며, 황제 자신의 조상제례의 역할도 하였다. 중국 화엄종(華嚴宗)의 5조며, 하택종(荷澤宗)의 선사인 쭝미(宗密, 780~841)는 우란분절을 효의 궁극적 표현으로 보았다(Teiser 1988, 47). 전통성을 결하였다는 이유로 우란분절을 비판하는 지식인들도 있었으나, 우란분절이 열리면, 태묘에 보관되어 있던 황실 조상의 위패를 꺼내어 내도량으로 옮기고, 당 태종은 거기서 우란분절 행사를 열었다(Teiser 1988, 79-80).[26]

불교와 관련된 조상제례는 우란분절과 같은 맥락의 산물이었으며, 특히 저승(purgatory) 개념은 근대 초기 중국문화의 중요한 요소를 구성하였다. 『시왕경(十王經)』은 기원이 분명하지 않지만, 9세기 중국의 위서로, 중세 중국불교에서 사후 왕생이란 새로운 개념을 가장 잘 보여준 한 예다. 저승이란 개념은 중세 중국에서만 그 역사적 중요성을 가진 것이

---

26 우란분절의 주인공인 목련은 중국 중세에 인기가 많았는데, 그 이유는 그가 중국 전통 종교인 무교의 마력을 가진 무당과 기적을 행하는 불교의 영웅상과 잘 맞았기 때문이다(Teiser 1988, 140-165).

아니라, 한국과 일본의 새로운 사고와 수행법의 전개에도 큰 영향을 미쳤으며, 현대 동아시아에서도 그 전통은 여전히 지속되고 있다.

중국에서 죽음에 대한 철학은 중국 사회 조직의 두 기둥인 친족 제도와 황제 관료주의와 관련되어 있는데, 전자는 망자에 대한 존경을, 후자는 가계의 전승을 중시함을 뜻한다. 사후에 대한 인도적 개념[27]은 중국인에게는 결코 그대로 받아들여진 것은 아니었는데, 그 이유는 크게 3가지였다. 첫째, 불교가 소개되기 이전에 전통적인 음·양 개념에 의한 죽음 이해가 있었고, 둘째, 약 7세기경에는 업(業, Skt. karma)처럼, 중국식으로 번역된 인도어도 적지 않았으며, 시왕이란 개념이 중국 문헌상 처음 나타난 것도 7세기였는데, 그 즈음 중국인의 사후 이해도 변하게 되었으며, 업 개념에 대한 이해도 관료적이 되었다. 특히 시왕에 의한 심판이란 견해는 중국불교의 사후 개념과 관련된 전대미문의 가장 혁신적 개념으로 간주된다. 셋째, 수백 년 후 전개된 저승 개념의 정착이었다. 중국불교에서 저승 개념은 시왕에 더한 지장보살(地藏菩薩)에 의해 완성되었는데, 이승의 죄인이 사후에 지장보살에 의해 구원받을 수 있다는 믿음이 확산된 것은 중세 중국에서였다. 시왕이 엄격한 법률상의 상징이었다면, 지장보살은 구원의 상징으로 등장하였던 것이다. 저승은 망자의 위치와 저 세계의 관료화라는 중국 종교의 독특한 두 국면을 나타낸 단어기도 하다(Teiser 1994, 1-14). 이 전통은 현대에도 다양한 천도의례의 형태로 나타나고 있다.[28]

---

27 사후에 대한 인도의 개념은 행위의 결과에 따라 삶과 죽음을 반복하는 윤회(saṃsāra)다.
28 이러한 현상에 대한 반대 견해도 있다. 도킨스(Richard Dawkins)는 말한다. "최근의 여론 조사 결과, 미국인의 약 95퍼센트가 죽은 뒤에도 삶이 있다고 믿었다. 나는 그렇게 믿는다고 주장하는 사람들 중에서 정말로 진심으로 믿는 사람이 얼마나 될까 궁금하다. 진정으로 그렇게 믿는다면, 죽어가는 사람들에게 축하한다고 말해야 할 것이지만, 현실은 그렇지 않다." 또한 미국 무신론자들이 죽음을 보는 태도를 다룬 최근의 한 연구 결

이러한 맥락에서 전근대 중국의 조상제례에서 승려의 역할도 강조되었다. 불교와 관련이 없던 당대의 묘제 의례인 청명절(淸明節)[29]까지도 불교 승려들이 주관하였고, 그 관습은 송대에도 다르지 않았다. 송대에 널리 시행된 상례와 부모 제사 의식은 대부분 불교와 도교의 색채가 강하였고, 그 의례의 주관도 종교인들에 의해 이루어졌다. 송대의 조상제사에서는 유교와 불교 또는 도교의 종교적 경계나 사상적 충돌은 별로 없었던 것처럼 보이며, 그 의례도 승려에게 맡기는 것이 일반적 관행이었다. 많은 사대부도 조상제사를 불교식으로 진행하였다. 송대 사대부가 유교적 소양을 강조하였지만, 조상제사와 관련해서는 오랜 전통을 지닌 불교적 관행을 거부한 예는 많지 않았던 듯한데, 유교적 제례 실행을 주장한 오유양쇼우(歐陽脩, 1007~1072)와 쓰마꾸앙(司馬光, 1019~1086) 등도 가정에서 행해지던 불교에 의존한 제사를 저지하지 못하였다(육정임 2007, 325-329).

전근대 중국에서 제례는 정치의 한 영역으로서 관료도 참석하였는데, 관료에 의한 집단 의지 형성이 중국 황제 권력의 기초였기 때문이다. 따라서 한조부터 당조까지 중국의 고대국가에서는 빈번히 회의가 개최되고, 이를 통해 의사결정이 이루어졌다. 그러나 최종 결정권은 황제에게 있었다(渡辺信一郎 2002, 19-21). 결과적으로 조의의 성격은 본질적으로는 황제의 자문회의였고, 그 운영은 황제의 전제에 의하였다 (渡辺信一郎 2002, 83-84).

과에 의하면, 50퍼센트는 추도식을 원했으며, 99퍼센트는 당사자가 원할 경우, 조력 자살을 지지했고, 75퍼센트는 스스로 그렇게 하고 싶어 한 반면, 100퍼센트 모두 종교를 권하는 직원을 만나고 싶어 하지는 않았다(리처드 도킨스 2007, 545-547).

[29] 24절기의 하나로 4월 5일 전후. 동지 후 100일 되는 날로 조상의 묘를 참배하고 제사를 지내는 날이며, 현재는 중국의 법정 공휴일이다(신승하·차성만, 「中國」, 『한국민족문화대백과』).

상원연등회와 중동팔관회는 모두 도시에서 개최되었다. 도시는 역사 연구에서 각 인류 문명의 시작점이자 문명의 총화로서 다루어져왔다. 동아시아의 도시는 일반적으로 정치와 관리 기능의 목적 때문에 탄생되었는데 당대까지도 정치·행정 기능이 중심인 도시의 비중이 높았다. 특히 도성(都城)은 황제권의 정통성과 정당성을 구현하는 공간이며, 의례 공간은 도성을 도성답게 하는 구성 요건이 된다. 이런 성격을 가진 중국 역대 도성을 대표하는 것이 수의 대흥성(大興城)과 그것을 계승한 당(唐, 618~907)의 장안성(長安城)이다(최재영 2013, 169-171). 이를 고려할 때, 고려의 상원연등회와 중동팔관회도 정치의 한 중요한 수단이었으며, 이 의례들에서 중시된 연회도 군주의 주관 아래 열린 군신 간 화합의 한 수단으로 기능한 것으로 판단된다.

(2) 고려의 제례

현종 원년(1010) 이후 고려의 국가의례는 불교의례와 유교의례로 이원화되었고, 이러한 병존성은 고려의 고유한 특징이 되었다(안지원 2005, 296-297). 특히 고려의 불교의례는 중국의 전통 정토신앙을 바탕으로 창조적으로 전개된 것으로 보이며, 상원연등회와 중동팔관회도 이런 맥락의 산물로 생각된다.

중국의 불교 관련 저승관은 정토신앙으로 정리되었으며, 정토왕생신앙은 무량수불 또는 (아)미타불 나라에 태어나고자 하는 신앙으로서[30],

---

30 정토사상의 가장 중요한 경전은 정토삼부경(『무량수경』, 『관무량수경』, 『아미타경』)으로 간주되고 있는데, 이는 13세기의 일본학계의 견해에 의한 것이다. 『아미타경』은 극락세계의 특징과 과덕 및 그 장엄을 주로 찬탄하고 상설하고 있으며(김영태 1988a, 39), 『무량수경』은 타자인 아미타불에 의한 구제를 제시한 반면, 『관무량수경』은 정토교를 삼매수행과 결부시켰다. 특히 정토교를 삼매수행과 결부시킨 형태는 중국 정토교의 주류를 점하였으며, 일본에서도 일본 불교의 기초가 형성된 헤이안(平安)시대(794~1185)에

내세적 의미가 중심을 이룬다(김영태 1988a, 47). 불교의 정토는 불보살이 머무는 곳으로서, 먼 서방에 있으며 아미타불이 머물러 설법하는, 윤회에서 벗어난 세계다(김영태 1988a, 11-12). 아미타신앙의 주된 특징은 윤회가 없는 극락왕생이 아미타불의 서원에 의해 보장된다는 점이다(김영미 1988, 128). 정토사상에서는 『무량수경(無量壽經)』에 나오는 아미타불의 보살 시절의 48대원(康僧鎧 1997, 267c17-269b6)이 중요한데, 그 주 내용은 모든 중생이 구제될 때까지는 성불도 연기하겠다는 절대적 자비심이다. 전통적으로 48대원 중 17~20대원, 그중에서도 특히 "10번만 아미타불을 불러도 정토에 태어날 수 있다"는 18대원이 가장 중시되어왔다(전관응 1996, 398b).

이러한 정토신앙은 한국의 고대에도 유행하였다. 아미타신앙이 신라에 수용된 시기에 대한 정설은 없으나, 7세기 후반에 이 신앙이 상당히 유포되어 있었다는 사례들은 있으며(김영미 1988, 122; 김영태 1988b, 333), 신라의 정토신앙에서 가장 많이 나타난 것은 사후의 추선 신앙이었다(김영미 1988, 143). 일례로, 『삼국유사』의 향가 14수는 대부분 불교와 관련이 있으며, 이들 향가의 내용 가운데 가장 빈도수가 높은 것도 정토사상이다(김종명 2015, 10-32).[31]

는 이런 경향이 중심이었다. 이들 경전의 공통점은 (아)미타불의 중생 구제에 대한 약속이다(김영미 1988, 120). 신라의 미타 관계 자료는 적지 않지만(김영태 1988a, 12), 현존하는 것은 몇 편에 지나지 않으며, 가장 중요한 사료는 『삼국유사』다(김영태 1988a, 39). 『삼국유사』에 기록된 신라의 미타신앙에 대한 약설은 김영태(1988a, 39-43) 참조. 미타신앙 관련 경전들에 대한 약설과 신라의 미타 관계 저술 및 『삼국유사』에 기록된 미타신앙의 사례들에 대해서는 김영태(1988b, 320-332) 참조. 1980년대까지의 신라의 미타신앙에 대한 연구에 대해서는 김재경(1988a, 83-84), 김영미(1988, 120-121) 참조.

31 일본의 『만엽집(萬葉集)』과 신라의 향가는 내용 면에서 정토사상의 영향이 적지 않았는데, 일본의 정토사상 형성에는 신라의 정토사상의 영향이 적지 않았다(송석래 1985, 74-75).

상원연등회와 중동팔관회는 국왕의 축수 기원과 함께, 이러한 불교의 업설을 바탕으로 한 정토신앙과 유교적 효사상이 결합된 조상제례로 나타난다. 시조에 대한 국가제사는 왕실의 권위를 재확인하고, 공동체 구성원 간의 동질감을 확인하는 시간이란 점에서 중요한 정치적 의미를 가지고 있었다. 태조에 대한 신성화는 951년(광종 2) 봉은사 창건을 통해 본격적으로 전개되었으며, 태조에 대한 신앙도 이러한 시각의 산물이었다. 봉은사 태조 진전은 봉은사 창건과 동시에 조성된 것으로 보이며, 이때 태조 왕건의 상[32]도 만들어 진전에 봉안하였던 것으로 추정된다. 또한 고려의 국왕들은 매년 6월 태조 기일이 되면 봉은사 태조 진전에 행차하였으며[33], 1038년(정종 4) 정종이 태조 진전에 대한 제사를 정규화함으로써, 봉은사 태조 진전과 태조상의 상징적 권위는 고려시대 국가의례에서 최고의 위치로 공식화되었다. 봉은사를 창건하고 태조의 진전을 조성하고 태조상을 봉안한 이래로 태조에 대한 신앙은 불교를 통해 구현되었고, 고려가 망할 때까지 제사 장소는 봉은사가 되었다(강호선 2015, 47-50).

중국은 당나라 초기부터 교사와 종묘 등 특별한 경우를 제외하고는 황제가 친히 행사를 주관한 예가 많지 않다. 그러나 당 후반기가 되면 친제의 세속화 성격이 강해지고, 특히 제사의 정치적 이용도 나타나게 되는데, 저티엔우호우(則天武后, 684~705) 시기가 그 대표적 예다(金子

---

32 왕건의 동상은 부처와 전륜성왕(轉輪聖王)과 같은 불교적 신성함의 표현인 32길상이 표현되었고, 황제의 복식을 착용하였다. 그러나 왕건 동상에 표현된 32길상은 왕건을 전륜성왕으로 보기보다는 온 천하를 지배하는 힘과 신성함을 갖는 전륜성왕의 관념과 상징을 빌려, 고려를 건국한 왕건의 신성한 힘과 권위를 동상에 형상화한 것으로 보인다(노명호 2012, 141-149).
33 태조에 대한 공식적인 제사 공간은 봉은사, 태조능인 현릉(顯陵) 및 태묘가 있었다(강호선 2015, 49).

修一 2001, 189). 고려의 연등회와 팔관회에도 국왕이 직접 참가하였는데, 이는 이 두 의례가 그만큼 중요하였음을 뜻한다. 조선시대의 종묘제사는 가장 중요한 국가 제사였던 반면, 고려에서는 봉은사 태조 진전의 제사가 그러한 위상을 차지한 것(강호선 2015, 48)[34]으로도 주장되고 있다.

그렇다고 하여 상원연등회와 중동팔관회를 고려의 가장 중요한 의례로 볼 수는 없다. 고려의 정치 이념은 여전히 유교였기 때문이다. 992년(성종 11) 역대 임금의 신주를 봉안한 제례공간인 태묘가 세워졌는데, 태묘의 제사는 오례의 길례 중에서도 대사(大祀)에 해당하는 가장 큰 국가 제사였으며, 가장 중요한 국가의례기도 하였다(강호선 2015, 48). 따라서 왕실 조상제례는 고려에서 중요성을 차지하고 있었음은 분명하지만, 태묘 건립 이후에는 태조에 대한 제사 중에서도 가장 중요한 것은 태묘의 제사였다고 보아야 할 것이다. 그리고 고려에서 불교는 통설처럼 국가 종교가 아니라 주류 종교였다. 따라서 연등회와 팔관회 때의 봉은사와 팔관회에서의 태조 진전 제사도 이러한 맥락에서 이해되어야 할 것이다.

왕실 조상제례가 상원연등회와 중동팔관회의 중요한 기능이었음은 확실하다. 그러나 조상제례의 현실적 의미는 죽은 자보다는 살아 있는 자에게 방점이 두어진다는 점에서, 이 두 의례의 더욱 중요한 역할은 국왕의 축수 기원에 있었다고 할 수 있다. 연등소회보다 중요성이 더

---

34 고려에서 종묘는 성종 대에 건립되었는데, 이는 최승로(崔承老, 927~989)를 비롯한 화이론(華夷論)자들이 주도하고 있었으며(노명호 2012, 151), 그들은 고려 태조가 절대 폐지를 금지한 팔관회와 연등회도 폐지하였다(노명호 2012, 151-152). 최승로는 기복불교의 성행과 이로 인한 국가 재정의 낭비를 지적하였는데(『고려사』 93, 7b15-6), 이는 불교행사의 빈번한 개설과 기복불교의 풍조라는 당시의 시대적 상황과 관련이 있다.

컸던 연등대회의 중심은 신하들에게 베푼 연회로서 3단계로 이루어져 있었는데, 첫째 단계에서는 태자·공후백과 추밀관에게 차와 술과 음식을, 둘째 단계에서는 대회 참석자 모두에게 꽃과 봉약과 과실을, 셋째 단계에서는 낮은 직급의 신하들에게 봉약과 과실을 주었다(안지원 2015, 77-81). 팔관대회 팔관소회에서도 태조에 대한 제례가 포함되어 있었지만, 그 비중은 연등회에서의 봉은사 진전행향이 차지한 비중보다는 적었다고 생각되며, 팔관회 소회일 행사의 핵심이 국왕을 주인공으로 하는 궁전에서 하례를 받는 것이었기 때문이다. 팔관회 대회일 행사의 중심도 연회였다. 이 연회도 세 단계로 구성되어 있었는데, 첫째 단계는 추밀과 문무백관들에게 꽃과 술과 과일의 나눔이 주제가 되고 있으며, 둘째 단계의 내용도 비슷하지만 하사품에 꽃 대신 봉약이 포함되고 절차는 더 간단하며 선물 받는 사람도 시신(侍臣)들과 양부악관과 시봉군인 등으로 나타난다. 그리고 셋째 단계는 앞의 단계들과 거의 유사하나, 팔관회를 경축하는 구호와 치어가 포함되어 있는 것이 특징이다(안지원 2005, 175-191).

결론적으로 고려에서의 불교와 불교의례의 위치(김종명 2001, 311-322)를 고려할 때, 연등회와 팔관회는 태조의 사적 가훈에 따라 유교식 의례 절차에 의해서 개최된 효사상의 불교적 표현이었으며, 길례대사의 보조의례로서 각각 봄과 가을에 열린 의례였다(김종명 2001, 143). 고려인들의 국가관과 임금의 백성관, 의례의 참가자, 의례 개최 시의 시대적 배경과 의례 개최의 영향, 왕권과 의례, 의례의 실제적 역할 등에 대한 검토 결과, 상원연등회와 중동팔관회는 국왕의 축수 기원에 초점을 두고 각각 봄과 겨울에 개최된 전통 요소를 가진 불교의례였으며, 또 다른 중요 기능이었던 왕실 조상제례는 국왕 축수 기원에 앞서 유교적 효사상에 따른 보고의례의 성격을 가지고 있었다. 그러나 현존 자료에 의하는 한, 이 두 의례가 지닌 고려 의례상의 위치는 유교식 대사보다는 그 중요성이 낮았다고 할 수 있다.

(3) 연구 방법

상원연등회와 중동팔관회를 비롯한 고려의 불교의례, 나아가 고려불교의 성격에 대한 더욱 명확한 이해를 위해서는 무엇보다 전근대 중국 예제에 대한 검토와 현존 관련 일차 자료들에 대한 종합 분석이 중요하며[35], 이를 바탕으로 내용에 대한 실증적 분석, 불교의 중국화와 한국화에 대한 이해, 고려시대의 유교의례, 도교의례 및 조선 초기의 불교의례 분석, 주제들과 관련된 서구 학계의 연구 업적 검토 등이 종합적으로 이루어져야 할 것(김종명 2001, 336-341)이란 지적은 여전히 유효하다. 또한 종교학, 민속학, 신화학 등 인접 학문의 연구 성과와 방법론도 적극적으로 수용하여야 할 것(안지원 2005, 24)이란 주장에도 불구하고, 이러한 관점의 연구는 아직 진행되지 못하고 있다.

본질적으로 그 성격을 달리하는 연등과 연등회의 경우처럼, 오해의 소지를 내부적으로 안고 있는 원전에 대한 그간의 읽기 방식에 대해서도 주의를 기울일 필요가 있다는 지적에도 주목해야 한다. 이에 따르면, 연등회는 국왕에 의해 주관된 의례를 뜻하기 때문에 절에서 주관한 연등행사에 대해 '연등회'라고 기록한 예는 없으며, ○○재와 ○○회도 본질적으로 다른 의례들인데, 재는 의례적 속성이 강하고, 회는 연회적 속성이 강한 의례(나경수 2012, 49-52)기 때문이다.

기존의 연구 성과는 연등회와 팔관회의 국왕별·시기별 검토를 결한 경우가 많으나, 국왕별·의례 종류별·시기별 검토도 필요하다. 상원연

---

35 이 주제와 관련된 한국 불교사 연구의 새로운 방법론에 대해서는 Kim(2010a, 45-56) 참조.

등회는 고려에서 개최되었던 세 종류의 연등회, 즉 정규연등회·특설연등회·불탄일연등회의 하나로서 가장 대표성을 지닌 정규의례였다. 그러나 기존의 연구 성과들 가운데 이 세 가지를 구분하여 논한 경우는 드물다. 또한 의례의 성격도 시공간을 통해 변화한다는 것은 의례학계의 상식이다. 『고려사』의 기록에 따르면, 고려의 불교의례는 고려의 예제 중 길례대사의 보조의례로서 그 기능은 시기별로 다르게 나타났다. 고려 초기에는 주로 정치적 수단으로서, 팔관회·연등회가 자주 설행되었던 고려 중기에는 대개 임금의 축수 기원과 왕실제사의 불교적 표현으로서, 고려 중·후기에는 국왕의 정신적 위안 수단으로서 기능하였다. 고려 전 시대를 통하여 개최되었던 불교의례에서 이 3가지 기능은 복합적으로 작용하고 있었으나, 불교의례가 성행했던 시기의 시대 배경을 검토하면, 의례의 가장 중요한 기능은 임금의 정신적 위안과 왕실의 기복 수단으로 나타난다(김종명 2001, 333-334).

고려 불교[36]의 가장 중요한 특징은 고려인들의 자연관, 인생관, 천문관(세계관, 우주관)이 불교의례란 형태를 통하여 표현되었다는 점에 있으며(김종명 2001, 9), 상원연등회와 중동팔관회는 불교적 요소를 강하게 지닌 의례였음에도 불구하고, 이 의례들의 사상적 측면을 고려한 연구 성과는 거의 없었다. 원래 불교는 브라흐만교의 번쇄하고도 형식화된 의례를 부정한 철학적 성격이 두드러졌다(안지원 2005, 5). 연등회와

---

[36] 철학적 관점에서 고려시대의 불교 관련 문헌의 내용을 분석한 데 대해서는 심재룡 외 (2006) 참조. 최병헌 외(2013a)와 최병헌 외(2013b)에는 고려시대의 불교사 관련 주제들이 소개되고 있는데, 이 책들은 "한국불교사 연구의 문제점에 대한 비판과 반성에서 출발한 것이며, 동시에 불교사 연구의 환경 변화에 상응하여 새로운 연구 방법을 모색하기 위해 기획"(9-10)된 것이다. 그러나 이 책들에는 고려 불교의 가장 큰 특징 중의 하나로 볼 수 있는 불교의례에 관한 항목은 없다. 국내외 학계의 고려 불교 연구 현황과 과제에 대해서는 이철헌(2013, 451-94) 참조.

팔관회를 비롯한 고려의 대표적 불교의례의 사상적 배경에 대해서는 이미 검토되었는데(김종명 2001, 206-272), 이 연구에 의하면, 그 사상적 배경은 풍수지리설, 조상숭배사상, 천견재이(天譴災異)설[37] 등이었으며, 특히 상원연등회와 중동팔관회와는 불교의 업설과 결합된 유교적 효사상을 사상적 배경으로 하고 있었다. 그러나 김종명(2001)을 제외하면, 이후의 연구 성과들 가운데 상원연등회와 중동팔관회의 사상적 배경 자체에 주목한 연구 성과는 없었다.[38]

고려 불교의례의 배경 사상은 초기불교의 자연관, 인생관, 세계관으로 각각 볼 수 있는 사대설, 업설과 윤회설, 십이처설은 아니었으며, 그것은 중국인의 전통적 사유 방식인 풍수지리설, 조상숭배설, 천견재이설이었다. 그리고 대표 고려 불교의례도 각 의례의 소의 경전상의 핵심 내용이 외부로 표현된 것도 아니었다(김종명 2001, 334). 이 사실은 연등회와 팔관회를 비롯한 고려시대의 불교의례에 대한 연구는 그 의례의 역사적 측면뿐 아니라 사상적 배경도 아울러 검토될 때, 그 성격에 대한 더욱 명확한 이해가 가능할 것임을 잘 보여준다.

---

37 고려는 천문재이를 유교적 천인감응설을 통해 설명하였다(강호선 2015, 49).
38 안지원은 태조 이래 고려 팔관회는 전사한 공신들의 우상을 만들어 팔관회에 참가케 하였다는 점에서 미륵신앙을 교리적 배경으로 하는 신라 팔관회를 계승하였으며(안지원 2011, 23), 토속신앙도 고려 팔관회에 포함되었다(안지원 2011, 29-30)고 하였다. 그러나 이 주장을 뒷받침할 문헌 증거는 제시하지 않고 있다.

5장
맺음말

　'제1부 고려 불교의례의 성격 재조명'은 '1장 상원연등회의 성격 재조명', '2장 중동팔관회의 성격 재조명', '3장 『고려사』 및 「예지」의 한계성', '4장 종합 분석'으로 구성되었다.

　상원연등회와 중동팔관회의 성격 재조명에서는 「상원연등회의」와 「중동팔관회의」의 역주 내용을 바탕으로 하고, 선행 연구 성과에 대한 비판적 분석을 통하여 이 두 의례의 성격을 재조명하였다. 이 두 의례의 가장 중요한 목적은 국왕의 축수 기원 및 그를 통한 군신 간 화합 시도에 있었다. 이 두 의례는 불교의 업설과 유교적 효사상의 결합체로서, 국왕의 장수 기원과 왕실의 조상제례를 목적으로 봄과 가을에 개최되었으며 조상제례의 의미도 죽은 자보다는 산 자의 기복에 있었기 때문이다. 『고려사』 및 「예지」의 한계성 검토를 통해서는 상원연등회와 중동팔관회에 관한 기존 연구 성과가 주로 『고려사』를 중심으로 이루어져왔으나 불교에 관한 한 『고려사』 및 「예지」는 상당한 한계성을 보이고 있어 이 두 의례에 대한 연구는 『고려사』에만 의존해서는 안 되며,

현존 주요 다른 자료들인 관련 불전, 문집, 비문 등에 대한 검토가 필수적임이 다시 분명해졌다.

그리고 종합 분석에서는 고려시대의 상원연등회와 중동팔관회의 성격에 관한 이해는 정치와 종교란 큰 틀 위에서 국가와 불교의 관계, 고려 종교 지형에서의 불교의 위치, 불교의례의 정체성과 역할에 대한 규명을 통해 가능하며, 기존 선행 연구가 가진 문제점들은 선행 연구 및 일차 자료에 대한 구체적 분석의 부족을 비롯한 국내 학계의 잘못된 연구 관행의 산물임을 규명하였다.

상원연등회와 중동팔관회도 고려 문화의 한 부분이었는데, 문화란 만들어진 것이며, 여전히 만들어지고 있는 것이기도 하다(Teiser 1994, 4). 따라서 향후 두 의례에 대한 더 나은 이해도 고정된 관점이 아니라, 이러한 변화의 관점에서 이루어져야 할 것이다. 고려시기 국가의례에 대한 더 나은 이해는 부정기적인 불교의례, 유교의례, 도교의례, 산천 및 성황의례와의 연관성 속에서 분석할 때 가능하며(한기문 2003, 55), 고려 불교의례 이해를 위한 미술사와 공예사 측면의 심층적 연구(정은우 2013, 120)도 필요하다.

제2부
「상원연등회의」와 「중동팔관회의」 역주

1장
「상원연등회의」 역주

『고려사』 69 「지」[1] 제 23

예 11
가례잡의(기쁜 의례 중 기타 의례)[2]
상원연등회의(정월 보름 연등회[3] 의례)[4]

---

1 지(志)는 제지(諸志) 또는 각지(各志)로도 불린다(허흥식 2001, 11).
2 『고려사』의 「예지」는 다른 지에 비해 기록량도 많으므로, 고려사회에서 의례가 차지한 비중이 컸음을 알 수 있다. 「예지」에 따르면, 고려의 의례는 길례, 흉례, 군례, 빈례, 가례 등 5가지로 구성되어 있었다. 이 중 길례는 5장으로 구성되어 가장 많은 분량을 차지하고 있으며, 다음은 가례로 4,5장으로 구성되어 있다. 특히, 연등회는 팔관회와 함께 「가례잡의」로 분류된 중요한 의례였다(김종명 2001, 164-165). 중국 송나라의 『송사(宋史)』는 상원연등회의 설행 양상을 구체적으로 전하고 있다(안지원 2005, 46).
3 「상원연등회의」란 제목에서 알 수 있듯이 간등(看燈)은 연등회를 상징할 정도로 중요한 것이었다(안지원 2005, 179). 연등회의 기원에 대한 논의는 김종명(2001, 116-122), 안지원(2005, 26-33) 참조. 중국에도 상원연등회가 있었는데, 그 기원은 한나라(206 B.C.E.~219 C.E.) 때부터 있었던 정월의 태일(太一)제사 풍습에 기인한 것으로 간주되며, 중국의 상원연등회는 중국 고유의 토속적 농경제례를 불교의례로 윤색하여 연중 불교행사로 만든 것으로서, 당대(618~907)에 국가에서 상례화하여 세시풍속으로 자

1. 소회일 행사[5]

1) 편전의식

소회일에 (왕이) 궁전에 나와 앉기 전에 대기하고 있던 도교서(都校署)[6]에서는 강안전(康安殿)[7] 계단 앞에 부계(浮階: 뜬 계단)를 설치한다.

리 잡았고, 송대(960~1279)에는 국가행사로서 종합적인 구성 체제가 완성되었으며, 이 상원연등회 풍속은 중앙의 수도에서부터 시작되어 지방으로 확산되고, 고려, 요(遼, 907~1125), 금(金, 1115~1234) 등 중국의 주변국으로까지 전파되었다(안지원 2005, 42-50)고 한다. 『고려사』에서 상원연등회의 개최 사실을 알려주는 기사는 성종 원년(982)에 최승로(崔承老)가 국왕에게 올린 「시무28조(時務二十八條)」 중 제13조(『고려사』 93, 16a7-b3)에 처음 나타나는데, 안지원(2005, 53)은 『고려사』 권93을 권39로 오기하였다.

4 연등회 개최일과 내용은 상황에 따라 변화 또는 변경되었다. 즉, 왕실 조상 제사일, 국가 장례일, 한식일, 태조의 유훈, 왕명, 왕의 몽골 조공일, 재상이 죽었을 때, 비 오는 날 등의 경우에는 연등회 개최일이 변경되었으며(김종명 2001, 126; 안지원 2005, 63-64), 왕실 가족이 죽었거나, 국가적 재난이 있을 경우 또는 흉년이 들었을 때는 연등회가 중지되었거나 규모가 축소되어 꽃 장식과 여러 가지 놀이 행사들이 금지되었다(김종명 2001, 127). 사료상 가장 많은 기록을 남기고 있는 고려의 자연재해는 가뭄[旱災]이었는데, 11~12세기에 가장 오랜 기간 동안 가뭄이 연이어 발생하였다(李正浩 2007, 26). 연등회의 개설 일자에 대한 논의는 안지원(2005, 56-64) 참조.

5 아라비아 숫자와 소제목은 원문에는 없으나, 독자 편의를 위해 첨가하였다.

6 도교서는 고려시대 궁중에서 쓰던 도구의 제작과 조각 등 세공을 맡아보던 관아로서, 나무, 돌, 흙과 관련된 전문기술인들도 여기에 속하였다. 이 관청은 고려 초기부터 있었으며, 충렬왕 34년(1308)에 잡작국으로 개칭되었다가, 충선왕 2년(1310)에 다시 도교서가 되었으며, 공양왕 3년(1391)에 선공시에 병합되었다. 문종(1046~1083) 대의 관원으로는 령(종8품) 2인, 승(정9품) 4인, 이속으로 감작 4인, 서령사 4인, 기관 2인이 있었다(송준호). 고려시대의 관부 및 위계 변천에 대해서는 각각 이홍직(1984, 2078-2085) 참조.

7 강안전은 왕경 개성부에 있었던 궁궐의 하나로 내전이었다(강호선 2015, 45). 원래는 중광전(重光殿)이라 불렸다(『고려사』 56, 2a5-9). 『선화봉사고려도경(宣和奉使高麗圖經)』(권제6, 궁전2)에 의하면, 강안전의 위치는 건덕전 서남쪽으로 간주된다(안지원 2005, 64-65). 중광전은 인종 16년(1138)에 강안전으로 개칭되었으며, 명종 1년(1171) 화재로 소실되었다가 명종 10년(1180) 중건된 이후, 여러 차례 중수를 거듭하였으며, 중희문으로 불리던 출입문이 있었다. 역대 국왕의 즉위식이 가장 많이 거행되고, 궁궐 내의 연등회가 주로 개최되던 곳이다. 이 밖에도 군신과의 시회 및 연회, 격구·

상사국(尙舍局)[8]에서는 그 소속 관원들을 인솔하여 (강안)전 위에는 왕을 위한 악차(幄次: 임시 장막)를, 왕의 장막 동쪽에는 편차(便次: 임시 휴게소)[9]를, 그 전면 기둥 밖에는 두 개의 짐승 무늬 화로[10]를 각각 설치한다. 상의국(尙衣局)[11]에서는 왕의 의자 좌우의 기둥 앞[12]에 탁자를 설치하고, 전중성(殿中省)[13]에서는 부계 위 상하 좌우에 등롱(燈籠: 대그릇)[14]

활쏘기 등의 무술 경연, 출정군에 대한 사열, 각종의 책봉 예식, 여진인 및 귀화인의 접견, 소재도량을 비롯한 각종 도량의 개설, 태일신에 대한 초제 등이 이곳에서 자주 행해졌다(『한국민족문화대백과』). 『고려사』 「예지」에 기록된 가례의 일시 및 장소에 대해서는 이범직(1990, 432-434), 이범직(1991, 139-141) 참조.

8 고려 목종(997~1009) 때, 왕의 행차 시 좌석과 음식과 물품 담당 기관으로 설치되었으며, 후에는 사설서(司設署)로 개칭되었고, 9품에서 5품까지의 관리들이 배치되어 있었다(『고려사』 77, 4b2-5a4). 조선시대에는 전설사(典設司) 또는 사설서의 별칭으로 의례 때 장막을 치는 일을 담당하였다(정구복 2004, 16).

9 『동석』(2011, 516)에서는 "幄次를", "便次를"로 번역어 없이 한자어를 그대로 노출시키고 있으며, 이러한 예는 산견된다. 장막을 설치하여 만든 국왕의 임시 거주 공간을 말한다. 차일을 치고 휘장으로 사방을 둘러막은 다음, 그 안에 임시로 어좌(御座)를 설치해 두었다(『동석』 2011, 531).

10 "2개 사자 화로"(『北譯』 6, 396b). 이 부분의 원문은 "二獸爐"(『고려사』 69, 1a9)로, '사자'란 단어는 없다.

11 고려 때 왕의 의복의 상납을 맡아보던 관청. 목종 때부터 상의국이라고 하였으며, 문종 때 정한 관원으로는 봉어 1인, 직장 1인, 이속으로 서령사 4인, 기관 2인, 주의 1인을 두었다. 충선왕 2년(1310)에 장복서로 개칭하였다가 공민왕 5년(1356)에 상의국으로 환원하였으며, 동왕 11년(1362)에 다시 장복서로 개칭하였다가 동왕 18년(1369)에 또 상의국으로 환원시켰으며, 동왕 21년(1372)에 다시 장복서(掌服署)로 개칭하였다가 공양왕 3년(1392)에 공조에 병합되었다(송준호 2004).

12 의례에서 꽂는 꽃은 궁중의 장엄한 위상을 드러내기 위한 장식의 목적과 왕에 대한 공경의 목적을 가지고 있다(김태경 2010, 34a). 중국에서는 약 5,000년 전부터 국화를 불로장생의 약으로 재배했으며, 중양절(重陽節)에는 국화주를 마셨다. 한국인 선조들에게 꽃은 부활과 재생이란 종교적 의미를 지니고 있었는데, 여기서 사용된 꽃은 생화가 아니라 조화였으며, 이는 생명을 소중히 여긴 자연관의 산물이었다. 특히 고려가요에 등장한 꽃은 윗꽃, 국화[黃花], 복숭아꽃[桃花], 연꽃[蓮花](安永姬 1972, 189-194)이란 점에서, 고려의 불교의례에 사용된 꽃도 이러한 꽃들이었을 것으로 추정해볼 수 있을 것이다.

13 고려 왕실의 족보를 맡은 관청으로서, 시대에 따라 전중시(殿中寺), 종정시(宗正寺), 종부시(宗簿寺)로도 불렸으며, 소속 최고 관리의 직급은 3품이었다(『고려사』 76, 35b3-36a8).

을 진열하며, 궁전 뜰에는 꽃동산을 만든다. 내고사[15]는 궁전 뜰의 좌우에 준뢰(樽罍: 술[16] 그릇)[17]를 진열한다.

그날 왕이 치황의(梔黃衣)[18]를 입고, 임시 휴게소에 나오면, 견룡관(牽龍

---

14 등롱은 초롱, 구(篝)라고도 하는데, 이에 대한 설명은 『동석』(2011, 516) 참조.
15 고대 중국에서 내부(內府)는 황실 보물을 뜻하였으며(Hucker 1985, 345), 내고(內庫)는 이 황실 보물을 보관하던 창고였다. 내고는 중국의 남북조시대(420~829)부터 존재하였던 황실 창고였으며, 여기에 보관되어 있던 재물은 황제가 마음대로 쓸 수 있었다. 고려의 내고사는 왕실 창고 관련 관리로 추정된다. 그러나 『고려사』의 「백관지」에는 내고사란 관직은 없으나(이홍직 1984, 2078-2079), 내부시는 있다. 여기서의 내고사는 내고시의 관리로서, 내장택(內莊宅)과 함께 왕실에 직속되어 왕실재정을 담당하던 관청 가운데 하나인 내고의 최고 관료로, 그의 관직은 종6품이었다. 내장택에 부속된 내창(內倉)에는 내장택 소유의 토지에서 생산된 곡물류를 저장한 데 비해, 내고에는 금·은 등의 보물과 포백(布帛)·술·무기 등 현물이 보관되어 있었다(안병우 2002). 문종(文宗, 재위 1046~1083) 때의 내고에는 종6품 1인과 정8품 2인이 소속되어 있었다(『고려사』 77, 11b4-5).
16 『고려사』 「예지」의 가례(嘉禮) 항목은 『주례(周禮)』의 내용에 기초하면서 『신당서(新唐書)』와 『송사』에서 나타나는 가례의 항목을 절충한 것이라고 할 수 있다. 그런데 『주례』의 가례 내용이 『신당서』의 예지에서는 큰 변화가 나타나며, 술 마시는 향음주례(鄕飮酒禮)의 새로운 등장은 그 한 예다. 그러나 『고려사』에는 향음주례는 빠져 있으며, 이 의례는 조선시대에서나 시행되었다(이범직 1990, 427-431). 『고려사』의 기록들에 의하면, 각종 행사 과정에서 참가자들은 술에 만취한 경우가 많았다. 「황하청 만(黃河淸 慢)」의 "백관 만취", 「금전락 만 답가창(金殿樂 慢 踏歌唱)」의 "술을 대하거든 꼭 만취하도록 마시고", 「애월야면지 만(愛月夜眠遲 慢)」의 "좋은 술 가득 부어 취토록 마신 후", 「석화춘조기 만(惜花春早起 慢)」 "한잔 또 한잔 하다 보니 만취하였네", 「천하악 령(天下樂 令)」의 "만취한 후 축수하는 촛불도 휘황한데", 「야심사(夜深詞)」의 "술은 만취되고 밤은 깊어", 「자하동(紫霞洞)」의 "취토록 마시시라 술 사양 말고, 인생은 술통 앞만 한 곳 다시 없을 듯, 백 년을 산들 술보다 더 좋은 것 없으니" 등의 구절들은 그러한 예다(한홍섭 2009, 345-414). 이처럼, 고관들이 만취토록 술을 마신 것도 국왕의 통치술의 한 방편이었는지도 모른다. 현대 대한민국의 박정희(1917~1979)와 북한의 김정일(1941~2011)의 예처럼, 통치자가 신하들의 충성심 등을 살펴보기 위한 수단으로 술을 사용한 역사적 예들이 있기 때문이다.
17 육상국은 음식, 의약 등을 공급하던 여섯 곳의 관청으로 간주되는데, 이에 대해서는 『동석』(2011, 517) 참조.
18 치자로 물들인 황색의 의복으로, 고려시대 국왕이 상원연등소회(上元燃燈小會) 등의 경우 입은 옷이었다(『동석』 2011, 516). 한국 복식 관련 대표적 사전 중의 하나인 김영숙(2004)에는 치황의에 대한 항목은 없다. 대신, "자황색" 항목(김영숙 2004, 317)에서 "소회(小會)에서 치황의(梔黃依)를 입어(高麗史 志卷72) 높은 신분층에서만 사용한 색

官)¹⁹과 중금(中禁)²⁰과 도지(都知)²¹와 궁전 문 안팎의 호위대와 위장대가 산호(山呼: 만세를 부름)²² 후, 두 번 절한다.²³ 그 후, 승제(承制)²⁴원과 가까이서 근시관(近侍官)은 모두 편복(便服: 평상복)²⁵을 입고, 차례로 계단 위의 욕위(褥位: 절하는 자리)로 올라가 서면, 행두(行頭)²⁶가 스스로 "두 번 절하시

깔이다"라고 설명하고 있다. 그러나 『고려사』에는 "志卷72"가 없으며, 이 책에서 치황의에 대한 설명은 "志卷第二十六 高麗史七十二", 정확히는 『고려사』 72, 5a3-4(『北譯』 7, 6a)에 "연등 소회 때는 치잣빛 누른색 옷을 입는다(燃燈小會則服梔黃依)"라고 언급되고 있다. 고려시대에서 황색은 중앙을 상징하였으며, 왕의 옷 색깔이기도 하였다(『고려사』 72, 4b3; 『北譯』 7, 5b). 치황포를 비롯한 조회받을 때 입는 옷[視朝之服]에 대한 상세한 기록에 대해서는 『고려사』 72, 4a9-5b2 참조.

19 견룡은 수레를 끄는 직책을 말하며(정구복 2007a, 132), 견룡관은 국왕의 숙위·의장·경호 등을 맡은 금군 가운데 소속된 개별 군사조직의 하나인 견룡군(牽龍軍)의 지휘관을 말한다(『동석』 2011, 516).

20 액정국(掖庭局)에 소속된 관리로, 하례 등에서 임금을 시종하며 분부를 받드는 관리로 의종 대에는 10명이 있었다(정구복 2007a, 131). 액정국은 고려 건국 초기에는 액정원으로 불렸으며, 성종 14년(995)에 액정국으로 개칭하였다(『고려사』 77, 15a8-9). 송준호는 "조선시대 액정서의 별감 아래에 있었던 심부름꾼의 하나"라고 하나, 위의 기록을 통해서도 이 직은 이미 고려시대 때부터 있었음을 알 수 있다.

21 총책임자를 뜻한다(정구복 2007a, 132).

22 신민이 황제를 칭송하여 만세를 부르는 것을 말하는데, 이 전통은 중국 한나라의 무제(武帝, 142~87 B.C.E.) 때부터 시작되었다(정구복 2007a, 131).

23 중국 고대에서 황제는 종교 경내에서 북쪽을 향해 무릎을 꿇고, 헌주를 땅에 쏟아붓고 윗사람에 대한 아랫사람의 예로서 두 번 절하였다(하워드 J. 웨슬러 2005, 293). 이 점을 고려할 때, 고려의 연등회에서 두 번 절한 것도 신하로서 국왕에 대한, 국왕으로서 왕실 조상에 대한 존경을 뜻한 것으로 이해된다.

24 왕명 출납, 왕에 대한 보위, 군사 관련 중대사 업무 담당 기관인 밀직사(密直司)(『고려사』 76, 10b4), 즉 추밀원의 관원으로 승선(承宣)이라고도 하였다. 정3품의 좌우승선 각 1인, 좌우부승선 각 1인이 있었으며, 원나라의 반식민 시기에는 승지로 개칭되었다(정구복 2007a, 130). 밀직사에 대한 더 상세한 설명은 『고려사』 76, 10b4-12b2 참조.

25 상복(常服)이라고도 하며, 평상시에 입는 옷을 뜻한다(『동석』 2011, 516).

26 행두 또는 항두의 뜻은 '행렬의 우두머리'다(김대식 2009, 10). 행두와 반수(班首)는 의례의 집행을 맡은 임시직이었다. 행두라는 용어는 중국식 용어며, 『고려사』 「예지」의 행두 기사들은 『대당개원례』의 영향이지만, 이것을 실제 의례 용어로 사용한 예는 고려뿐이다. '반수'라는 용어는 『정화오례신의』에 등장하는 용어다. 그리고 고려를 포함한 동아시아 역사서 예지에 나타나는 반수의 사용례와 고려 의례에서 행두와 반수가 사용된 사례 등에 대해서는 김대식(2009, 308-329) 참조.

오"라 한다.[27] 재배가 끝나면, 모두 뜰 동쪽에 나아가, 북쪽을 위로 하고, 서쪽을 향하여 선다.[28] 그다음 상장군[29] 이하 숙위가 궁전 마당에 들어와 횡렬로 동쪽을 위로 하고, 북쪽을 향해 서는데, 행두가 스스로 "두 번 절하시오" 하고 외친다. 끝나면, 동쪽과 서쪽으로 나뉘어 선다. 그다음 전중성(殿中省)과 육상국(六尙局) 등 모든 후전관(後殿官)[30]들이 궁전 마당으로 들어와 절하는 자리로 나아가 두 번 절한다. (절하기를) 마치면, 마당의 서쪽으로 가서 북쪽을 위로 하고, 동쪽을 향하여 선다. 그다음 갖가지 공연자들이 순서에 따라 궁전 마당으로 들어와 연이어 공연을 하고[31], 공연이

---

[27] 고려 관료들도 연등회 행사를 위해 옷을 갈아입었을 것으로 생각되지만, 이와 관련된 현전 기록은 없다. 그러나 중국의 예를 통해서는 이러한 단면을 살펴볼 수 있다. 조회 의례에 대해 자세히 알 수 있게 된 것은 한 왕조(206 B.C.E.~219 C.E.) 초기부터인데(渡辺信一郎 2002, 90), 수(581~618)·당(618~907) 시대의 조회의 구조는 기본적으로 육조시대(229~589)의 것을 계승하였고, 여러 단계의 회의를 통해 국정이 운영되었다(渡辺信一郎 2002, 39). 또한 관료의 조정 공간인 조당의 성립은 전한 후기 선제(宣帝, 73~49 B.C.E.) 이후로 생각되는데(渡辺信一郎 2002, 47), 조당은 의례장소로도 기능하였다. 『대당개원례』에 의하면, 조당은 길례 제사 등의 행사 때 관료들의 제기 장소로서, 관료들은 여기서 공복(公服: 조정 평상복)이나 조복(朝服: 조정 예복) 등으로 갈아입었다(渡辺信一郎 2002, 80).

[28] "재배하고 물러나와 섬'돌 우서편'가에서 북쪽을 우로 하고 동쪽을 향하여 선다"(『北譯』6, 396c); "재배 후, 계단 위 서쪽 가장 자리에 북쪽을 상좌로 동향해 선다"(『동석』0211, 517). 이 번역문들의 원문은 "再拜訖退立於階上西邊東向北上"(『고려사』69, 1b6)이다.

[29] 신라 때는 대장군과 하장군 사이의 무관직이었다. 고려에서는 대장군의 상위직으로서 정3품 무관직이었다. 이군(응양군, 용호군)과 육위(좌우위, 신호위, 흥위위, 금오위, 천우위, 감문위)의 으뜸 벼슬로서 각 1인을 두었으며, 공민왕 때는 상호군으로 개칭되었다. 조선 초기의 정3품 무관직으로 대장군의 상위직이었으며, 후에는 상호군으로 개칭되었다(송준호 2004).

[30] 후전관은 고려시대 국왕의 행차 때 뒤에서 수행하던 관료들을 말하며, 이에 대한 더 상세한 설명은 『동석』(2011, 517) 참조.

[31] 인도의 연등회는 원래 불교 행사였으나, 5세기 초의 기록에 의하면, 축제의 형식을 띠게 되었으며, 이러한 전통은 중국에도 전해져 중국에서는 7세기부터 불교의례에서 오락 예능이 중요시되고 있었다(안지원 2005, 29-33). 고려의 연등회와 더불어 팔관회에서도 백희가무가 공연되었는데, 이 백희가무는 『고려사』「예지」에 기록된 다른 의례에서는 찾아볼 수 없는 것이다(안지원 2005, 66). 그리고 李穡의 「山臺雜劇」(『牧隱集』권33)에

끝나면 퇴장한다. 그다음 교방(敎坊)[32]에서는 음악[33]을 연주하고, 가무[34]단이 출연했다 물러나는 것은 모두 일반적인 의례의 경우와 같다.

는 고려의 가무백희를 살펴볼 수 있는 내용이 집약되어 있다(이원태 2009, 31). 『삼국사기』에 의하면, 가무백희란 표현은 유리이사금 9년(32 C.E.)에 처음 나오며, 고대신라의 가무백희는 왕실과 귀족들을 중심으로 설행되었다. 기록에 의하면 신라의 가무백희는 중국의 산악백희(散樂百戲)의 영향을 받았다. 그리고 고대 한민족의 춤에 대한 용어로 현재 일제강점기부터 통용된 무용이란 개념을 사용하고 있으나, 이는 적합하지 않으며, 고대에는 음악과 춤이 분리되지 않았으므로 가무란 용어를 사용하는 것이 타당하다(김효분 2001, 578-585).

32 교방은 고려시대 음악의 주류인 당악과 향악의 연주를 담당한 가장 핵심적인 음악기구로서 국왕의 행차와 환궁을 위한 연주에서 주도적인 역할을 하였다(한홍섭 2007a, 109-110). 현종 1년(1010) 당시 교방에 소속되어 있던 백여 명의 궁녀를 풀어주기도 하였으나, 충렬왕(1274~1308) 때는 다시 각 지방에서 기예에 뛰어난 창기(倡伎)들을 뽑아 교방의 충실성을 기하였다. 이 제도는 조선시대에도 지속되어, 조선시대 초기에는 관습도감(慣習都監)에서 교방 여기들을 관장하였으며, 1897년의 관제개혁 때는 장악원(掌樂院)을 한때 교방사(敎坊司)로 부르기도 하였다(『한국민족문화대백과』). 중국의 경우, 쟈오팡(敎坊)은 당나라(618~907) 이래 있었던 궁중 음악 관련 관청이었다. 714년 처음 설립되어, 광대와 곡예사를 포함한 연예인 교육도 담당하였다. 시대별 명칭, 위치 등의 차이가 있었는데, 원나라에서 그 수장의 직급은 정4품이었던 반면, 명나라와 청나라 초기에는 정9품이었다(Hucker 1985, 141b). 송준호에는 이 교방이 누락되어 있다.

33 고려시대의 대표적인 음악 장르는 아악, 당악, 향악이다(한홍섭 2007a, 116). 『고려사』「악지」 첫머리에 의하면, 일반적으로 악이란 교양[風化]을 수립하고, 공덕을 상징하는 데 필요한 것이다. 『고려사』「악지」에 대한 주석적 번역은 한홍섭(2009, 216-424) 참조. 연등회에서 연주된 음악은 현대의 한 예술 장르로서의 음악을 넘어서는 더 큰 의미와 가치, 기능 등을 가졌으며, 당시 악을 통해 표현하고자 한 것은 국왕 중심의 고도의 통치철학의 한 형태였다. 악에는 악기 연주와 노래, 춤이 반드시 포함되어 있었는데, 악은 예와 함께 시행된 고대의 통치문화정책의 일환이자, 지배 이념의 표상이었으며, 예의 대상에 따라 악의 내용도 철저히 구분되었다. 연등회 소회일에 교방악대가 주악한 내용은 당악과 향악 또는 그 가운데 하나라고 추정된다. 당악정재 가운데서도 「헌선도(獻仙桃)」와 「수연장」 및 「연화대」가 연등회에서 공연되었음은 명백하다(한홍섭 2007a, 119). 「헌선도」 내용 분석표에 대해서는 안지원 2005, 357, 수연장과 연화대에 대해서는 각각 차주환 1983, 139; 김학주 1994, 277 참조; 한홍섭 2007a, 119에서 재인용. 당악곡 중 헌가악, 수연장, 연화대, 답사행가무, 왕모대가무는 모두 춤과 노래와 음악이 있는 당악정재다. 그리고 당악의 분위기나 취향은 도교적 성향이 가장 뚜렷한데, 헌선도, 수연장, 연화대는 모두 도교 취향 정재여서, 연등회 궁중 연회에서 공연된 당악의 사상적 배경은 도교라 할 수 있다. 향악은 도교적 취향과 불교적 취향을 모두 가진 노래로서 연등회에서 야심사(夜深詞)가 연등회에서 불렸다는 것은 분명하다. 야심사는 군신이 서로 즐기는 뜻이 있는데, 대개 연회가 끝날 때 부르는 노래다. 그 외 무고(舞鼓), 동동(動動),

무애(無㝵) 등도 공연된 것으로 추정된다(한흥섭 2007a, 110-129). 한편, 태묘에서 제사하는 의식에 사용된 음악은 10종류가 넘는다(한흥섭 2009, 204). 궁중음악은 유교의 예악이며, 예악은 예와 악의 조화를 통해 자연의 이치를 실현할 수 있게 한 것이다. 따라서 궁중음악은 사람을 감동시키고 풍속을 변화시켜 바르게 함으로써 백성들에게 윤리와 도덕의식을 북돋우는 목적으로 활용되었다. 궁중음악은 아악, 당악, 향악으로 구성되었다(김태경, 2010, 34-35). 아악의 사상 배경은 유가의 예악사상이며, 아악은 자연과의 조화의 표현임을 뜻한다. 고려시대의 아악에 사용된 악기는 당악이나, 향악에서는 전혀 사용되지 않았는데, 이는 아악이 당악이나 향악과는 다른 의미와 기능을 지닌 음악이었음을 시사한다(한흥섭 2007a, 123-126).『고려사』71, 47b7-48b9에는 속악을 사용하는 절차가 기록되어 있는데, 여기에 따르면, 연등회와 팔관회에서 사용된 음악은 속악 또는 향악이었으며, 이 음악은 원구(圓丘)와 사직(社稷)에 제사할 때와 태묘(太廟), 선농(先農), 문선왕묘(文宣王廟)에 대한 제향에서 두 번째 술잔[亞獻]과 세 번째 막잔[終獻]을 올릴 때 및 조상신을 보낼 때도 사용되었다(『고려사』71, 47a8-9). 그리고 문종 27년(1073) 2월 을해일[1일(震檀學會 1965, 32)]에 교방에서 아뢰기를 "여제자 진경 등 13명에게 전습시킨 답사행(踏沙行)가무를 연등회에서 사용하기를 청합니다" 하니, (왕이) 그 말을 따라 제도화하였다(『고려사』71, 47b2-4). 그러나 이 답사행가무에 대한 기록은『고려사』「상원중동회의」에서는 나타나지 않는다. 그리고『北譯』(6, 541b)에서는 답사행을 "도사행(踏沙行)"이라 하였으나, 이는 원문에 대한 착각의 산물로 보이며, 의미상으로도 답사행이 타당하다.

문종 31년(1077) 2월 을미일에도 연등회를 열고, 왕이 중광전에서 교방(악)을 관람하였는데, 여제자 초영(楚英)이 아뢰기를 "왕모대(王母隊)가무의 인원은 55명이며, 춤을 통해 네 글자를 표현하였는데, (그것은) 군왕만세(君王萬歲) 또는 천하태평(天下泰平)입니다"(『고려사』71, 48a7-b1)라고 하였는데, 왕모대가무에 대한 기록도「상원중동회의」에는 없다. 헌선도(獻仙桃)의 경우, 기녀 한 명이 왕모가 되며(한흥섭 2009, 291-292), 오양선(五羊仙)의 경우 왕모가 다섯 명이다(한흥섭 2009, 306-307). 차주환은 도사행가무(踏沙行歌舞)가 답사행(踏莎行)과 같다는 것을 증명할 근거는 없으나 그것이 고려의 속악은 아니었다고 한다. 여기서 그는 도사행의 사(沙)를 사(莎)로 오기하고 있다. 그에 의하면, 중국에서는 송나라의 안수(晏殊)를 통해 답사행의 정체를 알 수 있다고 한다. 또한, 차주환은 왕모대가무는 중국 송나라의 성수악(聖壽樂)에 나오는 성수대(聖壽隊)의 글자 춤을 조절한 것이며, 왕모대란 명칭도 왕모가 인도하는 춤이란 데서 왔고, 그 명칭도 송 황실과의 관계를 고려하여 성수란 단어 대신 왕모를 썼으며, 춤을 통해 만들어낸 글자도 중국 본래의 것에서 변화된 것으로 추정하였다. 그는 또 이 가무가『고려사』예지에 수록되지 않은 이유로는 대규모 공연이어서 상연하기가 불편하여, 전해지지 못한 것으로 보았다(차주환 1983, 31-35). 한편, 중국에서는 인도로부터 불교의 연등 행사가 전래되기 전부터 전통 습속으로 연등 풍속이 존재하고 있었으며, 중국 한나라의 무제(142~87 B.C.E.)와 서왕모(西王母)와의 설화를 한 예(안지원 2005, 33-34)로 보고 있는데, 왕모대가무의 왕모는 이 서왕모를 지칭하는 것일지도 모르겠다. 한국에서 서왕모에 대한 기록은 고려시대에 나타난다(박정혜 외 2012b, 372). 조선시대의「요지연도(瑤池宴圖)」는 전설 속의 서왕모가 그녀가 살던 곤륜산(崑崙山) 요지에 주 목왕(穆王)을 초대하여 연회를 베풀고 여기에 초대받은 불보살과 군선이 바다를 건너오는 모습을 그린

2) 진전[35] 의식[36]

(1) 봉은사 행차 의식

편전(便殿)[37]에서의 의례가 끝나, 예사(禮司)[38]에서 첫 신호를 알리면,

그림(박정혜 외 2012b, 108)인데, 이에 대한 더 상세한 설명은 박정혜 외(2012, 371-372) 참조. 궁중의 요지연도는 장수나 만수무강의 의미가 강하게 깃든 그림으로서, 한국의 요지연도에는 석가, 보살, 나한, 산신들이 등장하여 불교적 색채가 나타나는 것이 특징이다(박정혜 외 2012a, 114-119). 조선 전기의 요지연도에 대해서는 우현수(1996) 참조. 현대의 중국은 문무제례악 등 전통음악을 적극적으로 복원하고 있으며, 복원 시 대만 음악을 모델로 하였으나, 대만 음악은 한국 음악을 모델로 한 것이다(한국학중앙연구원 2015). 홍윤희(2016, 221-248)는 『산해경(山海經)』에 처음 보이는 서왕모를 둘러싼 일련의 신화가 실크로드의 새 명칭으로 제기된 '제이드로드(Jade Road)'라는 새로운 콘텍스트에 호출되고 해석되는 과정을 논의하고 있다.

34 연등회는 한국무용 발달의 밑거름이 되었으며, 한국무용의 정형화를 확립하였다(김효분 1998, 80).
35 선대 임금들의 초상화를 모신 곳(『北譯』 7, 45b). 송준호는 "조선 때 선원전의 별칭"이라 하나, 이는 고려시대에도 있었음을 알 수 있다. 고려시대의 초상화로는 공민왕(恭愍王, 1351~1374)이 노국대장공주와 함께 있는 부부 초상화가 남아 있다. 고려왕의 조각으로는 1992년 높이 135.8센티미터의 태조 왕건 초상 조각이 개성시 개풍군 해선리에 있는 현릉 옆에서 발견되었는데, 왕건 동상이 쓰고 있는 관은 중국 진(秦, 259~207 B.C.E.)나라 때 황제의 관으로 쓰이기 시작한 통천관(通天冠)이다(노명호 2012, 93; 정은우 2013, 133). 통천관에 대해서는 노명호(2012, 94-97) 참조.
36 의례 가운데 가장 바꾸기 어려운 것이 절일(節日)과 상례(喪禮)다(김대식 2009, 322). 진전에서의 선조 숭배가 연등회를 통해 나타난 것은 10~11세기의 왕권 위협과 거란의 침입이라는 내우외환으로 국가의 존립이 위협받게 되자, 고려라는 국가 공동체의 결속을 위한 통치 이데올로기 차원에서 태조에 대한 신앙이 대두되었기 때문이다(안지원 2005, 71).
37 국왕이 평상시에 거처하면서 정치 업무를 보던 궁전으로, 그 앞문을 각문(閣門)·합문(閤門)이라고 한다. 고려시대에는 선정전(宣政殿)·문덕전(文德殿) 등이 편전으로 활용되었다(한국역사연구회 2002, 52; 『동석』 2011, 517). 각문 또는 합문은 조회 의식을 관장하던 통례문(通禮門)의 별칭이었다(정구복 2007a, 130). 통례문은 조회, 의례에 관한 사무를 담당하였다(『고려사』 76, 33a8).
38 임금이 거동할 때의 의장. 송준호는 조선 국초부터 있었다고 하나, 고려 때 이미 존재하였으며, 의종(1146~1170) 때 정해진 내용에 대해서는 『고려사』 72, 44a1-45b1, 이에 대한 한글 번역문은 『北譯』 7, 45b-c 참조.

노부[39]와 의장대가 구정(毬庭: 무예 놀이마당)에 열 지어 서고, 일산과 부채와 호위대와 의장대도 강안전 뜰의 좌우에 진열 및 정렬하여 태정문(泰定門)까지 이른다. 상사국(尙舍局)에서는 연욕(輦褥: 임금이 탈 수레 놓을 자리)을 궁전 마당 가운데서 북쪽 가까이 동쪽을 향하여 설치하고, 태자와 공·후·백[40] 및 재상[41]들이 절할 자리를 수레 놓을 자리의 남쪽 가까이에서 모두 동쪽을 위로 하고, 북쪽을 향하여 설치한다.

수레를 이끄는 관리가 초요련(軺轤輦)[42]을 끌고 들어와 수레 자리에 놓으면, 예사에서 두 번째 신호를 알린다. 추밀[43] 이하의 모시는 신하[侍臣]

---

39 팔관회 때 간악전으로 나가는 노부의 절차는 의종 때 정해졌는데, 이에 대한 상세한 내용은 『고려사』 72, 45b2-46b1, 이에 대한 한글 번역은 『北譯』 7, 46c-47a 참조.

40 고려의 작(爵)은 공(公), 후(侯), 백(伯), 자(子), 남(男)의 다섯 종류가 있었는데, 시대에 따라 폐지와 복원이 반복되었으며, 그 직급은 2품에서 5품까지였다(『고려사』 77, 44a9-b6). 고려 건국 초기의 왕의 일가 남성[宗親]은 원군(院君), 대군(大君)이라 하였는데, 현종(顯宗, 1009~1031) 이후에는 공·후로 봉해졌다(『고려사』 77, 18a3). 따라서 공·후·백 등은 모두 왕의 종친에게 부여된 칭호로 판단된다.

41 충렬왕 원년(1275)에 관제 개편이 이루어지기 이전까지 재상의 명칭으로 가장 널리 쓰인 용어는 재신(宰臣)과 추밀(樞密)이었다(박영은 2001, 83).

42 초요련에 대한 설명은 이홍직(1984)에는 없다. 초요련은 음력 정월 15일, 연등회, 팔관회 때와 큰 사면을 내릴 때, 왕이 타는 수레다. 『고려사』 「지」 제26(72, 15a5-b1)에는 이에 대한 설명이 상세하며, 그 한글 번역(『北譯』 7, 17b-c)을 요약하면 다음과 같다. 초요련은 종려나무로 뚜껑을 만들고, 붉은 칠을 하였으며, 도금한 구리로 용과 봉을 만들어 장식하였다. 금실, 은실로 누런 반룡(盤龍: '서리고 있는 룡'이라고 하나, 무슨 뜻인지 불명하다)을 짜 넣은 모직으로 만든 요 한 개, 책상 한 개, 장대 한 개를 비치한다. 모두 붉은 칠을 하고, 책상에는 붉은 비단을 깔고 장대는 은빛 용 머리 모양으로 장식하였다.

43 고려 때 왕명의 출납·궁중의 숙위·군기 등에 관한 일을 맡아보던 관청인 추밀원 소속의 관리들. 최고위직은 추밀원사(종2품)였다. 추밀원의 명칭은 시대에 따라 달랐는데, 성종 10년(991)에는 처음으로 설치하여 중추원이라 하였으며, 목종 12년(1009)에는 중대성, 현종 2년(1011)에는 다시 중추원으로 개칭되었다. 헌종 원년(1095)에 추밀원으로 다시 고친 후, 이 명칭은 충렬왕 원년(1275)까지 사용되었으나, 같은 해 밀직사로, 24년(1298)에는 광정원으로 고쳤다. 충렬왕 34년(1308)에는 폐지되었다가 충선왕 원년(1309)에 다시 밀직사를 두고, 공민왕 5년(1356)에는 또 추밀원으로 개칭되어, 11년(1362)까지 사용되다가, 같은 해에 다시 밀직사로 다시 변경되었다(송준호 2004). 중국 송나라의 추밀원과 고려에서의 추밀원에 대한 더 상세한 내용은 정구복(2002, 138-

들이 궁전 마당에 들어와 좌우로 나누어 열 지어 선다. 좌우의 승제와 천우(위)[千牛(衛)]의 상장군과 대장군[44]은 궁전 동서쪽 계단 아래에 서며, 비신장군(備身將軍)[45]과 중금과 도지[46]도 각각 좌우로 나누어 올라가 뜬 계단 위에 서서 (왕의 도착을) 기다린다.

왕이 자황포(赭黃袍)[47]를 입고 궁전에 나와 앉고, (사람들을 조용하게 하기 위한 의장용) 채찍이 울리면, 금위(禁衛: 호위대)가 만세를 부르고 두 번 절한다. 태사국[48]에서 시간을 아뢰면, 좌우의 승제와 천우(위)의 상장군과 대장군이 동·서편 계단으로 올라가 부의(斧扆)[49] 곁에 서면, 좌

139) 참조.
44 고려시대의 군제인 이군육위 중 육위의 하나로서, 2,000명으로 구성되어 있었다. 상장군과 대장군은 천우위의 관원으로서 각각 정3품과 종3품의 무관직이다(송준호 2004). 천우위에 대한 더 상세한 설명은 『고려사』 77, 33a8-b4 참조.
45 송준호에는 나타나지 않는 관직이다. 그러나 중국에는 비신(備身)이란 직책이 북위(386~534)시대 이래 있었다. 북위시대부터 수(脩, 581~618)까지는 황태자의 개인 경호원이었으며, 당나라(618~907)와 송나라(960~1279)에서는 왕실의 경호원이었다(Hucker 1985, 372-373). 고려의 관직 제도가 당나라의 제도를 모방한 신라의 제도를 상당 부분 이어받은 점을 고려하면, 고려의 비신장군은 왕실 경호원의 수장으로 추정된다.
46 "도지(都知)의 지유(持諭) 등은"(『동석』 2011, 518).
47 자황포에 대한 제도는 의종 때 확립되었으며, 왕이 이 옷을 입은 날은 정월 초하루와 동지, 자신의 생일, 대관전에서 큰 연회를 할 때, 의봉문에서 대사면을 선포할 때, 봉은사에서 선대 임금의 초상화에 대한 예를 표할 때, 팔관회 때, 연등대회 때, 원구에서 풍년을 기원할 때, 왕태자의 결혼식 및 왕비와 왕태자 책봉식 때였다(『고려사』 72, 4b9-5a3; 『北譯』 7, 5c-6a). 자황포, 치황의 등은 홍색 계열의 옷으로, 황색은 황제의 복색이었다. 북한에서 제작한 왕건의 초상화에는 자황포를 나타내는 것으로 보이는 황색의 옷을 입고 있다(노명호 2012, 105).
48 고려시대 때 천문, 달력[曆數], 강수량, 시각 등의 일을 담당하던 관청. 고려 초기부터 설치되었으며, 충렬왕 34년(1308)에 사천대와 합하여 서운관으로 하였다가, 공민왕 5년(1356)에 다시 태사국으로 독립하였다. 그러나 공민왕 11년(1362)에는 서운관으로 병합되었으며, 공민왕 18년(1369)에는 다시 태사국으로 독립하였다가, 공민왕 21년(1372)에는 다시 서운관으로 병합되었다. 태사국은 조선시대에는 관상감, 누각전, 태복감, 사천대, 관후서의 별칭이기도 하였으며, 그 기능은 고려시대와 같았다(송준호 2004).
49 빨간 비단에 자루가 없는 도끼 모양을 수놓은 병풍이다(『동석』 2011, 518; 박정혜 외 2012a, 22). 병풍은 중국에서 가장 먼저 제작되었으며, 한국에서도 그 전통은 삼국시

우의 사인(舍人)⁵⁰이 "추밀관 이하 가까이서 모시는 신하[侍臣]⁵¹들은 두 번 절하시오"라고 한다. 그다음 합문⁵²의 관리들이 태자, 공, 후, 백작과 재상들을 인도하여 자리에 들어서면, 사인이 "태자 이하는 두 번 절하시오"라고 한다. 재배가 끝나면, 합문은 태자, 공, 후, 백작 및 재상들을 인도하여 차례로 줄 지어 서쪽으로 나간다. 그다음 섭시중⁵³이 궁

대까지 거슬러 올라간다(박정혜 외 2012a, 17). 중국의 경우, 고대로부터 제왕의 뒤에는 엄호와 위의를 위해 병풍이 설치되었는데, 특히 부의의 전통은 주(周, 1134~250 B.C.E.)대로까지 소급된다. 도끼 모양은 최고의 권력을 상징하는 것으로 중국 고대부터 부의 또는 보의는 군주의 보위를 대신하는 말로 쓰였으며, 군주의 절대적인 지위와 존재를 의미하는 말로도 사용되었다(박정혜 외 2012a, 21). 『예기』에 의하면, 주나라 천자는 제후들의 조회를 받을 때, 부의를 등지고, 남쪽을 향해 서서 큰 위엄을 보였다. 한국의 경우도, 상원연등회와 중동팔관회 때 왕이 앉은 전상에는 부의가 설치되었으며, 선왕의 신주를 모신 태묘에도 자리마다 부의를 쳤는데(『고려사』 권60 지14 예2 길례대사2 태묘), 대한제국기(1897~1910)까지도 그 원형은 보존되었다. 충렬왕(1275~1308) 때 『세종실록』 권50, 12년(1430) 12월 2일(무진)]에 의하면, 고려시대에는 도끼 병풍이나 용 병풍이 어좌에 사용되었음을 짐작할 수 있다. 조선 세종 때의 『오례(五禮)』와 『국조오례의(國朝五禮儀)』의 기록에 의하면, 도끼 병풍은 자루 없는 도끼를 흑백으로 수놓은 붉은 바탕의 비단 병풍이었으므로, 단의(丹扆)로도 불렸으며, 길례에서도 사용되었다. 도끼 병풍은 대한제국까지 왕의 지위와 존재의 상징으로 일컬어졌으며, 흉례 절차에서 보의나 관의를 통해 그 원형은 끝까지 보존되었다. 그러나 어좌와 신위 뒤에는 오봉병이라는 새로운 형식의 병풍으로 대체되었다(박정혜 외 2012a, 21-23).

50 신라시대부터 있었던 관직명이다. 고려시대의 성종 대에 설치된 조회, 제사의 의례 등을 담당하였던 각문(또는 합문 또는 통례문)에 소속된 통사사인(通事舍人)의 약칭으로서 정7품직 4인으로 구성되어 있었다(정구복 2007a, 133). 고려시대에 이 관직의 품계는 시대에 따라 달랐는데, 문종 때 종4품이었으나, 충렬왕 24년(1298)에 정4품으로 올렸다가, 공민왕 5년(1356)에 다시 종4품으로 내렸다. 중서문하성의 기거사인의 품계는 문종 때 종5품으로 정한 것을 공민왕 때 정5품으로 올렸다. 사인은 또한 고려시대 통례문의 한 벼슬로서, 문종 때 통사사인이라 칭하고 정7품으로 정한 것을 충렬왕 34년(1308)에 사인으로 고치고 정6품으로 올렸다(송준호 2004).

51 왕을 옆에서 모시는 신하로서, 승선(承宣)이나 일정한 직급 이상의 내시(內侍)로 구성되었다. 고려시대의 내시는 송나라나 조선과 달리 환관이 아니라, 왕의 측근에서 일을 돕는 궁중의 관리로서 그 직급은 9품에서 3품까지 이르렀다(정구복 2007a, 128-130).

52 고려 때 조회의 의례를 맡아보던 관청. 목종(穆宗, 997~1009) 때부터 설치하고 문종 때에 제도를 완비하였는데, 이후 통례문, 중문 등으로도 개칭되었다(송준호 2004).

53 시중 대리로 생각되는 관직이다. 섭은 대신하여 업무를 처리하는 직위를 말하며, 이에 대한 상세한 설명은 『동석』(2011, 518) 참조. 시중은 고려 성종(981~997) 때 문하시중

전 마당 복판으로 나아가 머리를 숙이고 꿇어 앉아 "모든 준비가 완료되었습니다[外辦]" 하고, 머리를 숙이고 엎드린 후, 일어나 다시 본자리로 물러선다.

왕이 궁전에서 내려와 초요련에 오를 때, 상의봉어(尙依奉御)[54]가 장갑[手衣]을 올리고, 상승봉어(尙承奉御)는 발판[案席][55]도 올려놓는다. 끝나면 수레 앞으로 나서서 머리를 숙이고 엎드렸다가 무릎을 꿇고 수레가 출발할 것을 청한 후 머리를 숙이고 엎드렸다가 일어나 다시 자기 자리로 물러나면 의장대가 움직인다. 채찍을 울리면 추밀과 좌우의 시신들이 앞길을 인도하여 궁전 문을 나설 때, 교방의 악대가 북을 치고 나팔을 분다.[56]

예사에서 세 번째 신호를 하고, 임금의 수레가 태정문에 이르면, 황문시랑은 수레를 멈출 것을 청하고, 사인이 "문·무 여러 관리는 두 번 절하시오"라고 한다. 그다음 황문시랑이 여러 관리가 말에 오르도록 분부를 내릴 것을 청하고, 섭시중은 '좋다'라는 (국왕의) 말을 전한다. 황문시랑은 시신과 장군과 재상[57] 및 문·무 양반들이 말에 오르기를 허락한다는 (국왕의) 분부를 전한다. 사인이 이르기를, "추밀 이하 시신 및 양반 승제원 이하 시신들 중 말을 타야 할 사람들과 육상국과 모든 후전

을 두었고 그 정원을 1명, 품계를 종1품으로 정한 후, 시대에 따른 변화를 거쳤다. 이에 대해서는 『고려사』 76, 3b4-4a3. 고려시대의 관계 및 관직에 대해서는 박용운(1997, 155-212) 참조.
54 임금의 옷을 맡은 정6품 관리.
55 앉을 때 몸을 기대는 기구다(『동석』 2011, 519).
56 "교방 악대가 북을 울리며 나팔을 불어 정신을 가다듬게 한다"(『北譯』 6, 398b). 이 번역문의 원문은 "敎坊樂鼓吹振作"(『고려사』 69, 3a5)인데, 여기서 '振作'의 뜻은 '떨쳐 일으킴'이다. 따라서 '연주한다'가 바른 번역이며, 앞의 번역문에서처럼 '정신을 가다듬게 한다'는 뜻으로 보기는 어렵다. 소회일의 후반부 행사는 봉은사의 진전에 참배하는 의식으로 구성되어 있는데, 이때 연주된 음악은 고취악이다(한흥섭 2007a, 110).
57 장령과 상(『北譯』 6, 398b).

의 관리들은 다 함께 두 번 절하시오"라 한다. 그다음 황문시랑이 어가가 출발하기를 청하면[58], 시신들이 어가를 인도하여 승평문(承平門)[59] 밖에 이르고, 앞에서 인도하고 뒤에서 따라오던 관리들도 모두 말에 오르고, 어가가 봉은사(奉恩寺)의 삼문(三門)[60] 밖에 도달하면[61], 관리들은 말에서 내린다.[62]

(2) 봉은사 진전의식

시신들이 임금의 수레를 인도하여 삼문 안으로 들어가면, 왕은 수레에서 내려 임시 장막으로 들어간다. 그다음 합문(閤門)이 태자 이하를 인도하여 먼저 진전(眞殿)의 문 밖에 이르러 열을 지어 기다린다. 왕이 걸어서[63] 진전의 문 안으로 들어가 북쪽을 향하여 서면, 합문이 태자와 공, 후, 백 및 재신을 인도하여 각자 계단 아래의 절하는 자리로 가

---

58 "다음에 황문시랑이 행차할 것을 칭하고"(『北譯』 6, 398c).
59 고려시대의 정궁인 회경전의 정남문이며, 왕이 정무를 보던 정전인 대관전의 정문이었다. 회경전은 제1정전으로 기능한 궁전이며, 특별한 의례 공간으로 사신 접대나 불교행사에서 가장 중심이 되었던 곳이다(강호선 2015, 45). 대관전은 고려시대 정궁인 연경궁 내에 있었던 전각인데, 초기에는 건덕전이라 부르던 것을 인종 16년(1138)에 대관전으로 개칭하였다. 대관전에서는 크고 작은 조회를 비롯하여 왕의 즉위식, 고위 관원을 임명하는 선마(宣麻), 중국 사신의 영접, 백관에 대한 향연, 복시를 치르고 급제를 주는 일, 출정군의 전송 의식 등이 행해졌다. 이 밖에도 왕이 보살계를 받는다든가, 각종의 도량을 개설하는 등의 불교적 행사 및 태일신에 대한 초제가 자주 열리기도 하였다(『한국민족문화대백과』).
60 대궐이나 관아의 입구에 있는 3개 형태의 문, 곧 정문과 그 왼쪽·오른쪽의 동협문(東夾門)·서협문을 말한다(『동석』 2011, 519).
61 봉은사 진전 행차 시의 위장은 의종 때 규정되었는데, 수행원 총인원수는 약 1,900명이었다(『고려사』 72, 25b2-28b3).
62 연등회 때의 봉은사 진전 행차 시 위의사의 총인원수는 밝혀져 있지 않으나, 위의사들의 인원수를 합산하면 총 1,883으로, 팔관회의 1,964명과 큰 차이가 없다(안지원 2005, 172-173).
63 중국 고대에서 황제는 보통 때는 가마나 말을 타고 다녔지만, 제단으로 올라갈 때는 스스로 걸어 올라갔다(하워드 J. 웨슬러 2005, 267).

서 서쪽을 위로 하고, 북쪽을 향하여 선다. 시신들은 재신들의 뒤에서 반열을 합하여 서쪽을 위로 하고 북쪽을 향하여 서게 한다. 문·무 관리들은 시신들 뒤에서 두 반열의 앞에 선 사람을 선두로 하여, 북쪽을 향하여 마주 보고 선다.[64] 정렬이 끝나, 추밀이 "절하시오" 하면, 왕이 절한다. 다음 사인이 "태자 이하 여러 관리는 모두 두 번 절하시오" 한다. 사인은 왕이 매번 절한 후, "태자 이하 모두 절하시오"라고 하는데, 아래에서도 모두 이에 준한다.

왕이 진전의 마당에 들어서면, 합문은 태자, 공, 후, 백, 재신 들을 인도하여 계단 위의 절하는 자리로 올라선다. 왕이 진전의 문 밖에 도착한 후 추밀이 "절하시오"라고 하면, 왕이 절하고 태자 이하 관리들도 두 번 절한다. 왕이 (진전의) 문 안으로 들어가 두 번 절하고, 술을 부어 올린 후 다시 두 번 절하며, 태자 이하 관리들도 두 번 절한다. 추밀관이 복주[65]를 드리면, 왕은 두 번 절한 후, (그것을) 마시고, 마신 후[66]에는 다시 두 번 절한다. (왕이) 음복[67]하는 전후에는 신하들은 절하지 않으며, (왕이) 진전 문을 나와 두 번 절하면, 태자 이하 관리들도 두 번 절한다. 합문이 태자, 공, 후, 백, 재신 들을 인도하여 계단 아래 절하는 자리에 가 선다.

왕이 문 안쪽 자리로[68] 나아가 북쪽을 향하여 서면, 추밀이 "절하시

---

64 "문, 무 백관들은 시신들의 후면에서 두 발이 수위자를 선두로 북쪽으로 향하여 마주 선 다음"(『北譯』 6, 399).
65 "제 지낸 후의 술"(『北譯』 6, 399b).
66 "음복(飮福: 제 지낸 후 마시는 술)"(『北譯』 6, 399b).
67 제례를 끝내고 나서 제관이 제례에 사용한 술과 제물을 나누어 마시고 먹는 것을 말한다. 음복이란 신이 내리는 복을 받는다는 의미가 있으며, 처음에는 좨주(祭酒)를 마시는 것만 뜻하다가 뒤에 술과 제찬 등 모든 제물을 나누어 먹는 준(餕)의 의식을 지칭하게 되었다(『동석』 2011, 520).
68 "문내 위로"(『北譯』 6, 399b).

오"라고 한다. 왕이 절하면, 태자 이하 관리들도 두 번 절한다. (이것이) 끝나면 재신과 추밀원 관리가 왕을 인도하여 임시 장막으로 돌아간다. 그다음 합문이 태자와 공·후·백 및 재상들을 인도하여 모두 장막으로 나아가고[69], 시신들과 (문·무) 양반들도 삼문 밖으로 나가 열 지어 서는 것은 일상 시 의례와 같다. 수레를 끄는 관리가 평두련(平兜輦)[70]을 끌고 와 수레 놓는 자리에 들여놓은[71] 다음, 예사에서 신호를 하면, 왕은 자황포를 입고 나와 평두련에 오르고, (이때) 의장용 채찍을 울린다.[72]

3) 환궁 행차 의식

황문시랑이 임금의 수레가 움직이도록 청하면, 의장대와 호위대가 출발하고 임금의 수레도 삼문 밖으로 나간다. 황문시랑이 임금의 수레를 멈추도록 청하고, 관리들이 말을 타도록 (임금이) 분부를 내릴 것을 아뢰면, 섭시중이 "좋다" 하신다고 전한다. 황문시랑은 시신, 관원, 장령, 문·무 양반 들에게 말에 오르기를 허락한다는 분부를 전하며, 사인이 "추밀 이하 시신과 양반과 말을 타야 할 사람들은 모두 두 번 절하시오"라고 외치는데, 이는 올 때의 절차와 같다. 그다음 황문시랑은 임금의 수레가 출발하기를 청하면, 관리들은 모두 말을 탄다. 왕의 수레가

---

69 "장막으로 나가고"(『北譯』 6, 399c). 그러나 "장막으로 나가고"는 뜻이 통하지 않는다.
70 "임금이 타는 수레"(『北譯』 6, 399c). 평두련은 고려시대 국왕이 행차할 때 타던 가마 내지 수레의 일종이다(『동석』 2011, 520).
71 "들여 세운다"(『北譯』 6, 399c).
72 의종(毅宗, 1146~1170) 때 규정된 연등회에 왕이 친히 봉은사 진전으로 거동할 때의 위장에는 인가 교방악관 100명이 포함되어 있었다(『고려사』 72, 28b1). 그러나 봉은사에서의 진전 참배 때 음악을 연주하였다는 기록은 없다(한흥섭 2007a, 110).

태정문으로 들어와 강안전 마당에 이르면, 왕이 수레에서 내려 궁궐에 오르고, 합문이 "시신 등과 각 지후[73] 및 추밀 이하 좌·우 시신들은 읍한 후[74] 물러나시오"라고 한다.

2. 대회일 행사

1) 편전의식

대회일에 궁전에 앉아 있던 왕이 나와 임시 휴게소로 가는 것과 승제원, 시신, 합문원과 여러 숙위, 중금, 도지, 견룡관 및 궁전 문 안팎의 호위대와 위장대와 관련된 절차와 교방의 주악 연주 방식은 모두 소회의 절차와 같다.

2) 진설 및 준비의식

임시 휴게소에서의 의례가 끝나면, 다방(茶房)에서는 왕의 자리 앞에 과일상을, 좌우 꽃상 남쪽에는 술상을 차린다. 상사국에서는 왕태자의 자리를 왕의 자리 동남쪽에 서쪽을 향하여 마련하고, 공·후·백작의

---

[73] 고려시대 조회의 의례를 담당하던 관서인 각문 또는 합문의 정7품직으로 정원은 4명이었다. 이에 대한 더 상세한 설명은 정구복(2007a, 132-133) 참조. 문종 때 정7품으로 정하였는데 신종(神宗, 1197~1204) 때 참상으로 올렸다. 조선시대의 참상은 6품관 이상 정3품 당상관까지의 계급을 일컫던 말이었다. 7품관 이하를 참하 또는 참하관이라 하여, 참상과 참하 사이에는 대우상 차이가 컸으며, 참하에서 참상으로 승진하는 것을 승육(陞六) 또는 출육(出六)이라 하였다(송준호).

[74] "절하고"(『北譯』6, 400a).

자리를 왕의 자리 서남쪽에 동쪽을 향하고, 북쪽을 위로 하여 설치한다. 태자가 참석하지 않으면, 공·후·백은 좌우로 갈라서고, 좌우 추밀의 자리를 뜬 계단 위의 북쪽 가까이 서로 마주 보게 정하며, 좌시신의 자리는 좌추밀의 동쪽에, 우시신의 자리는 우추밀의 서쪽에 정한다. 태자와 공·후·백의 과일상은 앉기 전에 미리 차려둔다.

상승국(尙乘局)에서는 반룡선(盤龍扇)[75]과 공작선(孔雀扇)과 홍수선(弘繡扇)[76]을 궁전 마당 좌우에 진열하고, 수정장(水精杖)은 왼쪽에, 큰 도끼와 작은 도끼[鉞斧][77]는 오른쪽에 둔다. 상사국에서는 순서대로 태자, 공·후·백, 추밀의 절하는 자리를 궁전 뜰 중심에서 남쪽 가까이 북쪽을 향해, 동쪽을 위로 하여 설치하고, 시신의 자리는 추밀의 뒤에 횡렬로 반열을 합하여 동쪽을 위로 하고 모두 북쪽을 향하여 정한다.

자리 배치가 끝나면, 좌우의 승제, 시신, 합문원, 육상국과 여러 후전관은 공복으로 갈아입고, 천우위의 상장군과 대장군, 비신장군, 견룡반, 중금, 도지 등 여러 호위대와 의장대는 각각 장비와 복장을 착용한다. 좌우 승제와 천우위의 상장군과 대장군은 궁전의 동서쪽 계단 아래로 가 서고, 비신장군과 중금과 도지와 지유는 각각 좌우로 나누어 뜬 계단 위에 올라 국왕을 기다린다. 국왕이 자황포를 입고 궁전에 나와 앉으면, 채찍을 울리고, 금위가 만세를 부르고 두 번 절한다.

태사국(太史局)에서 시각을 알리면, 좌우 승제와 천우위의 상장군과

---

75 용이 포개어 감겨진 형태를 그린 부채다. 고려시대에는 공작선(孔雀扇)·홍수선(紅繡扇)과 더불어 국왕이 연등회 행사와 중동팔관회 등의 행사 참여 때 수행하던 의장대의 행렬에 포함되어 장식되었다(『동석』 2011, 521).
76 붉은색으로 수놓은 부채.
77 월부장(鉞斧杖)이라고도 하며, 국왕의 권위를 상징하는 큰 도끼와 작은 도끼로, 의장용 가운데 한 종류이다(『동석』 2011, 521).

대장군은 북쪽으로부터 서쪽 계단에 올라[78] 도끼 머리 모양을 수놓은 병풍[斧扆][79]의 좌우에 선다. 합문원들은 궁전 뜰로 나아가 횡렬로 가면서, 북쪽을 향하고, 동쪽을 위로 하여 서고, 우두머리가 스스로 "두 번 절한 후, 춤추고[舞蹈][80], 또 두 번 절하고, 성스러운 몸(국왕)의 만복을 아뢴 후, 또 두 번 절하시오"라고 외친 후, 좌우로 나누어 선다.

3) 연회 의식

(1) 첫째 단계

합문은 각각 태자와 공·후·백 및 추밀과 시신을 인도하여 절하는 자리에 들어선다. 사인이 "태자 이하는 두 번 절하고, 춤춘 후, 또 두 번 절하고, 성스러운 몸의 만복을 아뢴 후, 두 번 절하시오"라고 외치면, 태자가 걸어 나가 국왕의 성덕을 칭송하는 말과 참석하게 해준 데

---

78 "동서의 계단을 올라가"(『동석』 2011, 522). 이 부분과 관련, 『동석』(2011, 522)에서는 "원문은 '자북서계승(自北西階升)'이라 되어 있으나, 앞의 내용으로 보아 '북(北)'은 '동(東)'의 오기로 짐작된다"고 한다.

79 "병풍"(『北譯』 6, 401a). 그러나 부의는 그냥 병풍이 아니며, 도끼 머리 문양을 수놓은 병풍으로 국왕의 거소에 설치된다(『동석』 2011, 522).

80 무도(舞蹈)는 고대 중국의 의례 변화의 산물로 간주되고 있는데, 무도의 기원에 대해 확실히 알 수 있는 자료는 없으나, 『자치통감(資治通鑑)』 권179에 의하면, 수 왕조였던 600년의 기록이 가장 빠른 것이다. 『예기(禮記)』, 『시경(詩經)』 등에 의하면, 무도는 말로서는 표현하기 힘들 정도로 큰 황제의 은혜를 손과 발로 표현한 것을 뜻한다. 재배무도 혹은 만세무도는 황제에게만 하는 행위였고, 황제의 은혜에 대한 더할 나위 없는 환희를 나타냄과 동시에 황제에게 신종을 표현하는 신체의례였다. 당 왕조에서는 연회의례로서의 답례품 하사와 잡기공연이 의례로서의 의미를 퇴색시키면서 의식과 공연으로 변해갔으며, 특색 있는 행위로서 무도가 등장하였다. 무도를 할 때는 무언가 소리를 내면서 손과 발을 움직였다. 고래 조정과 무가의 예식, 관직, 법령 등을 기록한 일본의 『습개초(拾芥抄)』에 의하면, "재배하고, 홀을 놓고 서서 좌로 했다가(움직였다가) 우로 했다가 좌로 한다. 앉아서 좌로 했다가 우로 했다가 좌로 한다. 홀을 잡고 작은 절을 하고, 서서 다시 절한다"라는 동작 설명이 있는데, 고대 중국의 무도 동작이었는지는 문제로 남지만, 참고는 된다(渡辺信一郎 2002, 136-141).

대한 감사 말씀을 아뢰고, 다시 자리로 물러간다. 사인이 "두 번 절한 후, 춤추고, 또 두 번 절하시오"라고 외치면, 좌집례관이 국왕의 지시를 받아 궁전에서 내려와 태자의 동편으로 가서 북쪽으로 궁전을 향하여 읍하고[81], 서쪽을 향하여 궁전 위로 올라오라는 국왕의 분부를 전한다. 사인이 "태자 이하 두 번 절하시오"라고 외치면, 합문원이 동·서로 나누어, (그들을) 궁전 위로 인도하면, 좌우의 집례관이 이어 받아 정해진 좌석으로 가서 바로 서고, 공·후·백은 동서로 나뉘어 자리를 잡는다. 왕이 근시관에게 차를 올리라고 명령하면, 집례관은 궁전을 향하여 허리를 구부려 (왕에게 차를) 권한다.

술과 음식[82]을 올릴 때마다[83] 집례관은 모두[84] 궁전을 향하여 허리를 구부리고 권하는데, 후에도 모두 이와 같이 한다. 다음에는 (왕이) 태자 이하 시신들에게 차를 주는데, 차가 이르면, 집례관은 "절하시오"라고 아뢰고[85], 태자 이하는 두 번 절한다. 집례관이 "마시시오"라고 하면, 태자 이하는 모두 마시고, 마시기를 마치면, 읍한다. 태자 이하 시신들

---

81 "태자의 동북쪽으로 가서 궁전을 향해 읍한 다음"(『동석』 2011, 522). 읍은 절을 해야 할 대상에게 절할 수 없을 때 간단하게 공경을 나타내는 예의 하나로 두 손을 맞잡아 얼굴 앞으로 들어 올리고 허리를 앞으로 공손히 구부렸다가 펴면서 손을 내리는 행위다(김태경 2008, 33; 김태경 2010, 32에서 재인용).

82 연등회에서는 세 가지 요리[三味]로 주식이 제공되며, 대관전 연회 때는 여덟 가지 요리[八味]가 제공된다(안지원 2005, 82). 이 부분은 『고려사』 권68 지22 예10 가례 대관전 연군신의(大觀殿宴君臣儀)(『고려사』 68, 1a1-8a1)에 나타나며, 『北譯』에서는 삼미(三味)를 "음식상을 세 번째 바꾸어 드림"(『고려사』 68, 5a8; 『北譯』 6, 362)으로, 팔미(八味)를 "여덟 번이나 음식을 바꾸어 줌"(『고려사』 68, 7a4; 『北譯』 6, 364)으로 번역하여, 안지원과는 다른데, 나는 문맥상 『北譯』의 번역을 따른다.

83 "음식을 올릴 때마다"(『北譯』 6, 401c).

84 "언제나"(『北譯』 6, 401c).

85 찬배는 관리들이 국왕을 접견할 때 예식을 보좌하는 관리가 의례 절차를 말하는 것이다(『동석』 2011, 523).

에게 술과 음식을 차려줄 때마다[86], 좌우의 집례관들은 "절하시오", "마시시오", "먹으시오"라 하며, 후에도 모두 이에 준한다.[87]

다음에는 집례관이 태자와 공·후·백, 추밀, 모시는 신하들을 인도하여 절하는 자리로 나아가고, 태자 이하가 (왕에게) 헌수[88]할 때마다[89], 상사국에서는 절하는 자리에 요를 폈다가 (잔을 올린) 후에 걷어 가는데, 이후에도 모두 이와 같이 한다.

집례관이 "태자 이하 두 번 절하시오"라고 외치면, 헌수원은 계단 위에서 절하고, 모든 집례관이 외친 후에도 모두 이와 같이 한다.[90] (태자는) 꿇어 앉아 "신 아무개 등은 정월 초하루의 성대한 모임을 엎드려 맞이하여, 크게 경축함을 이기지 못하오며, 삼가 (전하께) 천만세의 장수를 기원하는 축배를 올리고자, 엎드려 전하의 뜻을 기다립니다"라고 아뢴다. 집례관은 동쪽 계단에서 궁전에 올라와 왕의 자리 동남쪽으로 가서 머리를 숙이고[俛] 엎드렸다가 꿇어 앉은 후 (이 말을) 아뢴다. 승제가 이 말씀을 (왕에게) 전해 아뢰면, (왕이) "좋다"고 한 것을 승제가 (다시) 전하여 말한다.[91] 집례관은 머리를 숙이고 엎드렸다가 일어나 태자의 동편으로 물러가 북으로 궁궐을 향하여 읍하고[92], 서쪽으로 향하여 (왕이) "허락한다"라는 말씀을 전한다. 모든 집례관이 나아가고 물러가

---

86 "음식을 차려줄 때마다"(『北譯』 6, 401c).
87 『고려사』 「예지」에 기록된 가례들 중 연회의 유무에 대해서는 이범직(1990, 438-440) 참조. 특히, 「상원연등회의」의 연회에 대해서는 이범직(1990, 439) 참조.
88 상수(上壽)라고도 하며, 회갑, 칠순, 팔순 등의 잔치 때, 장수를 기원하면서, 술잔을 올리고 축수하는 의식을 뜻한다(『동석』 2011, 523).
89 "헌수할 때마다"(『北譯』 6, 401c).
90 "집례관의 구령에 따라 태자는 두 번 절하고, 집례관의 구령에 따라 잔을 올리는 관원들은 올릴 때마다 계단 위에서 두 번 절하는데 뒤에도 모두 이 격식을 따른다"(『동석』 2011, 523).
91 "승제가 말씀을 전하면 '좋다'고 한다"(『北譯』 6, 402a).
92 "태자의 동북쪽으로 가서 궁전을 향해 읍하고"(『동석』 2011, 523).

는 절차는 이후에도 모두 이에 준한다.

(집례관이) "태자 이하 두 번 절하시오" 하고, (절하기가) 끝나면, 태자와 상공을 인도하여 세수하는 곳으로 나가서 손을 씻은 다음 술을 땅에 붓는다.[93] (이것이) 끝나면, 시신 두 명이 잔과 주전자를 받들어 먼저 오른다. 잔을 올릴 때마다 근시관이 주전자와 잔을 받들어 먼저 올라가고, 태자와 상공은 동쪽 계단에서 궁전 위로 올라 머리를 숙이고, 엎드렸다 일어나, 왕의 자리 왼쪽으로 나아가 서쪽을 향하여 꿇어 앉는다. 태자는 잔을 받들고, 상공은 주전자를 받들어 술을 따른다. 왕이 잔을 들면, 음악이 시작되고[94], 술을 마신 다음에는 음악이 멎는다.

태자가 빈 잔을 받으면, 근시관이 잔과 주전자를 건네받아 약간 물러나 꿇어 앉는다. 태자와 상공이 머리를 숙이고, 엎드렸다가 일어나, 궁전 아래로 내려가서 절하는 자리로 나아간다. 집례관이 "태자 이하 시신은 두 번 절하고, 춤춘 후, 다시 두 번 절하시오"라고 한다. 마치면, 각자 위치로 나아간다. 다음에는 태자 이하 시신들에게 술을 돌리는데, 집례관이 마시기를 고한다. 태자 이하는 두 번 절하고, 잔을 잡으면, 음악이 연주되고[95], 마신 후 읍을 하면, 음악이 멎는다. 다음에는 시신들

---

93 "술을 땅에 조금 찌운다"(『北譯』 6, 402b).
94 연등회 대회일의 음악은 아악 가운데 헌가악으로서 철저히 국가의 상징인 왕을 중심으로 연주되었는데, 헌가악의 사상적 배경은 유가의 예악사상이었다. 고려 왕의 경우, 가수는 12명, 무용수는 48명인 반면, 중국의 천자는 가수 34명, 무용수는 64명이었다. 따라서 고려는 제후국의 예에 따라 헌가악이 연주되었다. 그러나 고려시대 헌가악의 연주단을 최소 152명에서 최대 304명으로 보면, 현재 뉴욕 필하모니 오케스트라의 연주단원이 대략 110명인 것과 비교해볼 때, 그 규모가 엄청났음을 알 수 있다(한흥섭 2007a, 113-123).
95 태자 이하가 음주할 때 주악이 연주되는 것은 이 술을 왕이 하사하였기 때문이다(한흥섭 2007a, 112). 연등회의 공식 의례에서는 유교적 예악사상이 지배적이었으나, 연회에서는 도교 취향과 불교적 분위기의 당악과 향악이 함께 공연되었다. 따라서 연등회 음악은 유불도가 공존, 융합하였던 고려사회의 특징을 상징적으로 보여주었다(한흥섭 2007a, 130).

이 술과 음식을 (왕에게) 드리고, (왕은) 태자 이하 시신들에게 술을 내리는데, 음식을 베푸는 절차와 음악이 시작되고 그치는 것은 (위의) 절차와 같다. (술과 음식을 왕께) 세 번 올리고, (술과 음식이 왕에게서) 두 번 내려온 후[96], 집례관은 공·후·백 및 추밀과 시신들을 인도하여 절하는 자리로 나아가 "태자 이하는 두 번 절하고, 꿇어 앉아 임금님의 천만세 장수를 기원하는 술을 드릴 것을 아뢰시오"[97]라고 한다. 집례관은 왕이 앉은 자리 앞으로 나아가 (이 말을)[98] 꿇어 앉아 아뢴다. 승제가 "좋다 하신다"라고 (왕의 분부를) 전하면, 집례관은 (그 말을) 이어 "태자 이하 시신은 두 번 절하시오"라고 한다. 태자와 공·후·백 및 추밀들은 손 씻는 곳으로 가서 손을 씻는다.

(2) 둘째 단계

왕이 임시 휴게소에 들어가 잠시 지난 후 궁전에 나와 앉으면, 시신이 꽃을 담은 함을 들고, 또 다른 시신 두 명이 잔과 주전자를 받들고 먼저 오른다. 태자 이하와 추밀관 이상은 궁전 위에 올라가 머리를 숙이고, 엎드렸다가 일어난다. 태자가 왕의 좌석 왼쪽으로 가서 서쪽을 향하여 꿇어 앉으면, 승제원이 꽃 한 가지를 집어서 태자에게 준다. 태자가 꽃을 받들고 꿇어 앉아 (왕에게) 드리면, 음악이 연주된다.[99] 승제원이 또 한 가지를 집어 태자에게 주면, 태자는 꿇어 앉아 왕에게 두 번

---

96 이 부분의 원문은 "進三昧雙下後"(『고려사』 69)인데, 여기서는 『동석』(2011, 524)을 따랐다. 한편, 『北譯』(6, 403a)에서는 "음식을 세 번 련거퍼 쌍으로 내여 올 때"로 번역하였다.
97 "태자 이하 재배 궤, 주청 상천 만세 수주"(『北譯』 6, 403a).
98 "이 말을"(『北譯』 6, 403a).
99 꽃을 주고받는 의례에서 꽃은 '영생불멸의 영원함'을 상징하는 것으로 추정된다(한홍섭 2007a, 113). 연등회 대회일에 교방악은 공연되었으나, 백희잡기가 포함되었는지는 불명확하다(한홍섭 2007a, 111).

꽃을 드리는데[100], (드리는 꽃은) 모두 열두 가지에 달한다.[101] 헌수원은 꽃을 두 가지 또는 서너 가지를 드리기도 하는데, (꽃을 드리는 사람의 수에 따라) 많거나 적게 나누어 드린다.[102]

왕이 꽃을 꽂으면, 태자는 조금 물러나 머리를 숙이고 엎드렸다가, 꿇어 앉는다. 공·후·백과 추밀도 계속 나아가 꽃을 드리는 것은 위의 절차와 같은데, (이 절차가) 끝나면, 음악이 멈춘다.[103]

태자가 머리를 숙이고, 엎드렸다가 일어나 왕의 좌석 왼쪽으로 가서 잔을 받들고 꿇어 앉으면, 공·후·백과 추밀이 차례로 주전자를 들어 술을 따르고, 악관들이 계단 위로 올라가 음악을 연주한다. 왕이 잔을 들면, 음악이 연주되고, 술을 마신 다음, 음악이 멈춘다. 태자가 빈 잔을 받아 근시관에게 주면, 근시관은 잔과 주전자를 받아 조금 물러나 꿇어 앉는다. 태자 이하가 머리를 숙이고 엎드렸다가 일어나 궁전 아래로 내려가 절하는 자리로 가면, 집례관이 "태자 이하 시신은 두 번 절한 후 춤추고, 다시 두 번 절하고 춤춘 후 또 두 번 절하시오"라고 한다.

집례관이 "몸을 굽히시오"라고 하면, 추밀 이상은 모두 몸을 굽힌다. 집례관이 특별히 잔을 돌려준다고 전하면, 추밀관 이상은 모두 두 번 절한다. 시신 두 사람이 (왕이 신하들에게) 돌려줄 함에 담은 꽃과 봉지

---

100 "태자가 꽃을 받들고 꿇어 앉아 임금에게 드릴 때 주악이 시작되어 다음에 아래와 같은 예식이 끝난 다음에 주악이 멎는다. 승제원이 또 한 가지를 집어서 태자에게 주고 태자는 꿇어 앉아 왕에게 드린다"(『北譯』6, 403b). 여기서 "다음에 아래와 같은 례식이 끝난 다음에 주악이 멎는다"라는 원문에는 없다.
101 "선참으로 드리는 꽃이 모두 12가지에 달한다"(『北譯』6, 403b). "어화(御花) 한 묶음은 모두 열두 가지로"(『동석』2011, 524).
102 "헌수원이 세어 나누어 드린다"(『北譯』6, 403b).
103 "공, 후, 백작 및 추밀관들도 계속 우에서와 같이 꽃을 드린다"(『北譯』6, 403b). 그러나 403b에서 이후의 "마치면, 음악이 멈춘다(訖樂止)"(고려사 69, 9a1)는 누락되어 있다.

약과 하사한 과일[宣果]¹⁰⁴과 주전자와 잔을 받들어 먼저 오른다. 태자는 왕의 좌석 왼쪽으로 나아가 머리를 숙이고, 엎드렸다가 꿇어 앉는다. 승제가 꽃을 집어 (왕에게) 올리면, 왕이 (받은 꽃을) 손수 하사할 때, 음악이 연주된다. 태자는 (받은 꽃을 머리에) 꽂은 후, 머리를 숙이고 엎드렸다가 물러나 꿇어 앉는다. 공·후·백과 추밀도 차례로 나아가 꽃을 받는 것은 위의 절차와 같은데, (이 절차가) 끝나면, 음악이 멈춘다.

태자가 왕의 좌석 왼쪽으로 나아가 머리를 숙이고 엎드린 후 꿇어 앉으면, 승제가 봉지약을 집어 꿇어 앉아 (왕에게) 올리고, 왕은 손수 (그 봉지약을) 하사한다. 태자가 (봉지약을) 받은 후, 승제는 주전자를 받들고, 시신은 잔을 받드는데, 승제가 (태자에게) 술을 따르라고 아뢰면, 태자가 조금 앞으로 나가 잔을 받는다.

시신은 (태자의 술잔을) 전해 받아 궁전 위의 동쪽 벽 태자가 술 마시는 자리에 나아가 서고, 또 승제는 (왕이) 하사한 과일을 태자에게 준다. 태자는 (이 과일을) 받은 후, 머리 숙여 엎드렸다가 일어난 후, 술 마시는 자리로 물러가 선다. 공·후·백, 추밀이 차례대로 나아가 돌려준 것을 받는 것도 위 절차와 같다. 집례관이 "마시시오"라고 아뢰면, 태자 이하는 왕의 좌석을 향하여 읍을 하는데, (이때) 음악이 연주되고, 다 마시고 나면 음악이 멈춘다. 시신들은 각자 (다 마신) 빈 잔을 받고, 태자 이하는 읍한 후, 궁전 아래로 내려가 절하는 자리로 나아간다. (집례관이) "두 번 절하고 춤추고, 또 두 번 절하시오"라고 하면, (그들은) 각자 자리로 나아간다.

집례관이 좌우의 시신들에게 꽃과 술을 베풀어준다고 전하면, 시신들

---

104 '宣果'의 번역은 '과실'(『北譯』 6, 404a; 『동석』 2011, 527), '선과'(『동석』 2011, 525), '국왕이 하사한 과일'(『동석』 2011, 527) 등으로 다양한데, 국왕이 하사한 과일이 선역으로 생각된다.

은 모두 두 번 절한다. 시신은 하사한 꽃과 술과 과일을 살핀다. 시신들이 꽃을 머리에 꽂고 잔을 잡으면 음악이 연주되고 술을 다 마시고 나면 음악이 멈추고 시신들은 두 번 절한다. 다음, 근시관과 장수들에게 꽃과 술을 베풀어주라고 전하고, 다음에는 양부의 악관들과 산대악인[105]들에

---

105 산대는 규모와 형태에 따라 대산대(大山臺), 예산대(曳山臺), 다정산대(茶亭山臺) 등 여러 종류가 있으며 중국에서는 오산(鰲山)이라는 명칭으로 불렸는데(김승국 2016), 산대악인은 산대색(山臺色)과 함께 산대잡극(山臺雜劇)을 공연하던 악공을 말한다. 산대잡극은 산 모양이나 산과 같이 높은 채붕(綵棚)을 설치하고 그 위에서 연출되던 노래와 무용이다. 채붕이나 산대는 단순히 공연과 유흥을 위한 장소가 아니라 신(神)을 모시고 교감하는 신성한 공간인 셈이다. 즉 채붕은 제사를 올리는 제장(祭場)으로서 신성한 장소(이원태 2009, 26)로 보기도 한다. 고려시대에는 연등회·팔관회의 행사와 더불어 원나라에서 국왕의 환국잔치나 국가의 경사 때 공연되었다. 고려 예종 때는 중국의 나례(儺禮) 영향을 받아, 연극적인 요소가 가미되어 가면극이 되었다(『동석』 2011, 526). 그동안 대부분의 학자들은 산대와 채붕을 동일한 것으로 추정했다. 채붕, 즉 산대의 유래에 대해서는 김일출(1959, 83-114) 참조. 이익(李瀷, 1579~1624)의 『성호사설(星湖僿說)』에 의하면, 채붕산은 고려의 풍속으로서, 자신이 살던 조선(1392~1910)에서는 도감을 따로 두고, 좌우 두 개의 채붕 위에서 새로운 기예[新奇]를 다툰다고 하였다(윤광봉 2012a, 51). 그러나 최근 산대와 채붕의 그림이 발견되어, 양자는 다른 구조물임이 밝혀졌다. 조선시대의 기록이기는 하지만, 『화성성역의궤(華城城役儀軌)』에는 1796년 10월 16일에 화성 성역의 완성을 축하하는 「낙성연도」가 있는데, 여기에 산대와 채붕의 기록과 그림이 있다(전경욱 2012, 99-101 참조). 『정리의궤(整理儀軌)』의 「낙성연도(落成宴圖)」는 김승국(2016) 참조. 『사원(辭源)』에 의하면, 채붕은 "나무를 엮어 비단 장막으로 덮은 것[謂木張綵以爲覆蔽也]"을 말한다. 보통 채붕(綵棚)이라 쓰이지만, 채붕을 구성하는 화려한 비단을 강조하기 위해 채붕(彩棚)이라 쓰기도 한다(허용호 2003; 전경욱 2008, 19에서 재인용; 전경욱 2012, 100). 채붕 안의 모습은 『고려사』 129, 40b9-41a3 참조. 여기에는 고려 후기 최이(崔怡, ?~1249)가 연등회를 개설했을 때, 채붕을 가설하고 잡희를 공연케 한 내용이 기록되어 있다(전경욱 2012, 103). 이극돈의 『봉사도』(이극돈 1999)에는 산대가 소개되어 있다(전경욱 2012, 101-102). 『봉사도』에 나타난 연희 그림 및 산대 그림에 대해서는 김승국(2016)과 전경욱(2012, 102) 참조. 『악학궤범(樂學軌範)』 속에 수록된 향악정재(鄕樂呈才)에 쓰는 산 모양의 침향산(沉香山)은 산대를 본 딴 무구(舞具)로 보이는데(김승국 2016), 이에 대한 그림은 김승국(2016) 참조. 1798년에 이만영이 편찬한 『재물보(才物譜)』도 채붕은 산대와 다른 구조물임을 밝히고 있다. 이 책에 따르면, 산대는 산붕, 오산, 오봉과 동일한 것으로 산처럼 붕을 엮어 그 안에서 놀이를 베푼 것이며, 채붕은 비단을 엮어 붕을 만든 것이다(김은영 2003, 77-82, 전경욱 2012, 102에서 재인용).

게 꽃과 술을 베풀어줄 것을 전하고, 시봉 군인[106]들에게는 술과 과일을 베풀어준다. 끝나면, 집례관이 왕의 명령을 받아, 앉으라 하면, 태자 이하 시신들은 두 번 절하고, 자리에 가 앉는다.

술과 음식이 들어오고, 태자 이하 시신들이 술을 마시고 음식을 먹을 때, 음악이 연주되고, 멈추고 하는 것은 보통의 절차와 같다. (왕에게서) 특별 잔이 이르고, 시신들이 왕의 장수를 빌기 위한 술잔을 올릴 차례가 되면, 집례관은 시신들을 인도하여 절하는 자리로 나아가서 합반하여 선다. 집례관이 "시신들은 두 번 절하고, 꿇어 앉아 임금님의 장수를 기원하는 술을 올릴 것을 임금님께 아뢰시오"라고 한다. 집례관이 궁전에 올라가 꿇어 앉아 (이 말을) 아뢰면, 승제는 (왕이) 허락하였음을 전한다. 시신들이 (잔을 올리기 전에) 손을 씻는 것은 모두 위의 절차와 같다.

(3) 셋째 단계

왕이 임시 휴게소에 들어갔다가 잠시 지난 후, 궁전에 나와 앉으면, 근시관이 주전자와 술잔을 받들어 먼저 올라가고, 시신들도 궁전에 올라가 차례대로 왕의 장수를 기원하는 술잔을 드린다. 왕이 술을 마시면[107], 악관들은 계단 위에 올라가 음악을 연주하고, (왕이) 술을 다 마시면, 음악이 멈춘다. 시신들이 궁전 아래로 내려와 절하는 자리로 나가면, 집례는 "시신들은 두 번 절하고, 춤춘 후, 다시 두 번 절하시오"라고 한다. 집례가 "몸을 굽히시오"라고 하면, 시신들은 모두 몸을 굽

---

106 숙위군(宿衛軍)·시위군(侍衛軍)·시봉군(侍奉軍) 등이라고도 하며, 고려시대 국왕의 호종·숙위 등을 맡은 국왕 측근의 군사 조직인 금위(禁衛·禁軍)를 말한다[『동석』 2011, 526].

107 의례에서 왕이 직접 술을 마실 때, 음악이 연주되는 경우는 팔관회, 연등회, 冊太后儀, 元會儀, 大觀殿宴君臣儀뿐이다[『고려사』「악지」 가례 참조, 한흥섭(2007a, 112)].

힌다. 집례가 (왕이) 특별 잔을 내렸다고 전하면, 시신은 두 번 절한다.

근시관이 함에 넣은 봉지약과 국왕이 하사한 과일과 술잔과 주전자를 받들어 (궁전에) 먼저 오르고, 시신들도 궁전에 올라, 왕의 좌석 왼쪽으로 나아가 머리를 숙이고 엎드린 후, 꿇어 앉는다. 승제가 꿇어 앉아 봉약을 집어 (왕에게) 올리면, 왕은 (이것을 받아) 손수 (시신들에게) 하사한다. 시신이 (이 봉약을) 받은 후 술잔을 들면, 승제는 술을 부어주고, 시신은 그 잔을 받드는 사람에게 전해준다.

또 근시관이 국왕이 하사한 과일을 (시신에게) 주면, 시신은 받은 후 머리를 숙이고 엎드린 다음 물러간다. 시신들이 순서대로 술과 봉약과 하사한 과일을 받아 술 마시는 자리로 나아가 잔을 잡으면 음악이 연주되고, 다 마시고 나면 음악이 그친다. (시신들이) 궁전 아래로 내려와 절하는 자리로 나아가면, 집례가 "시신들은 두 번 절한 후, 춤추고, 또 두 번 절하시오"라고 한다. (이것이) 끝나면, 각자의 자리에 가서 선다. 다음, 근시관과 장수와 양부의 악관과 시봉 군인들에게 술과 과일을 베풀어주기를 전하는 것은 처음과 같다.[108] (이 절차를) 마친 다음에는 근시관이 술과 음식을 올리고, 태자 이하 시신에게 술을 돌리고, 음식을 차려주는 절차[109]와 음악이 연주되고 그치는 것은 보통의 절차와 같다. 이 의례가 끝난 후, 왕은 임시 휴게소에 들어간다.

감사를 올리는 것을 생략하라[放謝][110]는 왕의 분부가 있으면, 태자 이하 공·후·백과 추밀 및 시신들은 읍한 후 물러가고, 집례관의 인도로

---

108 "다음에는 왕을 모시고 선 관원, 장령, 량부 악관들과 군인들에게도 처음과 같이 술과 과실을 하사한다"(405c). 이 부분의 원문은 "次傳侍立員 …… 如初"인데, 앞의 번역문에서 '傳'은 번역되어 있지 않다.
109 이상은(1988, 903d).
110 "중지한다"(『北譯』 6, 406a).

밖으로 나간다.

현종(顯宗, 1009~1031) 원년(1009) 윤 2월에 연등회를 다시 열었다.[111] 나라의 풍속에 왕궁과 수도로부터 향과 읍에 이르기까지 정월 보름에는 이틀 밤에 걸쳐 연등을 하였다.

성종(981~997)이 (연등회가) 번잡하고 시끄러워 좇지 않는다 하여[112], 그것을 폐지하였는데[113], 이때에 이르러 그것을 회복시켰다.

현종(1659~1674) 2년(1011)[114] 2월 청주의 행궁에서 연등회를 개최하였으며, 이후에는 2월 보름에 그것을 여는 것을 상례로 하였다.

문종(1046~1083) 2년(1048) 2월 갑신일(16일)에 연등을 하였는데, 보름날 계미일이 한식[115]이었기 때문에, 이날 연등회를 열었다.

공민왕(1351~1374) 23년(1374) 정월 임오일에도 연등하였다. 처음에 태조(918~943)가 정월에 연등을 열었으나, 현종은 2월에 그것을 행하였는데, 이해에 해당 관청에서 공주[116]의 기일 때문에 정월로 다시 하도록 청하였던 것이다.

---

111 「상원연등회의」와 「중동팔관회의」의 연기(年記)에 대해서는 이범직(1990, 441) 참조.
112 "성종이 이것은 분잡하고 상도가 아니라 하여"(『北譯』 6, 406b).
113 "성종이 번거롭고 상법(常法)에 어긋난다는 이유로"(『동석』 2011, 528). 성종 6년(987) 연등회의 행사가 번거롭고 국가 재정이 막대하게 소요된다는 이유로 폐지된 사실을 말한다. 이에 대해서는 『고려사』 93, 16a7-b3 참조.
114 원문은 그냥 "二年"으로 되어 있는데, 이는 현종 2년으로 간주된다.
115 한식에 대한 상세한 설명은 김종명(2001, 126) 참조.
116 공민왕의 제1비인 휘의노국대장공주를 뜻한다(『동석』 2011, 528).

2장
「중동¹팔관회의」² 역주

1. 소회일 행사

1) 진설 및 준비 의식

　(소회를) 앞두고 도교서에서는 3단의 뜬 계단을 의봉문³ 동쪽 궁전의 계단 아래 설치한다. 상사국에서는 그 소속 관원을 인솔하여 임시 장막을 궁전 위 중앙에서 남쪽을 향하도록 설치하고, 보통 절차와 같이 왕의 자리를 펴고, 장막 동쪽에는 임시 휴게소를 설치한다. 상의국(尙衣局)에서는 왕의 좌석 앞 기둥 사이에 좌우로 꽃상을 차린다.⁴ 다방에서는 과일상을 왕의 자리 앞에 차리고, (왕의) 장수를 축원하는 술상을 좌우 꽃상 남쪽에 설치한다.

1　중동(中冬)이라고도 하며, 겨울의 중간 달인 음력 11월로, 동짓달이다(『동석』 2011, 551).

상사국에서는 왕태자의 자리를 왕의 좌석 동남쪽에 서쪽을 향하도록 설치하고, 공·후·백의 자리를 궁전 위 동서편 벽에서 모두 북쪽을 위로 하여 서로 마주 보게 설치하고, 두 개의 수로(獸爐: 짐승 모양 화로)를 기둥 밖 왼쪽과 오른쪽에 설치하고, 좌추밀과 우추밀의 자리를 위 계단에서 북쪽 가까이에 설치하며, 좌시신과 우시신의 자리는 추밀의 뒤에 나누어 설치하되, 모두 북쪽을 위로 하여 서로 마주 보게 한다. 협률랑(協律郎)[5]의 자리는 위 계단 서편에서 남쪽에 가까이 동쪽으로 향하여 설치하고, 중간 시신의 자리는 계단 좌우에 모두 북쪽을 위로 하여 서로 마주 보게 정한다. 좌우 시신의 뒤에는 악기 탁자를 설치하고, 음식을 두는 장막과 다방의 장막은 중간 계단 동편에 설치한다. 또 다방의 장막을 중간 계단 서편에도 차린다. 내고사(內庫司)에서는 준뢰(樽罍: 제

---

2 고려 팔관회의 중요성에 대해서는 김종명(2001, 164-167) 참조. 팔관회의 문헌상의 내용 등에 대해서는 김종명(2001, 145-164), 안지원(2005, 120-124) 참조. 중국의 팔관재에 대해서는 김종명(2001, 168-170), 안지원(2005, 124-139) 참조. 팔관회의 의례절차에 대한 설명은 김종명(2001, 180-186), 안지원(2005, 140-195), 팔관회의 팔관회 의례공간도에 대해서는 안지원(2005, 372) 참조.
3 고려시대 개경에 있었던 정궁인 회경전의 한 궁문이며, 현재 북한 개성시에 있는 고려시대 궁궐터인 만월대의 일부분이다. 자료에 따라 고려시대의 정전은 건덕전 또는 회경전으로 다르게 나타난다. 그러나 건덕전은 천자의 조서를 받들고 사신을 접대하던 곳이며, 정전은 회경전이었다고 보는 것이 통설이다. 당시 정궁에는 13개의 성문과 15개의 궁문이 있었는데, 의봉문은 그 궁문 중의 하나였다. 의봉문은 건덕전 앞에 있었으며, 의봉문 밖에는 격구 경기를 하던 큰 마당인 구정이 있었다(『한국민족문화대백과』).
4 의례에서 꽂는 꽃은 궁중의 장엄한 위상을 드러내기 위한 장식의 목적과 왕에 대한 공경의 목적을 가지고 있다. 꽃을 꽂는 것은 심미적 의식의 일부로 시각적 아름다움을 중시하지만, 팔관회에서 사용된 꽃이 생화인지 가화(假花)인지 또한 어떤 종류의 꽃인지에 대해서는 문헌 기록이 남아 있지 않다. 그러나 행사가 음력 11월, 즉 양력으로는 12월이기 때문에 생화가 없던 때로 볼 수 있고, 따라서 가화를 만들어 사용하였을 것으로 유추할 수가 있다(김태경 2010, 34a).
5 이 관직은 『고려사』「백관」지에는 보이지 않으나, 「식화」지, 「여복」지 등에는 나타난다. 『신당서』, 『구당서』에 의하면, 태상시의 정8품상의 관직으로 악기를 조율하는 임무를 맡고 있으며, 고려에서도 태상시(후의 전의시)의 관원으로 2명이 있었다(정구복 2004, 19).

사 때 술 담는 그릇)⁶들을 사지(沙墀)⁷의 좌우에 북쪽을 위로 하여 벌여놓는다. 예부에서는 소속 관원들을 인솔하여 황룡대기⁸ 2개를 사지의 동서쪽 계단 가까이에 꽂아둔다.⁹

합문에서는 태자가 국왕께 아뢸 자리¹⁰를 사지 중간에서 동쪽 가까이 서쪽으로 향하게 마련한다. 공·후·백은 그다음에 서게 하고, 재신들은 또 그다음에 서게 한다. 문관들은 모두 북쪽을 위로 하고, 서쪽을 향하여 약간 물러서게 한다.¹¹ 3품관들의 자리는 그 남쪽에 약간 뒤쪽에 설치하고, 4품 이하의 자리는 그다음에 설치하되, 모두 서쪽을 위로 하여, 관등별로 자리를 달리해 두 줄로 서쪽을 향하게 한다.¹² 무관 3품의 자리는 사지의 서쪽에 설치하고, 4품 이하의 자리는 그다음에 두되, 모두 동쪽을 위로 하여, 문관과 마주 보게 하며, 관등별로 자리를 달리해

6　준(樽)은 태준(太樽), 착준(著樽), 희준(犧樽), 상준(象樽), 호준(壺樽) 등이 있었는데, 이들에 대한 설명과 그림 및 술병의 중앙에 산과 구름을 조각한 그릇인 산뢰(山罍)에 대한 설명과 그림에 대해서는 정구복(2004, 29-32) 참조.

7　단지(丹墀)와 같은 뜻으로, 옛날 궁전의 붉은 모래가 뿌려져 있던 뜰, 즉 지대(址臺)를 말한다(『동석』 2011, 529).

8　고려시대 의례의 장식에 사용되던 의장기 가운데 한 종류로, 황룡이 그려져 있던 큰 기 (『동석』 2011, 529). 황룡기는 고려가 천자국임을 의미한다(윤광봉 2012a, 40). 성종 대와 인종 대의 화이론자(華夷論者)들이 집권한 시기를 제외하면, 고려 태조 왕건 당시인 10세기 전반부터 고려 군주는 자체적으로 황제(皇帝), 천자(天子)라 일컬었으며, 고려의 여러 제도가 황제국의 제도를 채택하였다(노명호 2012, 92).

9　"큰 황룡기를 뜰의 동서편 계단에 꽂아둔다"(『北譯』 6, 407a). 이 부분의 원문은 "植黃龍大旗二於沙墀東西近階"(『고려사』 69, 12a6)다. 앞의 번역문에서는 '二'와 '近'에 대한 번역이 누락되어 있다.

10　"태자의 문사위를"(『北譯』 6, 407b). 문사위 배치도에 대해서는 안지원(2005, 374) 참조.

11　"북쪽을 우로 하고 서쪽으로 조금씩 물러 서게 한다"(『北譯』 6, 407b). 이 부분의 원문은 "文俱差退西向北上"(『고려사』 69, 12a8-9)인데, 앞의 번역문에서는 '文俱'의 번역이 누락되어 있다.

12　"관등별로 두 줄을 지어 서쪽으로 향한다"(『北譯』 6, 407b). 이 부분의 원문은 "每等異位重行西向"(『고려사』 69, 13a1)인데, 앞의 번역문에서는 '異位'의 번역이 누락되어 있다.

두 줄을 지어 동쪽으로 향하게 한다.[13]

또 태자의 절하는 자리[14]를 사지의 중간에 북쪽 가까이 설치하고, 공·후·백의 자리는 태자의 뒤에, 재신의 자리는 공·후·백의 뒤에 모두 동쪽을 위로 하고 북쪽을 향하게 설치한다. 좌추밀의 자리는 서편 계단의 남쪽에[15], 좌시신의 자리는 그 동쪽에, 좌봉례(奉禮)와 찬자(贊者)[16]의 자리는 그 남쪽 약간[17] 뒤에 정한다. 우추밀의 자리는 서쪽 계단 남쪽에 설치하고, 우시신의 자리는 그 서쪽에, 우봉례와 찬자의 자리는 남쪽에 약간 물러서, 모두 북쪽을 위로 하여 정한다. 문관 3품관들의 자리는 재신들 뒤 동남쪽에 약간 물러난 곳에 설치하고, 4품관 이하는 3품관 뒤에 정한다. 무관 3품의 자리는 재상 뒤 서남쪽에 조금 떨어져 설치하고, 4품관 이하의 자리는 3품관 자리 뒤에 모두 북향하게 하며, 양반의 우두머리가 서로 마주 보게 한다.[18] 합문부사 이상의 자리는 좌시신 자리의 서남쪽에 조금 물러난 곳에 설치하고, 통사사인(通事舍人) 이하의 자리는 그 남쪽에 약간 뒤에 물러나 북쪽을 위로 하여 정한다.

(의례) 하루 전날 좌우 추밀과 시신과 호위대와 의장대 및 악대는 대관전(大觀殿)에서 정렬하여 의봉문으로 나오고[19], 재상 이하 문·무 백관들

---

13 "관등별로 두 줄을 지어 동쪽으로 향하여 선다"(『北譯』6, 407b). 이 부분의 원문은 "每等異位重行東向"(『고려사』69, 13a3)인데, 앞의 번역문에서는 '異位'의 번역이 누락되어 있다.
14 배위 배치도에 대해서는 안지원(2005, 375) 참조.
15 "동편 계단의 남쪽에"(『동석』2011, 521).
16 나라 제사 때 홀기를 맡아보던 임시직.
17 "조금"(『北譯』6, 407c).
18 "4품 이하는 3품관 후면에서 지위가 높은 사람을 우로 하고 량반이 모두 북쪽으로 향하여 서로 마주 서게 정한다"(『北譯』6, 407c). 이 번역문의 원문은 "四品以下在三品後俱北向兩班相對爲首"(『고려사』69, 13b1-2)다. 앞의 번역문에서는 특히 "兩班相對爲首"를 "지위가 높은 사람을 우로 하고 량반이 모두 북쪽으로 향하여 서로 마주 서게"로 하였으나, 문장상 "지위가 높은 사람을 우로 하고"라는 번역은 가능하지 않다.
19 대관전 도착 후 조회 의식도에 대해서는 안지원(2005, 370) 참조. 팔관회 때 대관전

은 모두 사지의 자리로 가서 의례를 연습한 후, 읍하고 물러난다.

2) 난가출궁[20] 의식

그날 날이 밝으려 할 때[質明], 상사국에서는 왕의 좌석을 대관전 위에 마련하고, 수레 놓을 자리를 궁전 마당의 중심에서 동쪽을 향하여 마련한다. 예사에서 시간에 맞춰 첫 신호[21]를 알리면, 노부와 의장대가 구정에 나와 정렬하고, 일산과 부채와 경위원들은 대관전 뜰 좌우에서부터 진열 및 도열되기 시작하여 의봉문까지 이른다.[22] (이것이) 끝나면, 수레를 끄는 관리는 초요련[23]을 끌고 들어와 수레 놓는 자리 위에 놓은

부터 의봉문까지 행차는 궁궐 내에서의 이동으로서 500미터 이내로 추정된다(안지원 2005, 173).

20 鑾駕出宮. 임금의 가마가 궁전을 떠남. "임금의 행차가 궁전을 떠남"(『北譯』 6, 408a). 이 번역문의 원문은 "鑾駕出宮"(『고려사』 69, 13b6)이다. 이 번역문에서는 난가를 '임금의 행차'로 번역하여, 문맥상 문제는 없다. 그러나 난가는 임금의 가마를 뜻하므로, "임금의 가마가 궁궐을 떠남"이 원문에 충실한 번역이 될 것이다.

21 초엄은 행군 시 호령의 한 가지를 뜻한다. 초엄에 대오를 정돈하고, 이엄(二嚴)에 무기를 갖추고, 삼엄(三嚴)에 행군을 한다(이상은 1988, 165b). 그러나 여기서는 『北譯』 6, 408에 따라 '첫 신호'로 번역하였다.

22 『고려사』 72, 29a2에는 총인원수가 3,276명이라 하였으나, 실제 명수는 1,964명이다. 왕이 태묘, 원구, 사직 등에 행차할 때의 법가위장(『고려사』 72, 20a2-25b1)의 합산 수는 3,148명이다. 이 숫자는 기록에 명기되어 있는 팔관회 위의사의 총인원수와 거의 일치하고 있다. 법가위장은 유교의례 중 가장 중요한 길례대사에 수반되는 위장이므로 『고려사』 편찬자들이 가장 자세하게 기록하였을 것이다(안지원 2005, 172-173).

23 "인가관은 임금의 수레를 끌고 와서 수레 놓는 자리 우에 들여놓는다"(『北譯』 6, 408b). 이 번역문의 원문은 "引駕官引軺輅輦入置褥上"(『고려사』 69, 14a1-2)이다. 그러나 앞의 번역문에서는 "인가관"을 번역 없이 인가관으로 하였으나, "수레를 끄는 관리"로 번역이 필요하며, "引 …… 入置"를 "끌고 …… 들여놓는다"라고 번역하였으나, "끌고 들어와 …… 놓는다"라고 번역하는 것이 더 적절하다. 그리고 앞의 번역문에서는 '초요련'에 대한 번역 없이 그냥 수레라고만 하였으나, 초요련은 왕만이 탈 수 있는 수레로 간주되기 때문에, 반드시 번역할 필요가 있다.

다음, 예사에서 두 번째 신호[24]를 알린다.[25]

추밀 이하 시신과 합문과 (양)반이[26] 궁전 마당으로 들어가 좌우로 나누어 서서 기다린다. 천우위의 상장군과 대장군, 비신장군은 각각 장비와 복장을 갖추고, (궁궐에) 들어와 왕을 뵙는다. 왕이 자황포를 입고 선인전[27]으로 나오면, 궁전을 경호하는 군사(금위)가 왕을 위하여 만세[28]를 부르고, 승제 이하 근시관들은 차례대로 왕에게 하례(조하)를 드린다. (조하가) 끝난 후, 좌우 승제가 왕을 인도하여 대관전을 나와 자리에 오르면, (좌중을 통제하는) 채찍을 울려 (신호를 하고), 궁궐 안팎의 호위대와 위장대[29]가 "두 번 절하시오"라고 크게 외친다. 다음, 사인이 "추밀과 시신은 두 번 절하시오"라고 외친다. 이것이 끝나면, 시중(侍中)이 "모든 준비가 완료되었습니다"[외판(外辦)][30]라고 아뢰고, 머리를 숙이고 엎드렸

---

24 여기서는 중엄으로 되어 있다. 이상은(1988, 164b)은 '이엄'으로 표기하였으나 그렇게 표기한 근거는 알 수 없다.
25 난가출궁의식 선인전 출발 직전 준비도에 대해서는 안지원(2005, 369) 참조
26 "추밀 이하 시신, 합문은"(『동석』 2011, 530).
27 고려시대 개경의 궁궐에 있던 전각의 하나로, 왕비와 왕태자 책봉 때의 책문 반포, 국왕의 중형 처리 공간 등으로도 활용되었다(『동석』 2011, 530).
28 '산호'는 중국 한나라(206 B.C.E.~219 C.E.)의 무제(武帝, 142~87 B.C.E.)가 친히 숭산(崇山)에서 제사를 지낼 때, 신하와 백성들이 만세를 세 번 부른 데서 나온 말이다(이상은 1988, 388b). 그러나 백성들이 고려의 국가의례에 직접 참가자였다고는 볼 수 없다. 고대 중국에서는 백성은 어리석어 장려와 교화가 필요하고, 자치 능력도 없는 존재로 간주되었다. 한 왕조는 이 자치능력결여론을 전통적인 군주성립론과 결합시켜 더욱 굳건한 국가성립론으로 만들었다. 즉, 군주-황제권력론은 민중의 자치 능력 부정 위에서 성립된 것이었다(渡辺信一郞 2002, 127). 고려의 경우도 사정은 다르지 않았던 것으로 생각된다. 사실, 이 전통은 1970년대의 대한민국에서도 지속된 것으로 나타난다. 당시의 새마을운동과 기독교계에서는 국민의 무식함을 전제로 각자의 사업을 전개하였다. 당시의 교육 수준도 이를 뒷받침하고 있는데, 1970년대 대한민국 여성의 84.7퍼센트는 초등학교 졸업 이하였으며, 중학교 졸업은 8.2퍼센트, 고교 졸업은 5.5퍼센트, 대학 졸업은 1.6퍼센트에 불과하였다(손영일 2015). 남자의 경우, 각각의 비율은 이보다는 높았으나, 전체적인 교육 수준은 높지 않았다.
29 여기서의 '위장'은 호위대로 번역하는 것이 타당하다.
30 "시중이 '외판'하고 홀기를 부르고"(『北譯』 6, 408c). 이 번역문의 원문은 "侍中版奏外

다가 일어나 자기 자리로 돌아간다. 왕은 궁전에서 내려와 초요련에 오른다. 황문시랑이 꿇어 앉아 수레가 출발하도록 아뢰고, 머리를 숙이고 엎드렸다가 일어나 자기 자리로 돌아가면, 의장대가 출발하고[31], (좌중을 통제하는) 채찍을 울려 신호를 하면, 추밀과 좌우의 근신들이 앞에서 인도하며, (왕이) 궁전 문을 나설 때, 교방[32] 음악[33]이 연주된다.

辦"이다.
31 궁전을 떠날 때의 수행원은 3,276명에 달할 정도의 대규모였다. 그러나 항목마다 나열된 인원수는 1,964명으로서, 1,300여 명의 차이를 보이고 있는데, 이는 『고려사』의 의례 내용이 정확하지 않음을 뜻한다(안지원 2005, 172).
32 노래와 춤을 가르치던 관아(이상은 1988, 547d).
33 팔관회에서 연주된 음악에 대한 확실한 기록은 없으나, 「포구악(抛球樂)」(『고려사』 71, 8b9-12a2) 등의 도교적 취향의 당악정재가 주요 공연 레퍼토리였을 것으로 본다. 본격적 연회에서는 도교적 성향의 당악과 유교적 성향의 속악이 연주되었다(한흥섭 2006, 347-352). 팔관회와 음악에 대해서는 한흥섭(2006, 338-352) 참조. 「중동팔관회출어간악전위장(仲冬八關會出御看樂殿衛杖)」이란 제목을 통해 알 수 있듯이 음악은 팔관회를 상징할 정도로 중요한 비중을 차지하였으며, 아악, 당악, 속악을 포함한 고려시기 모든 장르의 음악이 다 연주되었다고 할 수 있다(안지원 2005, 179). 또한 여기에 더하여 여러 주변국의 음악도 연주되었다(한흥섭 2006, 326). 연등회에서처럼, 팔관회에서 사용된 음악도 속악 또는 향악이었다. 문종 27년(1073) 11월 12일(신해)(震檀學會 1965, 32)에 팔관회를 열고, 신봉루에 가서 교방(악)을 감상하였는데, 제자 초영이 아뢰기를 "새로 전습한 것은 「포구악」과 「구장기별기(九張機別伎)」인데, 포구악에는 제자가 14명이며, 구장기에는 제자가 10명입니다"라고 하였다(『고려사』 71, 48a4-7). 「구장기별기」는 9개의 기구로 묘기를 부린 것을 뜻한다(배상현 2011, 43). 그러나 『고려사』에는 이 「포구악」과 「구장기별기」에 대한 더 이상의 설명이 없어, 그 내용은 알 수 없다. 「포구악」은 오늘날까지 무보(舞譜)와 함께 원형 그대로 보존되고 있는 당악정재다(김매자 1995, 84; 김효분 2001, 585a에서 재인용). 본래 연회에서 술 마실 때 흥을 돕기 위한 가무희의 일종으로서, 중국에서 고려에 전래된 것으로 보이며, 『고려사』에 기록된 포구악은 공 던지기 놀이[抛球戲]에 들어가기 앞서 술을 권하는 대사를 창하고, 음악과 무용이 이어졌으며, 이후, 포구희가 행해지고, 끝나면, 다시 음악과 무용이 공연되었는데(차주환 1983, 70-76), 이때의 음악을 뜻하는 것으로 보인다. 「포구악」에 대한 더 구체적인 내용은 차주환(1983, 128-138) 참조. 차주환은 「구장기별기」의 공연 절차를 알 수 있는 문헌 근거는 없다고 하면서, 「구장기별기」가 중국 송나라에서 베 짜는 여인의 시름과 애정을 9수로 표현한 구장기 가사와 관련성을 가졌다고 제기한다(차주환 1983, 32-34).

예사에서 세 번째 신호를 알리고, 수레가 의봉문에 이르러[34], (왕이) 수레에서 내려 의봉문 위[35]로 쉬러 가면, 추밀과 좌우 승제와 집례관들이 (왕을) 따라 오른다. 왕이 의봉루 위의 임시 휴게소로 들어가 신발을 갈아 신고, 포를[36] 갈아입는다. (그 후) 추밀이 왕을 인도하여 조상의 진영 앞으로 가서 북쪽을 향하여 두 번 절하고, 잔을 드린 후 다시 두 번 절한다.[37] (이것이) 끝나면, (왕은) 합도(閤道: 복도)[38]를 통해 궁전의 임시 휴게소로 가 쉰다.[39] 그다음 추밀과 승제, 집례관이 모두 나와 자기 자리에 가 선다.

3) 조하[40] 의식

(1) 첫째 단계

왕이 휴게소에서 잠시 머문 후, 여러 신하가 (왕의) 장수를 기원하는 술을 올린다. 좌우 승제, 천우위의 상장군과 대장군, 비신장군, 내시(內

34　대관전에서 의봉문으로 출발하는 행차도에 대해서는 안지원(2005, 371) 참조.
35　"루 상에서 휴식한다"(『北譯』6, 408c).
36　"가죽신과 곤룡포[袍]로"(『동석』2011, 531).
37　남향을 하는 것이 상례인 국왕이 북향하여 조상의 진전에 재배한 것은 재배의 대상이 태조였기 때문이었을 것이다(한정수 2012, 221).
38　복도(複道)나 잔도(棧道)를 말한다. 한편 자미성(紫微星: 북두성의 북쪽에 있는 별자리)의 뒤에 있는 6성(星)을 말하기도 한다. 여기서는 복도의 뜻이다(『동석』2011, 531).
39　"복도로부터 악전(幄殿), 전의 휴게실에 들고"(『北譯』6, 409a).
40　朝賀. 왕이 하례를 받음. 이 부분은 팔관회의 소회 행사 중 가장 중요한 행사였다(안지원 2005, 175·182)고 한다. 그리고 이 부분과 더불어 백희공연과 구정에서의 여러 주변국의 음악 연주 및 대회일의 외국인 경축인사를 받는 의례는 팔관회만의 독특한 행사였다(한흥섭 2007b, 358). 또한 소회일에만 백희잡기가 있다는 이유로 대회일보다 소회일이 더 큰 행사였을 것으로 추측되고 있다(이혜구 1989, 275-296, 윤아영 2004, 227에서 재인용; 한흥섭 2006, 335; 한흥섭 2007b, 364). 그러나 소회일은 글자 그대로 사람 수가 적은 작은 집회(송방송 1989, 278)로 알려져 있어 섣불리 더 큰 행사라고 할 수는 없다(윤아영 2004, 227).

侍), 다방, 어주(御廚)⁴¹원, 협률랑, 수정장, 월부장(鉞斧杖)⁴², 은알작자(銀斡斫子)⁴³, 부절과 정(旌)⁴⁴을 든 관원, 견룡, 정편승지(淨鞭⁴⁵承旨), 장선승지(掌扇承旨), 중금반(中禁班) 등 계단 위로 올라야 할 사람들은 각각 계단에 오르고, 좌우 승제와 천우위의 상장군과 대장군은 임시 휴게소의 동서편 계단 아래로 내려가 북쪽을 향하여 서서 (국왕을) 기다린다. 수정장, 월부장, 은알작자는 궁전 계단 아래 나누어 서되, 수정장은 왼쪽에, 월부장은 오른쪽에 세운다. 반룡선과 공작선은 동서편의 채병(彩屛: 채색한 그림이 있는 병풍)⁴⁶ 안에 나누어놓고, 깃발[旌節]⁴⁷은 나누어 그 앞에 둔다. 천우위의 장군과 비신장군은 또 그 앞에서 나누어 모두 북쪽을 위로 하여 서로 마주 보고 선다. 내시, 다방, 어주의 관료들은 좌우로 나누어 동서편 채색 병풍 밖 남쪽 가까이 서로 마주 보고 서며, 견룡관은 남헌(南軒) 안에서 중앙을 선두로 하여⁴⁸ 좌우로 갈라 북향

41　고려시대 국왕의 음식을 조리하던 부엌 또는 관청으로, 충렬왕 34년(1308) 6월 충선왕이 관직을 개편하면서 별주(別廚)·영송도감(迎送都監) 등과 함께 왕실의 음식을 담당한 사선서(司膳署)에 병합하였다(『동석』 2011, 531). 이에 대한 상세한 설명은 『고려사』 77, 2b6-3a9 참조.
42　"부월"(『北譯』 6, 409a).
43　은작자(銀斫子)는 고려시대 국가와 왕실의 의례행사나 국왕의 행차 때 사용하던 의례기구로서, 나무로 두 쪽 날의 도끼를 만든 다음, 은칠을 하고 붉은 창대를 꿰었다. 은알작자(銀斡斫子)도 이와 비슷한 의례기구였을 것이다(『동석』 2011, 532).
44　새의 깃으로 장목을 꾸미어 깃대 끝에 늘어뜨린 기(旗)로, 두 사람이 각각 하나씩 들고 좌우로 나누어 무무(武舞)를 인도하기도 한다(『동석』 2011, 531).
45　정편(淨鞭)·명편(鳴鞭)이라고도 하며, 왕실의 조회나 공식 의장행사 때 사용하는 의례도구인데, 채찍이나 회초리 따위로 소리를 내어 사람들을 정숙하게 하였다(『동석』 2011, 531).
46　병풍은 중국에서 가장 먼저 시작되었으며, 우리나라에서의 전통은 삼국시대까지 거슬러 올라간다. 특히 가례에서는 여러 가지 주제의 병풍이 필요하다. 조선시대의 병풍에 대한 설명은 박정혜 외(2012a, 17-52) 참조.
47　사신이 가지고 다니던 부절(符節) 구실을 하던 기(이상은 1988, 567d)를 뜻한다.
48　"중간을 우로 하고"(『北譯』 6, 409b). 이 번역문의 원문은 "以中爲首"(『고려사』 69, 15a8)다.

하여 선다.

중금 두 사람은 동서측 계단에 갈라서서 (계단에) 오르는 사람들을 검색한다. 쌍룡선과 봉선(鳳扇)[49]은 중간 계단 좌우의 악기 탁자 앞에 나누어놓는다. 먼저 배치된 중금 여섯 명은 가운데 계단으로 가 좌우로 나누어 북향하여 서고, 나머지 중금들은 나뉘어 각 계단 좌우로 가서 임금의 자리 앞을 검색한다.[50] 교방의 악관들은 사지로 가서 좌우로 나뉘어 시신 뒤쪽에서 북향하여 선다.

추밀 이하 좌우 시신들이 모두 사지에 마련된 자리로 나아가면, 합문이 각각 태자와 공·후·백 및 재신과 문·무 백관을 인도하여 국왕에게 아뢰는 자리에 가 서게 한다. 굽고 곧은 꽃 덮개들이 초요련과 평두련의 앞에서 인도하고, 뒤를 따르며[51], 고취악(鼓吹樂)[52]이 연주될 때 의장대와 호위대가[53] 모두 사지로 나와 여러 관리가 절하는 자리 뒤로 가서 북쪽을 향하여 정렬한다.

---

49 고려시대 국왕의 행차나 무대(舞隊)의 공연행사 등에서 사용되던 의례 장식의 한 종류다. 붉은 비단에 금빛의 봉황을 그려서 부채 모양으로 만든 다음, 가장자리는 쇠로 둘렀으며, 긴 대로 자루를 달았다(『동석』 2011, 532). 동양문화권에서 용과 봉에 대한 문화적 함의는 아주 크다. 특히 봉은 황(凰)과 함께 성인이 출현하여 천하가 태평하면 나타난다는 상상의 새로서, 성군의 덕치와 태평성세, 안녕을 상징하는 상서로움의 화신이 되었으며, 봉황은 용에 필적할 정도로 궁중미술의 소재로서 널리 애호되어왔다. 그림 속 봉황의 모습은 약간씩 다르지만, 머리가 닭과 유사하고, 꼬리 깃이 크고 화려하며, 오색을 갖춘 점은 공통된다(박정혜 외 2012a, 208-210).
50 "전을 검사한다"(『北譯』 6, 409c). 이 번역문의 원문은 "檢督御前"(『고려사』 69, 15b3)이며, '어전'은 임금 앞을 뜻한다.
51 '도종'은 행렬을 따르는 사람을 뜻하며, 도는 앞에 서는 사람, 종은 뒤따라가는 사람을 말한다(이상은 1988, 374c).
52 『고려사』 「상원연등회의」에서는 이 고취악은 나타나지 않으나, 이 음악은 연등회에서도 연주되었는데, 왕의 행차가 궁전에서 출발할 때는 북과 피리가 진열만 된 채, 연주는 되지 않았으나, (행사 참가 후) 궁전으로 돌아올 때는 연주되었다(『고려사』 70, 29b9-30a1).
53 이상은(1988, 118b).

왕이 자황포를 입고 나오려 할 때, 근시관들은 발을 들어 올리고, 채찍을 울려 신호를 하면, 협률랑이 머리를 숙이고 엎드렸다가 휘[54]를 들고 일어나면, 교방에서는 음악 (연주) 시작을 아뢰고, 북과 피리가 연주된다.[55]

왕이 자리에 오르면, (좌중을 통제하는) 채찍을 울려 신호를 하고, 좌우 승제와 천우위의 상장군과 대장군은 동서 계단을 통해 궁전으로 올라와 도끼 무늬가 있는 병풍[斧扆][56] 좌우에 갈라서면, 화로에서는 연기가 오른다. 태사국에서 널빤지를 쳐 시각을 알리자[57], 협률랑이 꿇어 앉아 휘를 눕히고 고개를 숙이고 엎드렸다가 일어나 두 번 절하면, 음악이 멈춘다.

호위대와 위장대는 두 번 절하고 만세를 부르고 또 두 번 절한 후, 사지의 시신 자리 뒤로 나누어 가 북쪽을 위로 하여 선다. 다음, 합문원이 국왕께 아뢰는 자리에 나아가, "태자와 공·후·백 및 재신과 추밀과 문무 양반 등이 축하를 드리려고 기다리고 있습니다"라고 아뢴 후, 본자리로 돌아간다. 합문은 태자 이하의 여러 관리를 인도하여 절하는 자리로 가 선다. 사인이 "태자 이하 여러 관리는 두 번 절하고, 춤춘 후[58],

---

54 사선악부의 가무 공연 내용은 신라 화랑들이 즐겨 부른 향가가 중심이 되었다(한흥섭 2007b, 375-376)고 한다. 이혜구에 의하면, 사선악부가 팔관회 백희의 본질적 요소인 이유는 휘(麾)가 등장하기 때문인데, 휘는 원구, 사직, 종묘 등에서의 길례나 가례 때의 아악(雅樂)에 사용되는 음악의 시작과 끝을 알리는 신호 깃발이다(한흥섭 2006, 331). 그리고 팔관회에서 연주된 아악은 중국에서 들어온 것인데, 악기의 배열과 춤도 제후의 예에 맞춘 것이었다(한흥섭 2006, 343).
55 "교방악대가 풍악을 시작한다"(『北譯』6, 410a). 이 번역문의 원문은 "敎坊奏樂鼓吹振作"(『고려사』69, 15b9-16a1)이다. 따라서 앞의 번역문은 의역이다.
56 "병풍"(『北譯』6, 410a).
57 "태사국에서 시간을 아뢰자"(『北譯』, 410a). 이 번역문의 원문은 "太史局奏時刻板"(『고려사』69, 16a1-2)이다. 앞의 번역문에서는 "板"에 대한 번역이 누락되어 있다.
58 무용학적 관점에서의 팔관회 연구는 김효분(2001, 577-587) 참조. 고려의 팔관회가 가진 한국무용사적 의의는 고려가 팔관회를 통해 삼국의 무용을 이어받아 더욱 발전시켰

다시 두 번 절하고, 태자는 성스러운 몸(왕)의 만복을 아룁니다"[59] 외치고, (또) "태자 이하 여러 관리는 모두 두 번 절하시오" 외친다.

태자는 앞으로 나서서 국왕의 송덕을 칭송하는 말을 하는데[致辭], 치사에서 말하기를, "신 아무개 등은 다행히 팔관의 성대한 모임을 맞이하여, 크게 경축함을 이기지 못하오며, 신 아무개 등도 진실로 기쁘고, 진실로 즐거워 지극히 감격스러워 어찌할 바를 모르겠습니다"라 하고, 물러나 본자리로 물러간다. 사인이 "태자 이하 여러 관리는 두 번 절한 후 춤추고 또 두 번 절하시오"라고 외친다. (이것이) 끝나면, 합문이 태자와 상공[60]을 인도하여 간다. 태자가 참석하지 않으면, 왕이 명한 바의 공·후 및 재상들만 왕의 장수를 축원할 술을 올리기 위해 동쪽 계단을 통해 올라와 위 계단에 이르며[61], 좌집례관이 (그들을) 이어 인도하여 절하는 자리로 나아간다.

사인이 "태자와 상공 및 뜰 위의 여러 관리는 모두 두 번 절하시오"라고 외친다. 태자와 상공은 꿇어 앉아 "신 아무 등은 다행히 팔관의 성대한 모임을 맞이하여, 크게 경축함을 이기지 못하오며, 전하께 천만세의 장수를 기원하는 술을 드리기를 청하며, 엎드려 성스러운 교지를 기다립니다"라고 아뢴다. 좌집례관은 동쪽 계단을 통해 궁전으로 올라와 왕의 좌석 동남쪽으로 가서 머리를 숙이고 엎드렸다가 꿇어 앉아 아뢰면, 승제가 (다시 이를 국왕에게) 전하고, (국왕이) "좋다"라고 한 말을 알린다.

다는 점인데, 팔관회는 한국무용 발달의 밑거름이 되었으며, 한국무용의 정형화를 확립하였다(김효분 1998, 80)고 한다. 그러나 구체적으로 그 과정과 내용이 어떠했는지에 대한 설명은 없다.
59 "태자 이하 백관 재배 무도 또 재배, 태자 주 성궁 만복"(『北譯』 6, 401b).
60 "공, 후, 백"(『동석』 2011, 533).
61 "태자가 참석하지 않았을 때에는 헌수할 공, 후 또는 재상들이 (다만 왕이 지명한 사람에 한하여) 동편 계단으로부터 우 계단에 오른다"(『北譯』 6, 410c). 이 번역문의 원문은 "太子不進則獻壽公侯及宰臣唯上所命升自東階至上階"(『고려사』 69, 16b4-6)다.

집례관은 머리를 구부리고 엎드렸다 일어나 계단 아래로 내려와 태자의 동쪽으로 나아가서 북쪽으로 궁전을 향하여 읍하고[62], 서쪽을 향하여 "허락하신다"라고 알리면, 사인이 "태자와 상공 및 뜰의 여러 관리는 모두 두 번 절하시오"라고 외친다. 태자와 상공은 좌집례관의 인도로 손 씻는 곳으로 가서 손을 씻는다.[63] 근시관이 차를 드리면[64], 집례관은 궁전을 향하여 몸을 굽혀[65] 권한[66] 다음, 술을 땅에 조금 붓는다[酹酒].[67] 끝나면, 전중감(殿重監)은 잔을, 근시관은 주전자를 받들고, 먼저 (궁전에) 오른다. 태자와 상공은 동편 계단을 통해 궁전에 올라 머리를 숙이고 엎드렸다가 일어나 왕의 자리 왼쪽으로 가 서쪽을 향하여 꿇어 앉는다. 태자가 잔을 받들면, 상공은 태자의 왼쪽으로 가서 주전자를 들어 술을 따른다.

왕이 잔을 들면, 협률랑이 휘를 들고, 악관은 가곡 〈천온향(天醞香)〉[68]

---

62 "태자의 동북쪽으로 가서 궁전을 향해 읍한 다음"(『동석』 2011, 534).
63 고려시대는 차(茶)의 전성시대였으며(김태경 2010, 36a), 차를 올리기 전에 손을 씻는 풍습은 고려시대 찻자리의 풍습이었다(김태경 2010, 33b).
64 팔관회의 다도의 구성 요소인 육례(다례·탕례·향례·화례·악례·무례)를 고찰한 데 대해서는 김태경(2010, 31-38) 참조. 팔관회의 진다례(進茶禮)는 중국 풍습과 제도를 따른 것이다. 특히 중국에서 다도가 성립된 것은 당나라의 육우(陸羽, 733~803)가 765년 경에 『다경(茶經)』을 짓고 다도정신을 정행검덕(精行儉德)으로 삼은 데서 출발하며, 그 후, 육우와 두터운 우정을 나눴던 시승(詩僧) 자오란(皎然)이 다도를 수신의 매개체로 삼았다(김태경 2010, 33b).
65 몸을 굽히는 것[鞠躬]은 존경의 뜻을 가지고 있으며, 그 대상은 절대자나 임금이며, 제사 시에도 국궁한다(김태경 2010, 33a).
66 "집례관은 전을 향하여 몸을 굽히고"(『北譯』 6, 411). 이 부분의 원문은 "執禮官向殿躬身勸"(『고려사』 69, 17a5)인데, 앞의 번역문에서는 '勸'에 대한 번역이 누락되어 있다.
67 "술을 조금 땅에 찌운다"(『北譯』 6, 411a). 술을 땅에 뿌리는 것은 강신(降神)의 절차다 (김태경 2010, 33b).
68 『고려사』 권70과 권71에는 아악, 당악, 속악을 포함한 음악 관련 기록이 수록되어 있으나, 〈천온향〉에 대한 기록은 없어, 그 내용을 알 수는 없다. 천온은 "국왕이 내려준 술" (『동석』 2011, 534)을 뜻한다는 점에서 천온향은 국왕이 술을 내려줄 때의 음악을 뜻하는 것으로 보인다. 양온서(良醞署) 또는 사온서(司醞署)는 국가의 제사나 큰 행사 때 술

을 연주한다. 왕이 술을 마시고 나면, 태자가 빈 잔을 받으며, 전중감은 (이) 잔을 건네받고, 근시관은 주전자를 받아 조금 물러나 꿇어 앉는다. 협률랑이 휘를 눕히면, 음악이 멈춘다.

태자와 상공이 머리를 숙이고 엎드렸다가 일어나 전 아래로 내려가면, 합문이 인도하여 사지의 절하는 자리로 나아간다.[69] 사인은 "태자 이하 여러 관리는 두 번 절하고 춤춘 후, 다시 두 번 절하시오"라고 외친 후, 정해진 자리에 가서 선다.

(2) 둘째 단계

처음 헌수가 끝나자, 사재경(司宰卿)[70]은 음식을 올리고, 전중감은 술을 올린다. 세 번 음식을 올린 후, 우집례는 서쪽 계단을 통해 위 계단으로 올라와 (지정된) 자리로 가 북쪽을 향하여 선다. 좌집례는 어명을 받들어 계단에서 내려와 태자의 동쪽으로 가 북쪽으로 궁전을 향하여 읍하고[71], 서쪽을 향하여 "경 등의 축하하는 바는 이미 알았노라"라는 왕의 말과 관련 관청에서 거듭 차와 술을 준다는 것을 전한다. 사인이 "태자 이하 여러 관리는 두 번 절하고 춤춘 후 다시 두 번 절하시오"라고 외친다.

과 감주 등을 공급하는 업무를 담당한 관서로서 문종 때 처음 설치되어, 정8품 2인과 정9품 2인이 배치되었으며, 후에는 명칭, 조직, 직급 등에서 변화가 있었다(『고려사』 77, 2a2-b4; 박용운 2006, 18-20).

69 "사지가 절하는 자리로 간다"(『北譯』 6, 411b). 이 부분의 원문은 "就沙墀拜位"(『고려사』 69, 17b3)이다. 앞의 번역에서 "沙墀"는 주어로 되어 있으나, 사지의 품사는 형용사며, 따라서 사지, 즉 뜰의 절하는 자리가 바른 번역이다.

70 고려시대 어량(魚梁)·천택(川澤) 등을 관리하면서 해산물을 조달하던 중앙관서인 사재시(司宰寺)(『고려사』 76, 42b1)의 종3품 고위관료로 1명이 배치되어 있었다. 사재시는 사진감(司津監)·도진사(都津司)·사재감(司宰監)으로도 바뀌었다(『동석』 2011, 534).

71 "태자의 동편으로 가서 전을 향하여 읍하고"(『北譯』 6, 411c); "태자의 동북쪽으로 가서 궁전을 향해 읍"(『동석』 2011, 535). 이 부분의 원문은 "詣太子東北向殿揖"인데, 『北譯』에서는 '北向'의 번역이 누락되었고, 『동석』에서는 '태자의 동편으로 가서'를 '태자의 동북쪽으로 가서'로 번역하였다.

끝나면, 합문이 태자와 공·후·백 및 추밀을 인도하여 계단을 오르고, 시신이 그들을 따른다. 좌우 집례관의 인도로 태자와 공·후·백을 이어, 추밀과 근신, 급사중승(給舍中丞)[72], 정4품 지제고 및 대제 이상이 위 계단에 오르고, 기타 중간 계단에 있는 사람들은 모두 좌우로 나누어 북쪽을 위로 하여 자리에 가 선다. 합문은 재상과 문·무 3품 이하 여러 관리를 인도하여 좌우 동락정(同樂亭)[73]과 좌우의 (행)랑으로 나누어 나아간다.

끝나면, 합문은 삼경(三京)[74]의 유수와 동서 병마사(兵馬使), 4도호[都護(府)][75], 8목[76]에서 바치는 표문을 지닌 관원들을 인도하여 국왕께 아뢰는 자리로 가서 북쪽을 위로 하고, 서쪽을 향하여 선다. 합문이 국왕께 아뢰는 자리에 나아가[77], "표문을 가지고 온 아무 관직의 신 모 등은 (국왕께) 하례를 드리기 위해 기다리고 있습니다"[78]라고 아뢴 후, (그들을) 인도하여 절하는 자리로 가서, 동쪽을 위로 하고, 북쪽을 향하여 표문을 받들고 꿇어 앉게 한다. 합문이 (표문을) 받아 (왕에게) 올리자, 표문을 가지고 온 사람은 머리를 숙이고 엎드렸다가 일어난다. 사인이 "표문을 가지고 온

---

72 간관과 대관 등의 임무를 수행한 정·종4품 관직이다(『동석』 2011, 535).
73 고려시대 개경에 있던 활터였다. 관설 활터와 민간 활터가 있었다. 선종 8년(1091) 호부남랑(戶部南廊)에 활터가 설치되어 군졸과 일반 백성들이 활쏘기 연습을 할 수 있게 한 것이 국가가 도성 내 활터를 설립한 시초다(신광균, 「동락정」, 『한국민족문화대백과』).
74 개경(開京: 지금의 개성), 서경(西京: 지금의 평양), 동경(東京: 지금의 경주).
75 고려시대 지방 행정기관의 하나. 현종(1009~1031) 초에 안남(지금의 전주)을 비롯한 5곳에 도호부를 설치하였으며, 후에 사도호·팔목이 되어, 고려의 실질적인 지방 최고 행정기관이 되었다. 『고려사』 「백관」지에 의하면 문종 때에 큰 도호부에는 3품 이상의 관리를, 중도호부에는 4품 이상의 관리를 수장으로 하였다(송준호 2004).
76 고려시대 지방 행정구역의 하나. 현종 9년(1018)에 설치한 것으로, 광주·충주·청주·전주·나주·진주·상주·황주 등을 말하며, 각 목의 수장은 정3품관인 목사(牧使)였다.
77 이 부분의 원문은 "閤門奏聞辭云"이다. 『北譯』(6, 412a)과 『동석』(2011, 535)에는 '聞辭'에 대한 번역이 누락되어 있다.
78 『北譯』에서는 祗候의 祗를 '공손히'(6, 412a)로 번역하였다.

사람은 두 번 절하고, 춤추며, 또 두 번 절하고, 성스러운 몸의 만복을 아뢴 후, 두 번 절하고, 걸어 나가서 국왕의 덕을 칭송한 후, 물러나 본자리로 돌아가서 두 번 절하고, 춤춘 후, 또 두 번 절하시오"[79]라고 외친다. 합문이 "앉아서 음악을 듣고[80], 겸하여 술과 음식을 하사하노라"라는 임금의 분부를 전하면, 사인이 "두 번 절한 후, 춤추고 또 두 번 절하시오"라고 외친다. (그들은 절한 후) 반열의 우두머리를 따라 서쪽으로 나간다.

다음, 합문의 반열이 계단 가까이 가로로 열을 지어 동쪽을 위로 하고, 북쪽을 향하여 선다. 열의 우두머리가 "두 번 절하고 춤추며, 또 두 번 절하고, 성스러운 몸의 만복을 아뢴 후 두 번 절하고, 나아가 국왕의 덕을 칭송하고 물러나 본자리로 돌아가서 두 번 절하고 춤춘 후, 또 두 번 절하시오"라고 스스로 외친다. (이것이) 끝나면, 정4품 지합(知閤) 이상은 위 계단에 오르고, 소경(少卿)[81]과 지합 이하[82]와 부사(副使)[83] 이상은 중간 계단에 오르며, 통사사인 이하는 사지로 가 좌우로 나누어 선다. 끝나면, 전중성(殿中省)과 육상국의 모든 후전의 관리는[84] 서쪽 계단을 통해 위 계단으로 올라가 서쪽의 채색 병풍 뒤에서 남쪽 가까이 동쪽을 향하여 선다.

---

79 "지표원 재배 무도 또 재배, 주 성궁 만복 진보 치사 퇴 복위 재배 무도 우 재배"(『北譯』 6, 412b).
80 원어는 '看'(『고려사』 69, 18b3)인데, 음악 공연을 관람한다는 뜻으로 쓰인 것으로 보여, '보고'가 맞으나, 문맥상 '듣고'로 번역하였다. 『北譯』(6, 412b)도 '듣고'로 번역하였다.
81 고려시대의 종4품 관직(송준호 2004).
82 "소경인 지 합문관 이하는"(『北譯』 6, 412c). 지합문사(知閤門事)는 고려시대 합문의 종3품 벼슬인 지사(知事)의 정식 명칭이었다(송준호 2004).
83 신라 때부터 있었던 관직명이다. 고려 때는 각 중추원을 비롯한 각 관청에 있었던 사(使)의 다음 자리 관직명으로서, 그 직급은 관청에 따라 달라, 정3품에서 정8품까지 이르렀다(송준호 2004).
84 『동석』에서는 "전중성(殿中省)·육상국(六尙局)과 각 후전관(後殿官)이"(『동석』 2011, 536)로 번역하고 있으나, 전중성과 육상국은 관청의 이름들이기 때문에, 그 뒤의 각 후전관과 문맥상 맞지 않는다.

승제가 위 계단에서 조금 내려서서, 좌시신 1명은 중간 계단에, 좌우시신 각 1명은 좌우 동락정과 재상 및 문무 3품관의 장막으로 나누어 보내 자리에 앉아도 좋다는 어명을 전하게 한다. 어명을 받은 사람들은 모두 두 번 절한 후, 계단 아래로 내려오고, 위 계단의 시신들은 재상들의 장막이 있는 계단 아래 명령을 전하는 자리로 나아가 남쪽을 향하여 서고, 재상들은 모두 계단을 내려와 절하는 자리로 나아가 궁전을 향하여 선다. 어명을 전하는 사람이 (국왕의) 분부가 내렸다고 말하면, 재신들은 두 번 절하고, 몸을 굽힌다. 구두로 어명을 전하는 말이 끝나면, 재신들은 또 두 번 절하고 모두 자리에 가 앉으며, 어명을 전하는 사람은 (계단에) 올라와 본자리로 돌아가 두 번 절한다.[85]

중간 계단에서 시신들이 구두로 어명을 전하고, 문·무 3품관들이 명령을 받는 절차도 모두 위의 절차와 같다. 또 사지의 합문관 2명이 왕의 명령을 받고, 문·무 4품 이하의 장막에 나누어 가서 구두로 알리는 것과 4품 이하 관리가 명을 받는 절차 또한 위와 같다. 다음으로 좌집례관은 국왕의 명령을 받들어 위 계단에서 궁전을 향하여 읍하고, 서쪽을 향하여 양부[86]의 악관에게 계단에 오를 것을 허락한다는 분부를 전한다. 다음, 왕과 가까운 호위원 열 명에게 계단에 오를 것을 허락한다는 분부를 전하자, 양부의 악관들과 호위대와 의장대와 장수와 군사들은 모두 만세를 부르고 두 번 절한 후, 차례로 각각 계단에 올라 좌우로 나뉘어 북쪽을 위로 하여 두 줄로 선다.

---

[85] "명령을 받는 사람은 계단에 올라 본 자리로 돌아간다"(『北譯』 6, 413a). 이 번역문의 원문은 "將命者升復位再拜"(『고려사』 69, 19a8)인데, 앞의 번역문에서는 '再拜'에 대한 번역이 누락되어 있다.
[86] 양부(兩部)는 흔히 향악과 당악만을 지칭하는 것으로 생각하나, 대악(大樂)과 관현악(管絃樂)을 일컫기도 한다(윤광봉 2012a, 46).

도지반(都知班)은 중간 계단에 오르고, 백갑장(白甲仗)[87]은 아랫 계단에 올라 좌우로 나뉘어 선다. 그다음, 굽고 곧은 꽃 덮개를 동서로 갈라 계단으로 올리고, 초요련과 평두련과 부보(符寶)[88] 등을 의봉문 안에 둥글게 진열한다.

협률랑이 휘를 들고, 태악령[89]이 갖가지 공연[百戲]의 등장을 나무 신호기를 쳐 아뢰면[90], 백희[91]가 공연되며[92], 조금 지나, 협률랑이 휘를 눕히면, 공연대가 모두 물러난다. 다음에는 추밀 이하 양 계단의 시신과

---

87 백갑군(白甲軍)·백갑대(白甲隊)라고도 하며, 중금(中禁)·도지(都知)와 함께 금군(禁軍)을 구성한 개별부대로, 의장을 담당하였다(『동석』 2011, 535). 이에 대해서는 『고려사』 81, 3a7-3b4 참조.
88 고려시대 왕실의 도장을 뜻한다. 부보랑(符寶郞)은 고려 전기에 왕부(王府)의 도장을 관리하던 관직으로, 의종(1105~1122) 때 정해졌으며, 국왕의 법가의장(法駕儀仗)에서 부보랑 1인이 공복을 입고 말을 탄 채, 길 오른쪽에 있도록 한 데서 그 존재가 확인되나, 품계와 정원은 알 수 없다. 이후 왕부 인신을 관리하는 직책으로는 1298년 충선왕이 즉위하여 관제를 개편할 때 종6품의 인부랑(印符郞) 2인을 두었다가 곧 폐지한 적이 있다(이익주, 「符寶郞」, 『한국민족문화대백과』). 부보랑은 의종 때의 명칭이었으며, 후에는 인보랑(印寶郞)으로 개칭되었는데, 그 품계는 종6품이었다(『고려사』 77, 23b8).
89 태악서(太樂署)의 우두머리 관직으로, 목종, 문종 대의 종7품직이었다. 태악서는 시대에 따라 전악서(典樂署)(『고려사』 77, 7b1-8a4)로도 불렸다. Hucker(1985, 485b)에서는 "태악령(太樂令)"이란 제하에 이를 총음악장(Grand Director of Music)이라고 하였다. 이에 따르면, 이 직책은 중국의 한나라 때부터 존재하였으며, 총음악장은 황실의 조상 제사 등의 행사 시 음악과 무용 담당 책임자였다. 그 후, 직급 등의 변화를 거쳤으며, 북제(北齊, 550~577)와 원(元, 1206~1368)의 황실 악대인 태악서(太樂署), 송나라의 그것인 태악국(太樂局)의 책임자였다. 고려시대에서 음악은 교양 확립 및 공덕 상징의 목적으로 연주되었다(『고려사』 70, 1a5).
90 "협률관이 휘를 들고 태악령이 잡기(百戲)가 등장할 것을 아뢰자"(『北譯』 6, 413b). 이 번역문의 원문은 "協律郞擧麾百戲太樂令板奏"(『고려사』 69, 19b9)인데, 앞의 번역문에서는 '板'에 대한 번역이 빠져 있다.
91 팔관회에서 잡기라 불린 것은 백희가무뿐이기 때문에, 잡기는 백희가무를 뜻하는 것으로 보아야 하며(한흥섭 2007b, 377), 팔관회의 백희잡기는 산악백희며, 조선시대의 산대희에 해당(전경욱 2012, 98)한다고 한다. 그러나 이러한 주장을 뒷받침할 만한 설명은 없다. 또한 팔관회에서는 휘가 사용되고, 팔관회에서의 백희가무의 연출자는 선풍을 행하는 자(연등회 백희잡기의 공연자는 산대악인)이기 때문에, 팔관회의 백희 공연을 연등회의 백희잡기와 동일시하는 것은 명백한 오류(한흥섭 2007b, 359-360)라고 한다.

사지의 합문원들에게 과일상을 차려준다. 궁전 위의 태자와 공·후·백을 위한 과일상은 (그들이) 앉기 전에 미리 차려둔다. 근시관이 (왕에게) 차와 음식을 올리고, 다음에 태자와 공·후·백 및 추밀과 양 계단의 시신들에게도 차와 음식을 차려준다. 좌우의 집례관이 "절하시오"라고 하면, 태자 이하 추밀과 시신이 모두 두 번 절하고, 음식을 받아 자리로 가서 먹기를 마치면, 일어나 읍한다.[93] 중간 계단의 시신은 일어서서 음식을 받는다.

다음, 근시관들이 (왕에게) 차를 드리고, 다음으로 태자와 공·후·백 및 추밀과 시신들에게 차를 드린다.[94] 집례관이 "절하시오"라고 하면, 태자 이하 추밀, 시신은 모두 두 번 절하고, 차를 받아 마시고 나면, 읍하고, 태악령(太樂令)이 "만방에서 바친 아악과 사지중악(沙墀衆樂)[95] 아

---

92 이 부분의 원문은 "協場百戲俱進"(『고려사』 69, 19b9-20a1)이다. 백희 관람 좌석 대형 전체 배치도, 백희 관람 좌석 전상 배치도(백희 관람 좌석 대형 전체 배치도의 1부분), 백희 관람 상계 배치도(백희 관람 좌석 대형 전체 배치도의 2부분), 백희 관람 중계 배치도(백희 관람 좌석 대형 전체 배치도의 3부분), 백희 관람 하계 배치도(백희 관람 좌석 대형 전체 배치도의 4부분), 백희 관람 좌우동락정 및 회랑 배치도, 백희 관람 사지 좌우 회랑 배치도(백희 관람 좌석 대형 전체 배치도의 6부분)에 대해서는 안지원(2005, 376-382) 참조.

93 "다 재배하고 자리에 앉아 다식을 마친 다음 일어나 읍한다"(『北譯』 6, 413c). 이 번역문의 원문은 "皆再拜就座受食食訖起揖"(『고려사』 69, 20a6)인데, 앞의 『北譯』에서는 '受食'에 대한 번역은 누락되어 있다. 여기서 다식은 茶와 食을 뜻하는 것이 아니라, 일종의 과자(이혜구 2001, 614)라고 한다. 고려시대 다식이 유일하게 쓰인 기록은 『고려사』의 이 「중동팔관회의」와 「대관전연군신의」뿐이다. 이색(李穡, 1328~1396)의 『목은시집(牧隱詩集)』에도 다식이 보이는데, 아들 종덕이 보낸 다식을 받고 맛을 읊은 구절에서 사대부가(士大夫家)에도 다식이 있었던 것으로 보이나 다식의 재료나 만드는 방법에 대한 기록은 전해진 것이 없다(김태경 2010, 36a). 그러나 조선시대 이익(李瀷, 1681~1763)의 『성호사설(星湖僿說)』 제6권 「다식」조에 의하면, 다식의 유래와 만드는 방법 등이 기록되어 있다(김태경 2010, 36a-b).

94 『동석』은 "근시관이 국왕에게 차를 올리면, 이어 국왕이 태자와 공, 후, 백 및 추밀, 시신들에게 차를 하사한다"(2011, 537)로 번역하였다. 그러나 주어는 근시관들이며, 그들이 국왕에 이어 태자 등에게 차를 주는 것으로 해석하는 것이 타당하다.

95 사지중악은 "뜰에서 연주하는 여러 음악"(이중효 2015, 117)을 의미한다. 중악(衆樂)은

홉 곡을 연주하라[萬邦呈奏九成]"[96]라고 신호기를 쳐 알리면[97], 아악(雅樂)[98]과 사지의 여러 음악이 차례대로 연주되는 것은 상례와 같다.

다음에는 근시관이 (왕에게) 음식을 올리고, 이어 태자 이하 시신들에

『법화경』「분별공덕품」의 중고기악(衆鼓伎樂)과 연계 가능(윤광봉 2012a, 27)하다고 한다. 그러나 한흥섭은 중악을 "여러 음악"으로 해석하고, 여러 음악을 연주하는 경우는 팔관회뿐(한흥섭 2006, 335; 한흥섭 2007b, 364)이었다고 한다. 그리고 여러 주변국의 음악 연주는 연등회에서도 없고, 팔관회 소회일에만 있었다(이중효 2015, 118).

[96] "만방정(萬邦呈奏 주 9성"(『北譯』413c); "만방정주구성萬邦呈奏九成"(『동석』2011, 537). "만방정주구성"(『고려사』69, 18b2)의 정확한 뜻은 알 수 없다(안지원 2015, 178). 음악의 한 종류로 보이지만, 『고려사』예지에도 이 음악에 대한 설명은 없으며, 연구자들에 의한 몇 가지 해석은 다음과 같다. 아악 등 여러 가지 음악이 교대로 연주되는 것(안지원 2015, 178), 구성아악과 사지중악이 번갈아 연주되는 것[이혜구 1962(2001), 98-99], 만방에서 바친 9곡에 대한 연주(한흥섭 2009, 114-115), 순(舜)의 음악(윤광봉 2012a, 27). 이 가운데 윤광봉(2012a)은 고려가 천자의 나라임을 과시하였다는 이유로 순의 음악으로 보지만, 근거는 명확하지 않다. 한흥섭은 안지원의 주장에서는 구성과 중악의 의미가 명확히 드러나지 않으며, 이혜구의 견해는 구성아악과 사지중악이 하나의 곡명이라는 명확한 근거를 제시하지 못했다고 비판하면서, "만방에서 바친[萬邦呈] 9곡을 연주하라"란 뜻으로 해석하였다. 나는 한흥섭의 견해에 따랐는데, 이중효(2015, 117)도 같은 견해를 보이고 있다. 한흥섭은 "만방정주구성"을 고려의 "여러 주변국의 음악"(한흥섭 2006, 334-335)으로 본다. 이러한 그의 주장은 한흥섭(2007b, 360-362)에서도 반복되는데, 9곡의 내용은 아악과 사지중악이라고 한다. 그리고 고려 중심의 세계관을 가장 극명하게 보여주는 주변국의 '여러 음악연주'는 '백희' 공연과 함께 팔관회의 본질적 특징을 형성하는 독특한 의례절차(한흥섭 2007b, 365)라고 한다.

[97] "태악령이 '만방정(萬邦呈) 주 9성'이라고 홀기를 부르면"(『北譯』6, 413c). 이 번역문의 원문은 "太樂令令板奏萬邦呈奏九成"(『고려사』69, 20a9)이다.

[98] 고려 예종(1105~1122) 때 성립된 궁중음악의 일종(『동석』2011, 537)인데, 이에 대한 상세한 설명은『고려사』70, 1b4-5b3 참조. 현재 중국 학계에서 아악의 범주에 대해서는 논란 중인데, 주장은 크게 두 가지다. 한 가지는 주(周, 1087~1043 B.C.E.)대의 예악만을 뜻한다는 것이고, 다른 한 가지는 궁중의 제사음악도 포함된다는 것이다. 현재 협의의 아악은 궁중의 천지 제사와 조상 제사에서 사용되는 음악을 뜻하며, 광의의 아악은 제사 음악 외, 궁중 연회에서 사용된 대악과 소악도 포함되는 개념이다. 아악은 서주(西周, 1134~771 B.C.E.) 초기에 확립된 후, 청나라(1616~1911) 말까지 이어졌으나, 그 후 100년간은 맥이 끊겼다. 중국 아악의 큰 규모와 엄밀함은 중국인의 천지관을 반영한 것이다. 주나라에서는 천자, 제후, 사대부 등 계급에 따른 음악의 등급이 있었으며, 중국과 한국 음악의 첫 음인 황종은 가장 정확한 소리가 난다는 동짓날을 기준으로 한 것이며, 아악의 다른 음들도 음양오행설 등을 배경으로 성립한 것이다(양춘웨이 2015).

게도 음식을 차린다. 집례관이 "드시오"라고 하면, 왕이 먹을 때, 음악이 연주되고, 태자 이하 시신이 읍하고 자리로 나아가 식사를 마친 후 일어나 읍하면, 음악이 멈춘다. 다음, 근시관이 (왕에게) 술을 드리는데, 왕이 술을 들 때, 음악이 연주되고, 술을 마시고 나면, 음악이 멈춘다. 다음, 태자 이하 시신들에게 술을 올리면, 집례관이 "마시시오"라고 한다. 태자 이하 시신은 두 번 절하고, 술을 받으면, 음악이 연주되고, 마시고 나면, 음악이 멎는다.

다음에는 (왕에게) 음식을 올리고, 이어 태자 이하 시신에게 음식을 차리는 절차와 음악이 연주되고 멈추는 것은 모두 위의 절차와 같다. 다음 (왕에게) 술을 드리고, 왕이 술을 마시면, 음악이 시작되고, 술을 마시고 나면, 음악이 멈춘다. 다음, 태자 이하 시신들에게 술을 올리면, 집례가 "마시시오"라고 한다. 태자 이하가 읍하고 잔을 집으면, 음악이 연주되고, 마시고 나서 읍하면, 음악이 멈춘다.

다음에는 (왕에게) 안주를 두 차례 올린다.[99] 그다음에는 태자 이하 시신들에게 음식을 차려주면, 음악이 연주되고, 먹고 나면, 음악이 멈춘다. 매번 술과 음식을 받을 때마다, 그 전후에는 모두 읍하며, 다만 (왕이 내린) 특별 잔을 받은 전후에는 모두 두 번 절한다. 집례관의 인도로 태자와 공·후·백은 궁전에서 내려가 추밀 및 위 계단의 시신들과 함께 각각 절하는 자리로 가서 모두 동쪽을 위로 하고, 북쪽을 향하여 선다. 중간 계단의 시신들도 그 계단에서 각각 자기의 과실상 앞에 가 서고, 이하의 사람들도 이에 준한다.

---

99 "다음에 왕에게 식사를 드리고"(『北譯』 6, 414b); "다음 국왕에게 쌍하(雙下) 올리고"(『동석』 2011, 538). 이 부분의 원문은 "次進雙下"(『고려사』 69, 21a1)이다. 여기서 '쌍하'의 뜻은 미상이나, "하(下)가 술을 마실 때 먹는 안주라는 뜻이 있는 것으로 보아 안주를 두 차례 올리는 것"(『동석』 2011, 538)으로 추정하고 있다.

집례관은 "태자 이하 두 계단의 시신은 두 번 절하시오"라고 외치면, (태자는) 꿇어 앉아 "신 모 등은 임금님의 천만세를 기원하는 술을 올리기를 청하여, 엎드려 성스러운 명령을 기다립니다"라고 아뢴다. 집례관이 궁전에 올라가 꿇어 앉아 (이 말을) 아뢰면, 승제가 (이 말을 받아 국왕께) 전한 후, "(왕께서) 좋다" 하신다고 (다시) 알린다. 집례가 궁전에서 내려와 "허가하신다"라고 말하면, 태자 이하 시신은 모두 두 번 절한다.

집례관의 인도로 태자와 공·후·백 및 추밀은 손 씻는 곳으로 가서 손을 씻고, 양 계단의 시신은 절하는 자리에 꿇어 앉아 (국왕을) 기다린다. 왕이 임시 휴게소에 들어갔다가 잠시 지난 후 궁전에 나와 앉으면, 화로에서 연기가 오른다. 태자와 공·후·백 및 추밀들은 바로 궁전에 올라 머리를 숙이고 엎드렸다가 일어난다. 태자가 왕의 좌석 왼쪽으로 나아가 잔을 받들면, 공·후·백과 추밀도 차례대로 주전자를 들고 술을 따른다. 왕이 술을 마시면, 음악이 시작되고, 술을 다 마시면, 음악이 멎는다.

태자가 빈 잔을 받으면, 근시관이 잔과 주전자를 이어 받아 조금 물러나 꿇어 앉는다. 태자 이하는 머리를 숙이고 엎드렸다가 일어나 궁전 아래로 내려가 절하는 자리로 나아가면, (집례관이) "두 번 절한 후, 춤추고, 또 두 번 절하시오"라고 외친다. 절하기가 끝나면, 양 계단의 시신은 본자리로 나아간다.

집례관이 "몸을 굽히시오"라고 하면, 추밀 이상은 모두 몸을 굽힌다. 집례관이 (국왕께서) 특별 잔을 하사한다는 말을 전하면, 추밀 이상은 모두 두 번 절한다. 근시관이 주전자와 잔을 받들고 먼저 (궁전에) 오르면, 추밀 이상도 궁전에 올라 머리를 숙이고 엎드렸다가 꿇어 앉는다. 승제는 주전자를, 근시관은 잔을 받드는데, 승제가 "술을 부으시오"라고 하면, 태자가 조금 앞으로 나와 잔을 받고, 근시관이 (그 잔을 다시)

전해 받아 궁전 위의 동쪽 벽 태자가 술 마시는 자리로 가 선다.

태자는 머리를 숙이고 엎드렸다가 일어나 술 마시는 자리로 물러가 선다. 다음, 공·후·백과 추밀이 차례대로 나와서 (국왕이) 돌려주는 (잔을) 받는 것은 위의 절차와 같다. 집례관이 "마시시오" 하면, 추밀 이상은 왕의 좌석을 향하여 읍하고 잔을 받는데, (이때) 음악이 연주되고, 다 마시고 나면, 음악이 멈춘다. 근시관이 각각 빈 잔을 받으면, 추밀 이상은 읍하고, 궁전에서 내려가 절하는 자리로 나아간다. 집례가 "절 하시오"라고 하면, 추밀 이상은 모두 두 번 절하고, 춤춘 후, 또 두 번 절한다. 헌수 후 (국왕이 술잔을) 돌려주는 절차는 이후에도 모두 이에 준한다. 각자 자리로 나아간 다음에는 승제 1명은 중간 계단으로, 좌우시신 각 1명은 좌우 동락정에 있는 재신들의 장막과 문·무 3품관의 장막으로 나누어 차이를 두어 내려보내[100] 특별 잔을 하사하는데, 명을 받은 사람들은[101] 모두 두 번 절하고, 계단을 내려간다.

승제가 재상들의 장막으로 갈 때, 다방의 관리 두 명은[102] 주전자에 특별히 하사한 술을 받들고, 왕이 보낸 교방의 악관들과 함께 모두 그 뒤를 따라간다. 승제가 장막의 계단 아래 명령을 전하는 자리에 이르러 남쪽을 향하여[103] 서고, 악관들은 동쪽을 향하여 열 지어 선다. 재상들

---

100 "다음에는 계단을 내려오는데"(『北譯』 6, 416a). 이 번역문의 원문은 "次差降"(『고려사』 69, 22a9)인데, 앞의 『北譯』에서는 '差'의 번역이 누락되어 있으며, 『동석』(2011, 539)에는 이에 해당하는 번역이 없다.
101 "특별 잔을 돌렸는데 명을 받은 사람들은"(『北譯』 6, 416a). 이 번역문의 원문은 "賜別盞承命者"(『고려사』 69, 22b2)인데, 이 번역문은 문맥상 문제가 있다.
102 "다방의 관속들은"(『北譯』 6, 416a); "다방의 인리人吏 두 명은"(『동석』 2011, 540). 이 번역문의 원문은 "茶房人吏二人"(『고려사』 69, 22b3)인데, 이 번역문에서는 '二人'에 대한 번역이 누락되어 있다.
103 "동쪽으로 향하여 서고"(『北譯』 6, 416b). 이 번역문의 원문은 "南向立"(『고려사』 69, 22b5)이며, 이 번역문에서는 '南'을 '동'으로 오역하였다.

은 모두 계단 아래로 내려와 절하는 자리로 나아간다.

　승제가 (국왕의) 분부를 받았다고 말하면, 재신들은 두 번 절하고, 몸을 굽힌다. (승제가) 구두로 분부를 다 마치면, 재신들은 또 두 번 절하고, 계단 위로 올라가, 조금 앞으로 나서서 서쪽을 향하여 선다. 명을 받은 사람들도 계단에 올라 재상들의 북쪽으로 가서 남쪽을 향하여 선다.

　상식국에서는[104] 과일상을 차리고, 다방의 관리 한 명이[105] 잔을 받들고, 또 다른 한 명이 술을 따르면, 음악이 연주되고, 다 마시면, 음악이 멎는다. 승제가 계단을 내려가 남쪽을 향하여 서면, 재신들은 절하는 자리로 가서 두 번 절하고, 춤추고, 또 두 번 절한 후, 본자리로 돌아간다.

　승제는 악관을 인솔하여 계단을 올라 어명을 반복한 후[106], 두 번 절한다. 중간 계단의 시신이 구두로 어명을 전달하는 절차와 문·무 3품관이 명령을 받는 절차는 모두 위의 절차와 같으나, 악관이 없는 것만은 다르다. 또한 사지의 합문관 두 명이 문·무 4품 이하의 장막으로 나뉘어 가서, 어명을 말로 전하는 절차와, 4품관 이하가 명령을 받는 절차도 3품관의 절차와 같다.

　처음에 태자 이하가 (국왕이) 도로 돌려준 (잔)을 받은 후, 절하고, 자기 자리로 돌아가면, 집례관은 왕의 분부를 받아 좌우의 시신들에게 특별 잔을 하사한다고 전한다. 집례관이 "절하시오"라고 하면, 양 계단의 시신들은 모두 두 번 절한다. 술이 나오면, 시신들은 모두 읍하면서 술을 받는데, (이때) 음악이 연주되고, 다 마신 후, 음악이 멎으면, 두 번

---

104 "상사국에서는"(『동석』 2011, 540).
105 "다방(茶房)의 인리 한 명이"(『동석』 2011, 539).
106 "복명(復命)하고"(『동석』 2011, 540).

절한다.[107]

다음으로 근시관들과 장수들과 양부의 악관들과 시봉군인들에게도 술과 과일을 내려준다는 어명이 전달된다. (이것이) 끝나면, 좌우 승제, 천우위의 상장군과 대장군, 내시와 다방과 참상관 및 궁전 위의 좌우 집례는 차례대로 궁전 위 서편 벽으로 가서 북쪽을 위로 하고, 동쪽을 향하여 서서 두 번 절하고, 술을 받아 마신 후, 두 번 절한 다음, 각자의 자리에 가 선다.

(국왕이) 특별 잔을 하사할 때마다, 그리고 대회일에 꽃과 봉약[108]과 선과를 내려줄 때도[109] 모두 이에 준한다. 집례관이 "앉아도 좋다"는 어명을 전하면[110], 태자 이하와 위 계단의 시신은 두 번 절하고 앉을 곳으로 가는데[111], 이때, 무용단이 세 번째 음식과 술 석 잔을 드린 후, 물러

---

107 "술을 다 마신 다음 주악이 멎는다"(『北譯』 6, 416c-417a). 이 번역문의 원문은 "飲訖樂止再拜"(『고려사』 69, 23a9)인데, 앞의 번역문에서는 '再拜'에 대한 번역이 누락되어 있다.
108 봉약은 봉지에 담긴 탕약 재료로 보인다(김태경 2010, 36b-37a). 중국 고대 은(殷)나라의 이름난 재상 이윤(伊尹)은 탕약의 시조다. 끽탕(喫湯)의 풍속은 송나라, 거란, 고려, 일본 등에서 성행되었다. 중국 차문화의 절정기였던 북송(北宋, 960~1126)시대 학자며 정치가였던 심괄(沈括, 1031~1093)의 『몽계필담(夢溪筆談)』에는 조정에서 재상에게 탕을 올린 진탕 풍습이 기록되어 있다. 고려시대 궁중의례에서의 진탕 풍습에 대한 유일한 기록은 서긍(徐兢: 1123년 고려에 옴)의 『선화봉사고려도경(宣和奉使高麗圖經)』의 「다조(茶俎)」에 나타난다. 전통적인 탕(湯)의 종류에는 회향탕(回香湯) 등 여러 종류가 있었는데, 이색도 회향탕을 마셨다(김태경 2010, 36b-37a).
109 왕이 신하에게 꽃을 하사하는 이유는 신하들의 공을 꽃으로 칭송하기 위한 것이다(김태경 2010, 34a).
110 "'앉으라'는 왕의 분부를 전하자"(『北譯』 6, 417a). 이 번역문의 원문은 "承旨稱賜坐"(『고려사』 69, 23b6)이다.
111 "재배하고 자리에 나아간다"(『北譯』 6, 417a). 이 번역문의 원문은 "再拜赴坐"(『고려사』 69, 23b6)인데, 이 번역문에서는 '坐'의 번역이 누락되어 있다.

나며¹¹², 이후에도 (왕에게) 술과 음식을 드린다.¹¹³ 또 태자 이하 시신들에게도 술을 돌리고, 음식을 차려주면¹¹⁴, 음악이 시작되고, 멈추는 것은 모두 상례와 같다.

(국왕의) 특별 잔이 이르면, 위 계단의 시신들은 절하는 자리로 가서 반열을 합하여 선다. 집례가 "절하시오"라고 하면, 시신들은 모두 두 번 절하고, 꿇어 앉아 "신 등은 임금님의 천만세 수를 기원하는 술을 올리기를 청합니다"라고 아뢴다. 집례관이 궁전에 올라 꿇어 앉아 (이를 왕께) 아뢰는 것, 승제가 (허락한다는 왕의 분부를) 전달하는 것, 시신들이 (손을) 씻는 절차는 모두 위와 같다. 왕이 임시 휴게소에 들어갔다가 조금 지난 후, 궁전에 나와 앉으면¹¹⁵, 시신들이 궁전에 올라가 차례대로 헌수하는 것도 위의 절차와 같다.

왕이 술을 마시면, 음악이 연주되고, 술을 마신 다음 음악이 멈추는데, 시신들은 궁전 아래로 내려와 절하는 자리로 간다. (집례관이) "양 계단의 시신들은 두 번 절하고, 춤춘 후, 또 두 번 절하시오"라고 외친다. 중간 계단의 시신들도 본자리로 돌아간다. 집례관이 "몸을 굽히시

---

112 "무대(舞隊)가 등장하였다가 세 번째 음식과 술 3순배가 지난 후에 물러간다"(『北譯』 6, 417a); "기녀들이 들어와 춤추고, 세 번째 음식을 먹고, 세 잔의 술을 마시고 나면, 기녀들은 물러간다"(『동석』 2011, 541). 이 번역문들의 원문은 "舞隊進三味三盞後退"(『고려사』 69, 23b6-7)인데, 여기서 "등장했다"는 단어는 없으며, 舞隊가 기녀라는 증거도 없다.

113 "다음에 왕에게 음식을 드리고"(『北譯』 6, 417b). 이 번역문의 원문은 "此後進酒進食"(『고려사』 69, 23b7)인데, 이 번역문에서는 '進酒'에 대한 번역이 누락되어 있다.

114 "태자 이하 시신들에게도 음식을 차린다"(『北譯』 6, 417b). 이 번역문의 원문은 "太子以下侍臣行酒設食"(『고려사』 69, 23b7-8)인데, 이 번역문에서는 '行酒'에 대한 번역이 누락되어 있다.

115 "왕이 편차에 들어갔다가 조금 지나서 전에 나와 앉자"(『北譯』 6, 417b). 이 번역문의 원문은 "王入便次少頃王出坐殿"(『고려사』 69, 24a3)이며, 앞의 번역문은 문맥상 문제가 없다. 그러나 원문에서 '王'이 두 번 반복된 것은 당시 그만 한 이유가 있었던 것으로 간주되어 여기서는 원문대로 번역하였다.

오"라고 외치면, 위 계단의 시신들은 모두 허리를 굽힌다. 집례관이 (왕이) 특별 잔을 돌려준다고 전하면, 시신들이 두 번 절하고, 궁전에 올라 차례대로 특별 잔을 받는데, 그 의례는 위의 절차와 같다.[116] 만약 태자와 공·후·백과 중간 계단의 시신들에게 특별히 술을 하사한다는 (국왕의) 분부가 있을 경우, (그들이) 각자 (자기) 자리 뒤에서 술을 받는 것도 보통의 절차와 같다. (그들이) 궁전에서 내려가 절하는 자리에 나아가면, (집례관이) "두 번 절하고, 춤춘 후, 다시 두 번 절하시오"라고 외친다. (이것이) 끝나면, 각자의 자리로 나아간다.

그다음 근시관과 장수들과 양부의 악관들과 시봉군인들에게 술과 과일을 주도록 알리는 것도 위의 절차와 같다. 왕이 임시 휴게소에 들어간 후, 조금 지나, 협률량이 휘를 들면, 음악이 시작되고, 대(臺)를 움직인 뒤, 휘를 눕히면, 음악이 멈춘다.[117] 태자와 공·후·백 및 추밀은 합문의 인도로 사지 아래로 내려가, 재신과 여러 문관과 무관과 함께 각각 자리에 가 선다. 사인이 "태자 이하 여러 문관과 무관은 두 번 절하고, 태자는 앞으로 나와 칭송의 말을 올린 후, 다시 자리로 물러나 절하고, 춤춘 후, 다시 두 번 절하시오"라고 한다. 치사를 그만두라는 (국왕의) 명령이 있을 때마다, 합문이 "각자 공손하게 읍하시오"라고 하면, 여러 관리는 읍한 후 물러간다.

---

116 "시신들은 재배하고 전에 올라 차례로 이상 절차와 같이 하사하는 특별 잔을 받는다"(『北譯』 6, 417c). 이 번역문의 원문은 "侍臣再拜升殿以次受廻賜如上儀"(『고려사』 69, 24a7-8)이다.

117 "협률량이 휘를 들자 음악이 시작되어 대(臺)를 움직이자 휘를 눕히면 음악이 멎는다"(『北譯』 6, 418a). 이 번역문의 원문은 "協律郎擧麾鼓吹振作動臺訖偃麾鼓吹止"(『고려사』 69, 24a4-5)이다.

2. 대회일[118] 행사

1) 난가출궁 의식

왕이 먼저 선인전으로 나와, 승제 이하 근시관과 후전관들의 문안을 받은 후, (다시) 대관전에 나와 시신들의 문안(을 받는다) 그리고 (왕은) 의봉루에 올라가 향[119]을 피우고, (선조에게) 술을 올린다. 그 후, 근시관 이하가 계단을 오르고, 태자 이하 공·후·백과 재신, 추밀, 시신 및 여러 문관과 무관이 차례대로 늘어선다. 왕이 궁전에 앉은 후, 국왕에게 말씀을 아뢰는 것과 왕의 장수를 비는 술잔을 올리는 것, 그리고 앉으라는 왕의 허락을 전해주는 것은 모두 소회의 절차와 같다. 오직 왕께 말씀을 아뢸 때, 조하(朝賀: 하례를 올림)라 하지 않고, 기거(起居: 문안 인사를 올림)라 하는 것[120]과 반열의 수석 관리가 (국왕에게) 문안을 드리고, 두 번 절한 후, 앞으로 나가서 절하고, 춤추고, 절하는 것이 없음과 표문을 가진 사람들이 여러 관리를 따라 들어오고 나가는 점은 다르다.

---

118 대회일 행사의 중심은 연회였다(안지원 2005, 186).
119 『삼국유사』의 「아도기라(阿道基羅)」조에 의하면, 향은 중국을 통해 한국에 들어왔는데, 그때는 신라 눌지왕(417~458) 대였다. 당시 신라인들은 향의 이름과 사용 방법을 몰랐으나, 승려 묵호자가 그 이름과 사용법을 알고 있었으며, 그에 의하면, 향을 태우고 축원하면 반드시 영험이 있을 것이라고 하였다(一然 1994, 198).
120 "'조하'라 하지 않고 '문안'이라고 말한 것"(『北譯』 6, 418b). 이 번역문의 원문은 "不稱朝賀而稱起居"(『고려사』 69, 25a4)다.

2) 외국인 조하 의식

다음, 굽고 곧은 꽃 덮개를 위 계단에 동서쪽으로 나눠 세우고, 수레[輿]와 손수레[輦][121]와 왕부의 도장 등은[122] 의봉문 안에 빙 둘러 세운다.[123] (이것이) 끝나면, 합문은 (중국) 송나라(960~1279)의 강수(綱首: 상인[124] 우두머리)[125] 등을 인도하여 임금께 말씀을 아뢰는 자리로 나아가 서게 한다.[126] 합문관이 왕에게 "대 송나라의 도강(都綱)[127] 아무개 등이 하례를 드리기 위해 기다리고 있습니다"라고 아뢴다.[128] 끝나면, (합문관

---

[121] 여연은 국왕이 타는 수레와 가마를 말한다(『동석』 2011, 542).

[122] "부보(符寶) 등은"(『동석』 2011, 542).

[123] "등은 일체 의봉문 안에 진렬한다"(『北譯』 6, 418c). 이 번역문의 원문은 "等竝還列儀鳳門內"(『고려사』 69, 25a7-8)인데, 이 번역문에서는 '竝還'의 번역이 누락되어 있다.

[124] 고려를 방문한 외국 상인 수는 11세기 중기에는 4,000여 명, 12세기 초에는 700여 명에 이르렀으며, 그 현황에 대해서는 전성호(2014, 133) 참조.

[125] '강수'에 대한 해석은 현재 두 가지다. 한 가지는 중세의 중국에서 선단주와 선장을 겸한 인물에 대한 호칭으로 사용되었다(윤무병, 「新安海底遺物」, 『한국민족문화대백과』)는 것이며, 다른 한 가지는 고려시대 송나라의 무역 상인들 가운데 책임자로서, 무역선에 교역물품을 싣고 고려로 건너와 직접 교역에 종사하기도 하였다(『동석』 2011, 542)는 것이다.

[126] "문사위에 가 선다"(『北譯』 6, 418c). 이 번역문의 원문은 "就聞辭位立定"(『고려사』 69, 25a8-9)이다.

[127] "고려시대 송나라 무역 상인들의 최고 관리 책임자를 말한다"(『동석』 2011, 542)고 하나, 이 설명에 대한 전거는 밝혀져 있지 않다. 중국 송나라(960~1279)의 도강이 어떤 직책이었는지는 자료 부족으로 알 수 없으나, 중국 명나라(1368~1882)에서는 승록사(僧錄司)에 소속된 종9품의 승직이었다(zh.wikipedia.org/wiki/%E5%83%A7%E9%8C%84%E5%8F%B8, 2014년 11월 22일 검색). 송상은 한 번 또는 불규칙하게 오가는 그런 상인들이 아니었다. 그들은 반복해서 고려를 왕래하였으며, 한 번에 여러 상단이 동시에 오는 경우도 적지 않았는데, 고려에서 송상 무역에 대한 기록이 마지막으로 나타난 것은 1278년(충렬왕 4)이었다(李鎭漢 2007b, 62-79).

[128] 현종(1009~1031) 대에는 나주에서도 팔관회가 열렸는데, 나주 팔관회는 서남해 지역의 오랜 해상 활동과 동아시아 여러 나라를 연결하는 대외교섭의 전통에 토대를 두고 있었다. 우왕(1374~1388) 때의 재상이던 윤진(尹珍)은 "때로 (나주의) 상객(商客)들이 오월(吳越)을 드나들었다"라고 하였는데, 나주의 상객들이 국내를 넘어 남중국의 오월을 왕래한 것과 마찬가지로 중국 송나라 상인들도 나주 팔관회에 참여하였을 가능성

이 도강 등을) 인도하여 절하는 자리로 나아가 예물[129] 목록[物狀][130]을 (왕께) 올리게 하는데, 합문이 (이것을 받아) 왕께 올리고[131], 머리를 숙이고 엎드렸다가 일어난다.[132]

사인이 "(모두) 두 번 절하시오. 우두머리는 성스러운 몸(왕)의 만복을 아뢰고, 만세를 부른 후, 두 번 절하시오"라고 외친다. 우두머리가 앞으로 나섰다가 본자리로 물러가 만세를 부르고, 두 번 절한다.[133] 다음,

---

이 높다. 따라서 나주는 팔관회가 개최되면서 송(宋)을 비롯한 여러 국가의 사절 및 상인 등이 왕래하는 국제교역의 중심지로 떠올랐다(문안식 2014, 71-93)고 한다.

[129] 중국의 고대 국가의 원회의례에서 황제가 신하에게 예물을 하사하고, 연회를 베푼 것은 군신 관계의 화합과 조정을 질서화하기 위한 것이었다. 이 전통은 후대 왕조에도 이어졌는데, 이는 군신 관계의 갱신과 화합을 도모하고, 국가 중추의 정치적 질서를 재생산하는 중요한 의례였다(渡辺信一郎 2002, 104-115).

[130] 여러 가지 물건의 품목을 기록한 문서(『동석』 2011, 542). 중국 당나라의 외국사 관련 의례에서 가장 중요한 것은 국서의 예물 교환이었다(김성규 2012b, 381-385). 송 상인의 고려 왕에 대한 예물 증정도 같은 맥락에서 이해될 수 있을 것이다. 『대당개원례』에 실린 외국사 관련 여러 의례의 본문은 김성규(2012b, 389-395) 참조.

[131] 송상과 고려의 무역에는 국왕이 그 중심에 있었으며, 고려 국왕은 송상의 가장 크고 중요한 무역 상대였다(李鎭漢 2007b, 64-67). 팔관회 때 송상 등의 조하를 허용한 것은 왕실 권위 제고의 한 방편이었으며(이중효 2015, 111), 송상과 일본이 바친 귀중한 물품을 왕실 창고에 보관했다가 연회 때에 신하들에게 나누어준 것은 외국에서 들어온 것을 이용하여 국왕의 권위를 과시하기 위한 것이었다(李鎭漢 2007b, 64).

[132] "합문관이 이것을 받아 올리자 그들은 머리를 숙이고 엎드렸다가 일어난다"(『北譯』 6, 418c). 이 번역문의 원문은 "閣門接上俛伏興"인데, 이 번역문에서는 머리를 숙이고 엎드렸다가 일어난[俛伏興] 주체를 '그들(도강 등)'로 보았으나, 문맥상 주어는 합문관이 타당하다.

[133] 중국 당나라의 외국사 관련 의례에서 가장 중요한 것은 자리의 방향이었는데, 주동객서(主東客西)가 원칙이었으나, 군신 간에는 군북신남(君北臣男), 즉 군주가 북쪽에서 남쪽을 바라보고, 신하는 반대편에 자리를 잡는 것이 철칙이었다(김성규 2012b, 366). 당나라의 외국사 의례에서는 계단과 관련된 기록이 많으며, 그들의 계단 사용에는 일정한 원칙이 있었다. 태극전(太極殿) 의례에 참석한 외국 사절들의 면위(面位)에 대해서는 김성규(2012b, 368) 참조. 그리고 당나라의 외국사 관련 의식에서 예와 가장 관련 깊은 것은 절로서 주로 재배 또는 재배계수(再拜稽首)였는데, 절은 왕의 말에 대한 공순과 사의의 표시를 의미하였다. 당의 궁중 의례에서는 무도가 수반되나, 외국사 의례에서는 발견되지 않는다(김성규 2012b, 369-371).

(그들에게) 앉아서 (풍)악을 관람케 하고, 아울러 해당 관청에서 술과 음식을 주라는 국왕의 분부를 전하면[134], (그들은) 두 번 절하고, 만세를 부른 후, 우두머리를 따라 서쪽으로 나가 임시 휴게소로 나아간다.[135] 다음에는 (집례관의) 인도로 동·서의 번자(蕃子)[136]와 탐라인(耽羅人)[137]이

---

[134] 『고려사』 「예지」에 기록된 가례들 중, 「중동팔관회의」의 연회에 대해서는 이범직(1990, 440) 참조. 중국 당나라의 외국사 관련 의례에서 등장하는 거주(擧酒)란 단어의 뜻은 단순히 술을 든다는 의미가 아니라, 술을 마신다는 뜻이다(김성규 2012b, 363).

[135] "다음에는 그들에게 자리에 앉아 풍악[樂]을 관람할 것과 겸하여 해당 반을 걷어 서편으로 나가 부서에서 음식을 선사할 것을 전하자 그들은 만세를 부르고 재배하고 림시 휴게소로 나아간다"(『北譯』 6, 419a). 이 번역문의 원문은 "次傳宣賜坐看樂兼賜所司酒食訖奏山呼再拜卷班西出就幕"(『고려사』 69, 25b3-5)이다.

[136] 여기서의 동·서번은 고려시대 국경지대에 거주하던 오랑캐인 여진을 가리키며, 고려에서는 '蕃'을 조공국의 개념으로 쓰고 있었는데(안지원 2005, 213), 고려 황제는 여진추장들에게 관작을 내렸다(노명호 2012, 93). 여진족에 대한 상세한 설명은 『동석』(2011, 543) 참조. 여진이 고려에 공물을 바친 데 대해서는 『고려사』 2, 2a6-9참조. 고려는 인종 16년(1138) 이전에 이미 여진족 금을 사대하였으니, 동서번자는 금의 명령을 듣지 않던 여진족이 있었거나, 동서번자의 조하가 이미 끊겼지만, 의례상 혹은 관념상으로만 남아 있었기 때문에 반영된 것으로 보인다(김창현 2011, 61). 인종 대에서 의종 대는 여진족 금에 대한 사대 정책에 대해 고려 사람들의 불만이 팽배하였으며(김창현 2011, 75), 충선왕 1년(1308)의 기록에 의하면, 5월 31일(을묘)에는 왕과 공주가, 6월 병진일(1일)에는 태상왕과 국왕과 공주가 번승(蕃僧)에게서 계를 받았다(『고려사』 33, 12b5-9)고 하는데, 『北譯』에서는 번승을 "서역 중"(399a-b)으로 번역하였다. 그러나 당시의 고려는 원나라의 "반식민"(Duncan 2013, 1-19)상태에 있었기 때문에, 번승은 원나라 승려로 해석하는 것이 더 타당할 것이다. 『대당개원례』에서 외국 사절들은 번주(藩主), 번사(藩使)라 하였는데(김성규 2012, 349), 이 책에 보이는 외국사 관련 의례들에 대해서는 김성규(2012, 350) 참조. 그리고 팔관회에서만 시행된 독특한 의례절차인 소회일의 구정에서의 여러 주변국의 음악 연주와 대회일의 외국인의 경축인사를 받는 의례는 고려인의 드높은 자긍심과 고려 중심의 세계관을 가장 극명하게 보여주는 상징적인 것이었다(한흥섭 2006, 332-336; 한흥섭 2007b, 366).

[137] 탐라에 대한 설명은 "志卷第十一 高麗史五十七, 地理二"에 상세하게 나타난다(『고려사』 57, 53b7-56b5). 이 기록에 따르면, 탐라는 삼국시대에는 탐라국으로 불렸으며(『고려사』 57, 55a3-4), 고려 태조 21년(938)에도 탐라국의 태자가 조공을 바쳤다. 그러다가 숙종 10년(1105)에 탁라(乇羅)를 탐라군(耽羅郡)으로 바꾸었다(『고려사』 57, 55a9-b6). 따라서 이때 탐라는 고려에 소속된 것으로 보인다. 충렬왕 3년(1277)에는 원나라가 탐라를 강점하여 목마장으로 만들었는데, 동왕 20년(1294)에 왕이 원나라에 가서 탐라를 돌려줄 것을 요청하여 돌려받게 되었으며, 이듬해인 1295년에는 제주(濟

하례를 드리는 것은 모두 송의 상인 우두머리에 대한 예와 같다.

다음에는 각 지역과 여러 번의 공물을 인도하여 동쪽의 인덕문[138]을 통해 들어오게 한 후, (이를 실은) 준마가 급히 마당을 지나[139], 서쪽의 의창문으로 나가게 한다. (이것이) 끝난 후, 합문(관)이 의례를 거행하는 절차와 계단으로 오르는 것, 사지에서 자리로 나아가는 것은 소회의 절차와 같으며, 다만 앞으로 나서서 국왕을 칭송하는 말을 올리는 것과 절하고, 춤추고, 절하는 것이 없는 점은 다르다.

3) 연회 의식

(1) 첫째 단계

다음, 양부의 악관과 근장군인(近仗軍人)[140]들이 차례대로 계단에 올라, 각각 본자리로 나아가는 것도 소회의 절차와 같다. 다음에는 근시관들이 왕에게 차와 음식[141]을 올리는데, 집례관이 (근시관들에게) 궁전

州)로 개명하였다(『고려사』 57, 55b3-6).
138 고려시대 개경의 궁궐 안에 창건된 제2의 정전인 건덕전(乾德殿)의 동쪽 문이다. 건덕전에서 국왕의 연회와 복시 및 여진·거란 사신의 접견 등과 같은 행사가 있을 때 국왕을 접견하는 사람들이 이 문을 통해 들어왔다. 한편 건덕전의 서쪽 문이 의창문(義昌門)으로 인덕문을 통해 들어온 사람들이 나갈 때 이용하였으며, 그 정문이 의봉문(儀鳳門)이다(『동석』 2011, 543). 건덕전은 대관(大觀)으로도 불렸다(『고려사』 56, 2a8). 건덕전에서는 약간 등급이 낮은 의례들이 개최되었으며, 사신 접대의 경우 송의 사신은 대개 회경전에서 맞이하였지만, 금이나 요의 사신들은 대개 건덕전에서 맞이하였다(한국역사연구회 2002, 54-55; 강호선 2015, 45에서 재인용).
139 "급히 뜰을 지나"(『北譯』 6, 419a). "빨리 궁전 마당을 통과해"(『동석』 2011, 543). 이 번역문들의 원문은 "驟奔過庭"(『고려사』 69, 25b7)이다.
140 고려시대 국왕의 호종·숙위 등을 맡은 국왕 측근의 군사조직으로서 금위(禁衛) 또는 금군(禁軍), 시봉군인(侍奉軍人)·숙위군(宿衛軍)·시위군(侍衛軍)·시봉군(侍奉軍) 등이라고도 한다(『동석』 2011, 543-544).
141 다식은 유밀과의 하나로서, 녹말, 송화, 승검초, 황밤, 검은깨 등의 가루를 꿀이나 조청에 섞어 다식판에 박아낸 것이다.

을 향하여 몸을 굽히기를 권한다. 다음, 태자 이하 시신들에게도 차와 음식을 차려주는데, 음식이 나오면, 집례관이 "절하시오"라고 한다. 태자 이하 시신들은 모두 두 번 절한 후, 자리로 가 음식을 받아 다 먹고 나면, 일어나 읍한다. 궁전 위에서 차와 술과 음식을 올리는 것과 태자 이하 시신들에게 차를 내려주고, 술을 돌리며, 음식을 차리는 절차와 음악이 연주되고 멈추는 것은 모두 소회의 절차와 같다.

왕에게 두 차례 음식을 올리고 나면[142], 태자와 공·후·백은 집례관의 인도로 궁전에서 내려가 추밀 및 위 계단의 시신들과 함께 춤추는 자리로 나아간다. 중간 계단의 시신들도 그 계단에서 역시 그와 같이 한다.[143] 집례관이 "태자 이하 근신들은 모두 두 번 절하고, 꿇어 앉아 임금님의 천만세의 장수를 기원하는 술을 드릴 것을 아뢰시오"라고 외친다. 집례관이 궁전에 올라가 머리를 숙이고, 엎드렸다가 꿇어 앉아 (이 말을) 아뢰고, 승제가 (다시 이 말을 왕께) 전하여 아뢴 다음, "좋다"라고 한 임금의 말을 (다시) 전한다. 집례관은 머리를 숙이고, 엎드렸다가 일어나, 궁전 아래로 내려가 태자의 동쪽으로 가서 북쪽으로 궁전을 향하여[144] 읍한 후, 서쪽을 향하여 허가한다는 분부를 전하고, "태자 이하 근신들은 모두 두 번 절하시오"라고 외치고, 추밀 이상을 인도하여 손 씻는 곳으로 가서 손을 씻는다. 위 계단과 가운데 계단의 왕과 근신들은 절하는 자리에서 꿇어 앉아 (왕을) 기다린다.

---

142 "왕의 식사를 곱배기로 나른 후"(『北譯』 6, 419c). 이 번역문의 원문은 "進御食至雙下後"(『고려사』 69, 26a6-7)다.
143 "추밀관들과 가운데 계단의 시신과 함께 계단으로 올라온다. 다 춤추는 자리에 나아가고 가운데 계단의 시신들도 그 계단에서 역시 이와 같이 한다"(『北譯』 6, 419c). 이 번역문의 원문은 "與樞密上階侍臣就舞位中階侍臣於其階亦如之"(『고려사』 69, 26a7-8)인데, 앞의 번역문 중, "추밀관들과 가운데 계단의 시신과 함께 계단으로 올라온다"는 오역이다.
144 "태자의 동북쪽으로 가서 궁전을 향해"(『동석』 2011, 544).

(2) 둘째 단계

왕이 임시 휴게소에 들어갔다가 잠시 지난 후, 궁전에 나와 앉으면, 채찍을 울려 신호를 하고, 이때 화로에서는 연기가 오른다. 근시관(한 명)이 꽃을 담은 함을 들고[145], 다른 근시관 두 명은 잔과 주전자를 받들고, 먼저 (궁전에) 올라가 왕의 좌석 동북쪽으로 가서 약간 뒤쪽에 꿇어 앉는다. 태자 이하 추밀 이상은 궁전으로 올라가, 머리를 숙이고 엎드렸다가 일어나며, 태자는 왕의 좌석 왼쪽으로 가서 서쪽을 향하여 꿇어 앉는다.[146] 승제원이 꽃 한 가지를 집어서 태자에게 주면, 태자는 꽃을 받아 꿇어 앉아 올리는데, (이때) 음악이 연주된다. 승제원이 또 한 가지를 집어서 태자에게 주면, 태자는 (그것을 왕에게) 바친다. 헌수원들도 두 가지 또는 서너 가지를 올리는데, 사람 수가 많고 적음을 분별하여 올린다. 왕이 꽃을 (머리에) 꽂으면, 태자는 약간 물러나서, 머리를 숙이고 엎드렸다가 무릎을 꿇어 앉고, 공·후·백 및 추밀이 계속 나아가 꽃을 올리는데, 그 절차는 앞과 동일하며[147], (이것이) 끝나면, 음악이 멈춘다.

---

145 『고려사』「예지」에 의하면, 궁중에서 꽃만 전담하는 관직인 화관(花官)은 여러 계급으로 존재하고 있었다. 팔관회에서 함(函)으로 꽃을 받드는 근시관(近侍官)이 있고, 임금에게 꽃을 올리는 승제원(承制員), 꽃과 술 운반을 감독하는 선화주사(宣花酒使), 꽃 가진 사람을 인도하거나 꽃을 걷어치우는 인화담원(引花担員), 꽃과 술의 운반을 감독하는 압화주사(押花酒使), 선화주사로부터 받은 꽃을 지정된 사람에게 꽂아주는 권화사(勸花使), 연회석에서 임금이 보내준 꽃과 술을 보살피는 선화사(宣花使), 임금이 주신 꽃을 가져다 권화사(勸花使)에게 주는 압화사(押花使), 인화담원으로부터 받은 꽃과 술을 담당한 화담원(花担員), 꽃을 세어서 지정된 사람에게 나누어 올리는 헌수원(獻壽員) 등으로 구성되어 있었다(김태경 2010, 34a-b).
146 "왕의 좌석의 왼쪽으로 가서 꿇어 앉는다"(『北譯』6, 420a). 이 번역문의 원문은 "詣王座左西向跪"(『고려사』69, 26b9)인데, 이 번역문에서는 '西向'에 대한 번역이 누락되어 있다.
147 "이상과 같이 꽃을 드린 다음"(『北譯』6, 420b). 이 번역문의 원문은 "進獻花如上"(『고려사』69, 27a4)이다.

태자가 머리를 숙이고, 엎드렸다가 일어나 왕의 자리 왼쪽으로 가서, 잔을 받들고 꿇어 앉으면, 공·후·백과 추밀은 차례대로 주전자를 들고, 술을 따른다. 왕이 술을 마시면, 음악이 연주되고, 다 마시고 나면, 음악이 멎는다. 태자가 (앞으로) 나아가 빈 잔을 받으면, 근시관이 잔과 주전자를 이어 받아 약간 물러나 꿇어 앉고, 태자 이하는 머리를 숙이고, 엎드렸다가 일어나 궁전 아래로 내려가 절하는 자리로 나아간다. (집례관이) "태자 이하 양 계단의 시신은 두 번 절하고, 춤춘 후, 또 두 번 절하시오"라고 외친다. 꽃과 술을 바치는 절차는 아래에서도 이에 준한다.

　집례관이 "몸을 굽히시오"라고 하면, 추밀 이상은 모두 몸을 굽힌다. 집례관이 (왕께서) 특별 잔을 돌려준다고 전하면, 추밀 이상은 모두 두 번 절한다. 근시관이 왕이 하사한 꽃을 담은 함과 주전자와 잔을 받들어, 먼저 (궁전으로) 올라가면, 추밀 이상도 궁전에 올라 왕의 자리 왼쪽으로 가 머리를 숙이고 엎드렸다가 꿇어 앉는다. 승제가 꽃을 받들어 올리면, 왕이 (이것을 받아) 손수 (태자에게) 내려주면, 음악이 연주된다. 태자가 (머리에) 꽃을 꽂은 후, 머리를 숙이고 엎드렸다가 물러나 꿇어 앉고, 공·후·백과 추밀도 차례대로 나와 꽃을 받는 것은 위의 절차와 같으며, 끝나면, 음악이 멈춘다.

　태자가 왕의 자리 왼쪽으로 가, 머리를 숙이고 엎드렸다가 꿇어 앉으면, 승제는 주전자를 받들고, 근시관은 잔을 받든다. 승제가 "술을 따르시오"라고 하면, 태자는 조금 앞으로 나와 잔을 받으며, 근시관이 (그 잔을) 전해 받아 궁전 위 동쪽 벽 태자가 마시는 자리에 가 서고, 태자도 머리를 숙이고 엎드렸다가 일어나 물러가 마시는 자리에 가 선다. 공·후·백과 추밀이 차례대로 나아가 국왕이 돌려준 잔을 받는 것은 위의 절차와 같다. 집례관이 "마시시오"라고 하면, 태자 이하는 왕의 자리를 향하여 읍하며, (이때) 음악이 시작되고, 마시고 나면, 음악이 멎는다.

근시관들이 각각 빈 잔을 받으면, 태자 이하는 읍한 후, 궁전 아래로 내려가 절하는 자리로 나아가고, (집례관이) "두 번 절하고, 춤춘 후, 또 두 번 절하시오"라고 하면, (그렇게 한 후) 각각은 자기 자리로 돌아간다. 다음에는 시간 차이를 두고 내려온[差降][148], 승제 한 명[149]과 중간 계단 좌우의 근신 각 한 명을 좌우 동락정과 재신의 장막과 문·무 3품관의 장막으로 나누어 보내, (국왕이) 특별히 하사한 꽃과 술을 전달한다. 명을 받은 사람들은 모두 두 번 절하고, 계단을 내려온다.

승제가 재상의 장막으로 갈 때, 다방의 관리들은 주전자와[150] (국왕이) 특별히 하사한 약과 술을 받들고, 하사된 과일과 꽃을 받든 자와 (국왕이) 보낸 교방 악관들도 뒤따라간다.[151] 승제는 장막 계단 아래 명령을 전하는 자리에 이르러, 남쪽을 향하여 서고, 악관들은 동쪽을 향하여 정렬한다. 재신들이 계단에서 내려와 명령을 받는 것과 승제가 구두로 전하는 것과 상식국에서 과일상을 차리는 절차는 모두 소회의 절차와 같다. 재신들은 절하고 난 후, 계단으로 올라 자리로 가서 궁전을 향하여 서고, 승제는 재상의 북쪽에서 남쪽을 향하여 선다. 꽃 상자를 든 사람이 승제의 오른쪽으로 가 꿇어 앉으면, 승제가 꽃을 집어 차례대로 재신들에게 전해주는데, (이때) 음악이 연주되고, 재신들이 꿇어 앉은

---

148 『동석』(2011, 546)에는 이 부분의 번역이 없다.
149 "다음에는 승제 1명과"(『北譯』 6, 421b). 이 번역문의 원문은 "次差降承制一員"(『고려사』 69, 28a5)인데, 이 번역문에서는 '差降'에 대한 번역이 누락되어 있다.
150 "주전자와 잔을 갖추고"(『北譯』 6, 421c). 이 번역문의 원문은 "具注子"(『고려사』 69, 28a7)인데, 여기에 잔에 해당하는 단어는 없다.
151 "특별히 하사하는 약, 술, 과실 및 꽃을 가지고 임금이 보낸 악대, 악관들과 같이 뒤를 따른다"(『北譯』 6, 421c). 이 번역문의 원문은 "奉別宣藥酒及奉宣果宣花者宣送敎坊樂官等竝隨後"(『고려사』 69, 28a7-8).

채 꽃을 받아 꽂으면, 음악이 멈춘다.

상사국에서 과일상을 차리면, 다방의 관리[152] 한 명이 잔을 받들고 또 한 명이 술을 따르고 나면, 하사된 과일을 받든 사람들이 각각 계단에 올라, 재상의 자리에 가서, 동쪽을 향하여 설 때, 음악이 연주되고, 다 마시면, 음악이 멈춘다. 승제가 계단을 내려와 남쪽을 향하여 서면, 재상들은 절하는 자리로 나아가 두 번 절하고, 춤춘 후, 또 두 번 절하고 나면, 도로 본 자리로 간다. 승제는 악관을 인솔하여 계단으로 올라가 다시 자리로 돌아가서 두 번 절한다.

중간 계단의 시신들이 구두로 명령을 전달하는 것, 문·무 3품관이 명령을 받는 것, 꽃과 술과 하사된 과일을 받는 것, 시신들이 어명을 반복하는 절차는 모두 위와 같으며, 다만, 음식 담는 그릇[153]과 악관들이 없는 것이 다르다. 또 사지의 합문 두 명이 어명을 받들고, 문·무 4품 이하의 장막으로 나누어 가서 구두로 (어명을) 전달하는 것과 어명에 따라, 꽃과 술을 받는 절차도 위의 절차와 같다.

문·무 3품관 이하에게는 대부(大府)[154], 즉 궁중에서 보낸 꽃가지를 준다. 처음 태자 이하가 절하기를 마친 후, 자리로 나아가면, 집례관이 어명을 받아, 좌우의 시신들에게 꽃과 술을 베풀어줄 것을 전하고, "두 번 절하시오"라고 외친다. 근시관들이 꽃과 술과 하사된 과일을 살피고 나면[155], 시신들은 (머리에) 꽃을 꽂고, (술)잔을 집는데, (이때), 음악이 연주되고, (술을) 다 마시고 나면, 음악이 멈추고, 시신들은 또 두 번 절한다.

---

152 "인리"(『동석』 2011, 546).
153 과합(果榼)이라고도 하며, 과실을 담는 그릇이다(『동석』 2011, 546).
154 고려시대의 국고 비축 공간이다. 이에 대한 상세한 설명은 『동석』(2011, 547) 참조.
155 "근시관은 하사한 꽃, 술, 과실을 나누어주는 것을 살핀다"(『北譯』 6, 422c). 이 번역문의 원문은 "近侍官監賜花酒宣果"(『고려사』 69, 29a7)이다.

다음 (왕을) 모시고 선 관원과 장수들과 양부의 악관들에게 꽃과 술을 베풀어줄 것을 전하고, 다음에는 시봉군인들에게 술과 과일을 하사한다고 전한다. (이것이) 끝나면, 집례관이 앉을 좌석을 내린다는 어명을 전하고, "태자 이하는 계단으로 올라가시오"라고 외친다. 시신들이 두 번 절한 후, 자기 자리로 돌아가고, 무용단이 들어왔다 나갔다 하는 것은 소회의 절차와 같다. (왕에게 드릴) 술과 음식을 올리는 것과 태자 이하 시신들에게 술을 돌리고, 음식을 차려줄 때, 음악이 연주되고, 멈추는 것은 보통의 절차와 같다.

(국왕이 하사한) 특별 잔이 이르면, 위 계단의 시신들은 절하는 자리에 나아가 반열을 합하여 서고, 중간 계단의 시신들이 그 계단에 (서 있는 것도) 소회의 절차와 같다. (집례관이) "시신들은 모두 두 번 절하고, 꿇어 앉아, 임금님의 천만세 장수를 기원하는 술을 드리겠다고 임금님께 아뢰시오"[156]라고 외친 후, 궁전에 올라가 꿇어 앉아 (국왕에게 이를 다시) 아뢰면, 승제가 국왕의 허락을 전하는 것과 시신들이 손을 씻는 절차는 모두 위의 절차와 같다.

(3) 셋째 단계

왕이 임시 휴게소에 들어갔다가 잠시 지난 후, 궁전에 나와 앉으면, 채찍을 울려 (신호를 하고), 시신들은 궁전에 올라 차례대로 왕의 장수를 기원하는 술을 드린다. 왕이 술을 마실 때, 음악이 연주되고, 다 마시면, 음악이 멎는다. 시신들은 궁전을 내려가 절하는 자리로 가서, (집

---

156 "'시신, 재 개배, 궤, 청상 천 만세 수주'"(『北譯』 6, 423a). 이 부분의 원문은 "侍臣皆再拜跪奏請上千萬世壽酒"(『고려사』 69, 29b5-6)며, 그 훈은 "시신, 개 재배, 궤, 주청, 상, 천 만세 수주"가 된다. 따라서, 『北譯』에서는 '奏'의 번역이 누락되어 있으며, '청상'은 잘못된 훈역이다.

례관이) "양 계단의 시신들은 두 번 절하고, 춤춘 후, 다시 두 번 절하시오"라고 외친다.

집례관이 "몸을 굽히시오"라고 하면, 위 계단의 시신들은 모두 몸을 굽힌다. 집례관이 (임금께서) 특별 잔을 돌려준다는 것을 전하면, 시신들은 모두 두 번 절한다. 근시관이 함에 봉약과 (국왕이) 하사한 과일과 (술) 잔과 주전자를 받들어, 먼저 (궁전에) 오르고, 시신도 궁전에 올라 왕의 자리 왼쪽으로 가 머리를 숙이고, 엎드렸다가 꿇어 앉는다. 승제가 꿇어 앉아 봉약을 집어 (왕에게) 드리면, 왕은 손수 (받아) 시신들에게 준다.

(시신이 봉지약을) 받은 후[157], 근시관들은 잔을 받들고, 승제가 술을 따른다. 시신들은 (그) 잔을 받아, (다시) (그) 잔을 받는 (다른) 사람에게 전해준다. 또, 근시관들이 하사된 과일을 시신들에게 주면, 시신들은 (이 과일을) 받은 후, 머리를 숙이고 엎드렸다가 물러간다. 시신들은 차례대로 술과 봉지약과 하사된 과일을 받은 후[158], (술) 마시는 자리에 가 읍하는데, 잔을 잡을 때, 음악이 시작되고, 다 마시고 나면, 음악이 멎는다.

(시신들이) 궁전에서 내려가 절하는 자리로 가면, (집례관이) "시신들은 두 번 절하고, 춤춘 후, 또, 두 번 절하시오"라고 외친다. (이것이) 끝나면, 각자 (본)자리로 나아간다. 만약 태자와 공·후·백 및 중간 계단의 시신들에게 특별히 하사한 술을 주라[159]는 어명이 있으면, 곧 각자 (자기) 자리 뒤에서 술을 받는 것은 위의 절차와 같다. 다음에는 국왕이

---

157 이 번역문의 원문은 "受訖"(『고려사』 69, 30a5)인데, 이에 대한 번역은 『北譯』에는 누락되어 있다.
158 "하사하는 약, 과실을 받은 후"(『北譯』 6, 423c). 이 번역문의 원문은 "受酒及封藥宣果訖"(『고려사』 69, 30a7-8)인데, 이 번역문에서는 '酒'의 번역이 누락되어 있다.
159 "특별한 술을 하사"(『北譯』 6, 423c). 이 번역문의 원문은 "賜別宣酒"(『고려사』 69, 30b1)이다.

근시관과 장수들과 양부의 악관들과 시봉군인들에게 술과 과일을 베풀어주는 것도 위의 절차와 같다.

왕이 임시 휴게소에 들어간 후, 조금 지나, 협률랑이 머리를 숙이고 엎드렸다가 휘를 들고 일어나면, 음악 연주가 시작되고, 대가 움직이고 나서, 휘를 눕히면[160], 음악이 멈춘다. (그 후) 15분쯤[一頃刻][161] 지나, 왕이 궁전에 나와 앉으면, 합문의 인도로 재상들이 계단에 오르고, 집례관이 위 계단에서 (그들을) 이어 인도하여 자리로 가서 "재신들은 두 번 절하고, 반열의 우두머리는 앞으로 나가 (국왕께) 칭송과 감사의 말씀을 올리고, 물러나 자리로 돌아와서 두 번 절하고, 춤춘 후, 또 두 번 절하시오"라고 외친다.

다음에는 집례관의 인도로 추밀이 재신들과 반열을 합하여 서면, 집례관이 어명을 받아 (그들에게) 올라오라고 전하고, 재신과 추밀은 두 번 절한다. (집례관의) 인도로 태자와 공·후·백이 궁전 위로 올라와[162], 왕의 자리 동북쪽으로 가서, 서쪽을 위로 하고, 남쪽을 향하여 선다. 서쪽에 있던 공·후·백은 도끼 무늬 병풍 뒤를 통해 동쪽으로 가서 재신 및 추밀과 반열을 합하여 왕의 자리 동쪽으로 가 북쪽을 위로 하고, 서쪽을 향하여 선다.

---

160 "풍악이 시작되다가 잠깐 멎을 무렵에"(『北譯』 6, 424a). 이 번역문의 원문은 "鼓吹振作動臺訖偃麾鼓吹止一刻頃"(『고려사』 69, 30b4-5)인데, 이 번역문에서는 '動臺'와 '偃麾鼓吹'의 번역이 누락되어 있다.
161 각은 시각·시간을 말하며, 1각은 약 15분에 해당한다(『동석』 2011, 548).
162 "집례관은 그들을 인도하여 전상에 올라 태자, 공후백작은 왕의 좌석의 동북쪽으로 가서"(『北譯』 6, 424b). 이 번역문의 원문은 "引升殿太子公候伯詣王座東北"(『고려사』 69, 30b9-31a1)인데, 앞의 번역문에서는 '引升殿'의 목적어를 '그들'로 보고 있으나, 태자 이하로 보는 것이 타당하다. 좌전수하의식 직전 전상 준비도에 대해서는 안지원(2005, 373) 참조.

다음, 근시관이 차를 (왕에게) 올릴 때, 악관이 구호(口號)[163]를 아뢴 후, 태자와 공·후·백 및 재신과 추밀은 집례관의 인도로 궁전에서 내려가, 위 계단의 시신들과 함께 절하는 자리로 가 선다. 가운데 계단의 시신들은 그 계단에서 또한 그와 같이 한다. (집례관이) "두 번 절한 후 태자는 앞으로 나와 국왕의 송덕을 칭찬하는 말씀을 올린 후, (경축) 구호를 드리고[賀口號][164], 물러나 (본)자리로 돌아가서 두 번 절하고, 춤춘 후, 또 두 번 절하고, 모두 꿇어 앉아, 임금님의 천만세 장수를 비는 술을 드릴 것을 아뢰시오"라고 외친다.[165]

집례관이 궁전에 올라 꿇어 앉아 아뢰면, 승제가 "좋다"고 한 왕의 말을 전한다. 집례관이 궁전에서 내려와, 국왕의 허락이 내렸다고 말하면서, "두 번 절하시오"라고 한다. (이것이) 끝난 다음, 태자 이하 재신과 추밀들은 집례관의 인도로 손 씻는 곳에 가서 손을 씻고, 궁전에 올라, 왕의 자리 왼쪽으로 가 차례대로 꿇어 앉아 왕에게 꽃과 장수를 기원하는 술을 드리는 것은 위의 절차와 같다.

왕이 술을 들 때, 음악이 연주되고, 술을 마신 후에 음악이 그친다. 태자 이하가 궁전에서 내려와 절하는 자리로 가면, (집례관이) "두 번 절하고, 춤춘 후, 또 두 번 절하시오"라고 외친다. 집례관이 "몸을 굽히시오"라고 하면, 추밀 이상은 몸을 굽힌다. 집례관이 특별 잔을 돌려준다는 (국왕의 분부를) 전하면, 태자 이하 재상들과 추밀은 두 번 절하고, 궁

---

163 초고(草稿) 없이 시를 짓는 방법과 그렇게 지어진 즉흥 시가를 말한다. 또한 일종의 송시(頌詩)를 가리켜 정재(呈才: 궁궐의 잔치에서 공연되는 춤과 노래) 때 부르는 치어(致語)의 한 토막을 의미하기도 한다(『동석』 2011, 549). 팔관회 때의 치어에 대해서는 안지원(2005, 192-193) 참조.
164 "치사, 치하, 구호(口號)"(『北譯』 6, 424c). 이 훈역의 원문은 "致謝賀口號"(『고려사』 69, 31a6)다.
165 군취음주가무(群聚飮酒歌舞)는 불교와 습합된 팔관회의 원형이 되었다(김효분 2001, 580b)고 하나, 이 주장에 대한 근거는 밝혀져 있지 않다.

전에 올라, 하사된 꽃과 술과 봉지약과 과일을 받을 때, 음악이 연주되고, 그치는 것은 위의 절차와 같다. (이것이) 끝난 후, 궁전에서 내려오면, (집례관이) "두 번 절하고, 춤춘 후, 또 두 번 절하시오"라고 하고, 태자와 공·후·백은 집례관의 인도로 궁전으로 올라 자리로 간다.

다음에는 재상들을 인도하여 계단에서 내려오면, 합문의 인도로 좌동락정으로 가서 자리로 나아간다. 다음, 좌우의 시신들에게 국왕이 특별 잔을 내렸다고 전하면, 위 계단과 중간 계단의 시신들은 두 번 절하고, (그 술을) 마신 후, (다시) 두 번 절한다.

다음에는 근시관과 장수들과 양부의 악관과 시봉군인들에게 술과 과일을 전하는 것[166]과 이어 문·무 3품관에게 궁전에 오를 것을 명령하고, (그들이) 반열을 합하여 왕의 장수를 기원하는 술을 드리기 위해, 나아갔다 물러갔다 하는 것과 음악이 시작되고 멈추는 것 및 돌려준 것을 받는 절차는 모두 위의 절차와 같다. (왕이 술잔을) 돌려줄 때는 과일도 같이 하사한다.[167]

다음, 집례관이 근시관과 장수들과 양부의 악관과[168] 시봉군인에게 술과 과일을 내려줄 것을 전하고 나면, 태자 이하 추밀과 좌우의 시신들은 집례관의 인도로 계단을 내려온다. 재신 이하 여러 문·무 관리는 합문의 인도로 사지로 가서 반열을 지어 선다. 사인이 "태자 이하 반열에 있는 모든 관리[通班]가 두 번 절하고 나면, 태자는 앞으로 나가 국왕

---

166 "다음에는 …… 술, 과실을 하사한다"(『北譯』 6, 425a). 이 번역문의 원문은 "次傳 …… 宣賜酒果"(『고려사』 69, 32a1)인데, 이 번역문에서는 '傳'에 대한 번역이 누락되어 있다.
167 "잔을 들 때에는 과실도 돌린다"(『北譯』 6, 425b). 이 번역문의 원문은 "廻賜時亦宣果"(『고려사』 69, 32a3)이다.
168 "양부, 악관"(『北譯』 6, 425b). 이 번역문의 원문은 "兩部樂官"(『北譯』 69, 32a4)이다. 이 번역문에서는 '양부'와 '악관'을 각각 다른 조직으로 보았다. 그러나 이는 양부의 악관을 뜻한다.

의 송덕을 칭송하는 말씀과 연회를 베풀어주신 데 대한 감사의 말씀을 드리고, 물러나 자리로 돌아가시오"라고 외친다. (이어) 사인이 "두 번 절하고, 춤춘 후, 두 번 절하시오"라고 한다. (왕은) 매번 치사를 그만두라는 분부를 내린다.

왕이 궁전에서 내려 평두련에 오르면[169], 황문시랑이 수레가 출발할 것을 청하고[170], 시신들이 앞에서 인도하는 것은 위의 절차와 같다. (수레가) 태정문으로부터 대관전으로 들어갈 때, 양부의 악관들은 궁전 문 밖에서 멈춘다. 왕이 수레에서 내려 궁전으로 올라가면, 합문은 "시신들과 각 지후 및 추밀 이하의 시신들은 읍하고 퇴장하시오"라고 말한다.

태조(918~943) 원년(918) 11월 해당 관청에서 "전 임금[171]은 해마다 중동(仲冬: 음력 11월, 한창 추운 겨울)에 팔관회를 크게 열어 복을 빌었으니, 그 제도를 따르시기를 바랍니다"라고 하니, (태조가) 그 말을 따랐다. 드디어 구정에 윤등(輪燈) 한 개를 설치하고, 사방에는 향등(香燈)[172]을 진열하고, 또 두 개의 무늬 선반[綵棚]을 달았는데, 각각의 높이는 5장(五丈)[173] 이상이었으며, 그 앞에서 갖가지 유희와 노래와 춤을 공연하였다.

사선(四仙)[174] 악부와 용과 봉(鳳)과 코끼리와 말과 수레와 배(의 모양)

---

169 "수레에 오르자"(『北譯』 6, 425c). 이 번역문의 원문은 "御平頭輦"(『고려사』 69, 32a9)인데, 이 번역문에서는 평두련 대신 수레로만 번역하였다.
170 "떠날 것을 청하고"(『北譯』 6, 425c). 이 번역문의 원문은 "奏請動駕"(『고려사』 69, 32b1)다.
171 후삼국 중의 하나였던 태봉(901~918)의 왕 궁예(?~918)를 이르는데, 태봉은 후고구려 또는 마진으로도 불렸다. 궁예가 설행한 팔관회에 대해서는 김미숙(2014, 41-42) 참조.
172 윤등과 향등에 대한 설명은 『동석』(2011, 551) 참조.
173 고려시대 때 1장(丈)의 길이가 어느 정도였는지는 분명하지 않다. 중국 청나라(1616~1912) 이전의 중국과 한국에서 1리(里)는 360보(步)였다. 청대의 1리는 150장으로 약 500미터에 해당하며, 1장은 10척(尺)이었다(『위키백과』, 2018년 1월 24일 검색). 이를 준용하면, 5장은 16.7미터다.
174 고려시대 궁중 가무의 한 종류로, 사선(四仙)을 주제로 한 관현악기로 구성된 악대(『동석』 2011, 551)로서, 사선의 전통을 계승하여 가무로 표현된 것(양은용,「新羅四仙」,

는 모두 신라시대(?~935)[175]의 것들을 모방한 것이었다. 모든 관리[百官]는 도포를 입고, 홀을 가지고, 의례를 거행하였으며, 구경꾼들이 거리에 쏟아져 나와 도성을 메웠다. 왕은 위봉루로 가 그것을 관람하였으며, 해마다 (이를) 상례로 하였다.

성종 6년(987) 10월에 담당 관리에게 명하여 두 서울[176]의 팔관회를 정지시켰다.

현종 원년(1009) 11월 팔관회를 복원시켰다.

덕종 3년(1033) 10월[177] 대신[輔臣]을 파견하여 서경에서 팔관회를 베풀어주고[賜], 이틀간 연회를 열었다[酺]. 서경에서는 맹동(孟冬: 시월)에 이 (팔관)회를 여는 것을 (관)례로 하였다.

『한국민족문화대백과』이었다고 하나, 모두 전거는 밝혀져 있지 않다. 한흥섭은 이혜구를 인용하여 백희 공연을 팔관회의 본질이라고 한다(한흥섭 2006, 330-331). 이혜구에 따르면, 백희 중 사선악부가 팔관회의 핵심(한흥섭 2006, 331)이며, 사선악부가 팔관회 백희의 본질적 요소인 이유는 휘가 등장하기 때문인데, 휘는 원구, 사직, 종묘 등에서의 길례나 가례 때의 아악(雅樂)에 사용되는 음악의 시작과 끝을 알리는 신호 깃발이다(한흥섭 2006, 331). 그리고 신라시대의 화랑으로 알려진 사선랑(四仙郞)은 신라시대 효소왕(孝昭王, 692~702) 대의 화랑(花郞)으로 술랑(述郞)·남랑(南郞)·영랑(永郞)·안상(安詳, 安常) 등으로 알려져 있으나, 일설로는 신라 이전 사람들이라고도 한다. 그러나 신라에서와는 달리, 고려에서 사선의 위치는 낮아져 연예인으로 나타났다. 팔관회와 화랑과의 관계에 대해서는 김종명(2001, 186-192) 참조. 신라 사선의 유풍이 팔관회의 주요 행사지만, 시대가 흐르면서 점차 퇴색하였다(한흥섭 2007b, 371)는 견해도 있다.
175 용·봉·상·마·거·선을 채붕의 장식물로 보아왔으나, 산악잡희의 내용으로 보는 견해도 있다(전경욱 2012, 94). 팔관회에서는 목숨을 바쳐서까지 태조 왕건을 도운 김낙과 신숭겸의 우상도 있었다. 신숭겸의 경우, 그의 사후 그의 고향인 전라도 곡성에서는 그를 성황신으로 모셨는데, 신숭겸을 성황신으로 추앙하기에 이른 것도 나주 팔관회의 개설과 결코 무관해 보이지 않는다(변동명 2016, 163). 그리고 예종이 팔관회에서 이 두 공신의 우상을 보고 그들을 추모해 지은 것이 향가인 「도이장가(悼二將歌)」인데(박태진 2001, 130), 「도이장가」를 지은 것은 자주적인 서경인과 모화사대적인 개경세력을 함께 포용하려 한 정치적 의도의 결과기도 하였다(박태진 2001, 151). 향가와 불교사상에 대해서는 김종명(2015, 10-32) 참조.
176 본수도인 개경과 서경인 평양.
177 정종이 이해 9월에 즉위하였으므로 정종 즉위년 10월이 옳다(『동석』 2011, 552).

11월에 팔관회를 열고, 왕은 신봉루(神鳳樓)에 나가 여러 관리에게 연회를 열었으며, 이튿날 대회에서도 연회를 열고, 풍악을 관람하였다. 동경과 서경, 동로와 북로의 병마사[178], 4도호, 8목에서는 각각 표를 올려 축하하였다. 송의 상인과 동번인 및 서번인과 탐라국도 특산물을 바쳤는데, (왕은 그들에게) 풍악을 관람할 것을 허락하였으며, 후에는 상례가 되었다.

문종 5년(1051) 11월 경신일[179]에 팔관회를 열었는데, 월식[180]이 15일에 있을 예정이어서 13일을 첫 모임으로 하였다.

충렬왕 원년(1274) 11월 경진(일)[181]에 본궐에 행차하여 팔관회를 열었다. (궁전 마당에 설치한) 금오산 (모양)의 간판[額]에 쓰인 "성수만년(聖壽萬年: 성스러운 목숨 만년)"[182]의 4자를 "경력천추(經歷千秋: 지난 세월 천년)"로 고치고, 그중 "한 사람에게 경사가 있으면[183] 온 세상[八方][184]에서 온 표문이 (궁전) 뜰에 이르고[185] 천하는 태평하다"는 등의 글자도 모두

---

178 고려 때 정3품 외직 무관 벼슬. 성종 8년(989)에 처음으로 동북면과 서북면에 설치하였다(송준호 2004).
179 문종 5년 11월 무오일이 11일이므로(震檀學會 1965, 28), 경신일은 13일이다.
180 『고려사』에 의하면, 태양은 임금을, 달은 신하를 상징하였기 때문에 일식이 있는 날은 불길한 날로 간주하였지만, 월식에 대해서는 걱정하지 않았다. 그러나 월식이 있던 날도 팔관회가 열리지 않았다는 점에서는 고려인들이 월식일도 불길한 날로 간주하고 있었다고 할 수 있다(김종명 2001, 165, 주 113).
181 충렬왕 원년 11월 1일, 11일, 21일은 각각 계유(癸酉)일, 계미(癸未)일, 계사(癸巳)일이며, 이 달의 경진일은 8일과 20일 두 번이다(震檀學會 1965, 72). 따라서 이 달의 경진일이 8일인지, 20일인지는 분명하지 않다.
182 "성수만세(聖壽萬歲)"(『동석』 2011, 552).
183 "그중 한 사람의 경사가 나면"(『北譯』, 426c). 이 번역문의 원문은 "其一人有慶"(『고려사』 69, 33b3)이며, 여기서 '其'는 지시대명사 '그'로, '一人'은 왕을 지칭하는 것으로 생각된다.
184 팔표(八表). 팔극(八極)·팔굉(八紘)·팔방(八方)·팔황(八荒)이라고도 하며, 팔방의 넓고 먼 범위로, 온 세계를 의미한다(『동석』 2011, 552).
185 국왕을 접견하기 위해 조정으로 들어오는 일 또는 조정에 들어와서 국왕을 알현하는 것을 말한다(『동석』 2011, 552).

다 고쳤다. "만세(萬歲)"로 부르던 것도 "천세(千歲)"가 되었고, 수레가 가는 길에 황토를 까는 것도 금하였다.

공민왕 6년(1357) 11월 갑인(일)(14일)[186]에 팔관대회(를 열었다). 대개 팔관대회는 11월 15일로 해왔는데, 이번 (대회를) 14일로 한 것은 사천대(司天臺)[187]에서 자묘(일)[188]는 기쁜 (날이) 아니라[不樂] 하였기 때문이다. (공민왕) 7년(1358) 11월 기유(일)(15일)[189]에 팔관소회를, 경술(일)[190]에 팔관대회(를 열었는데), 13일[191](정미)이 동지[192]였기 때문이다.

지 권 제 23

---

[186] 공민왕 6년 11월의 1일, 11일, 21일은 각각 신축(일), 신해(일), 신유(일)이며(震檀學會 1965, 89), 이 달의 갑인일은 14일로서 한 번밖에 없다.
[187] 고려시대 천문관측과 복서(卜筮) 등을 담당하던 중앙관청으로, 역법 등의 임무도 수행하였다(『동석』 2011, 553). 사천대는 다른 명칭은 서운관(書雲觀)이었으며, 관련 기록은 『고려사』 76, 44a6-45b9 참조.
[188] 이날은 불길한 날로 간주되었는데, 이에 대한 설명은 김종명(2001, 166, 주115) 참조.
[189] 기유일은 15일이다(震檀學會 1965, 89).
[190] 경술일은 16일이다(震檀學會 1965, 89).
[191] "3일이 동지'날'"(『北譯』 6, 426c). 이 부분의 원문은 "十三日冬至"(『고려사』 69, 33b9)로서 이 번역문에서의 '3일'은 '13일'의 오역이다. 13일은 정미(丁未)일이다. 기유일은 15일이다(震檀學會 1965, 89).
[192] 고려는 중국의 예제를 상당 부분 따랐으므로, 고려인들의 동지에 대한 이해도 중국인들과 비슷했을지 모른다. 중국의 한나라(206 B.C.E.~219 C.E.)에서는 하지와 함께 동지는 불확실한 날이면서 위기의 날이고, 동시에 빛의 재생을 의미하는 날이었으며, 24절기의 처음이었다(서금석 2016, 183). 이러한 뜻을 지닌 동지에 대한 설명은 김종명(2001, 166) 참조.

참고문헌

일차 자료

『高麗史 佛敎關係史料集 原文』(民族社, 2001).

古典硏究室 編纂·新書苑 編輯部 編輯, 『北譯 高麗史』(1966; 신서원, 1991), 全11冊.

『高麗史節要』(亞細亞文化社, 1973).

古典硏究會, 『大唐開元禮 附大唐郊祀錄』[東京: 汲古書院, 昭和 47(1972); 昭和 56(1981)].

金曉呑 譯註, 『高麗史 佛敎關係史料集 譯註 篇』(民族社, 2001).

東亞大學校 石堂學術院 역주, 『國譯 高麗史』(경인문화사, 2001).

李奎報, 「法王寺八關說經文」, 『東文選』三十九, 佛道疏(東京: 學習院東洋文化硏究所, 昭和四十五年, 1970): 14a3-10.

李奎報, 「奉恩寺燃燈道場文」, 『東文選』三十九, 佛道疏(東京: 學習院東洋文化硏究所, 昭和四十五年, 1970): 11b9-12a6.

林宗庇, 「燈夕致語」, 『東文選』一百四[東京: 學習院東洋文化硏究所, 昭和四十五年(1970)]: 3a10-4a8.

柳好仁, 「遊松都錄」, 『續東文選』卷二十一[東京: 學習院東洋文化硏究所, 昭和四十五年(1970)]: 19b2-31a10.

徐兢, 『宣和奉使高麗圖經』(民族文化推進會, 2003).

여운필 외 역주, 『역주(譯註) 목은시고(牧隱詩藁)』전10권(월인, 1998).

脫脫 等, 『宋史』전40권(北京: 中華書籍, 1977).

한국어 문헌

康保成(C, 캉바오청) 저·김순희 역, 「중국 등절(燈節)의 기원과 형성에 관한 새로운 탐색」, 『한국전통등연구원 10주년 기념 국제학술세미나 논문집』(2006).

강호선, 「고려시대 국가의례로서의 불교의례 설행과 그 정치적 의미」, 대한불교조계종 불교사회연구소, 『고려시대의 국가와 불교 I: 고려시대의 정치권력과 불교』, 불교사회연구소 호국불교연구 2015년도 1차 학술세미나(2015).

『高麗史』禮志의 역주와 연구』, 2007년도 연구과제 결과 발표회, 한국학중앙연구원, 2007년 11월 22일(2017).

『고려 팔관회의 종합적 고찰』, 2011년 4월 7일 부산시 해운대 벡스코(2017).

고상현, 『연등회의 축제문화 연구』, 동국대학교 박사학위논문(2013).

고상현, 「연등회를 통한 궁궐 문화유산콘텐츠의 창의적 활용 방안 연구」, 『동아시아불교문화』 20(2014a): 515-545쪽.

고상현, 「연등회의 무형문화유산 콘텐츠 강화 방안 연구」, 『한국불교사연구』 5(2014b): 185-228쪽.

구미래, 「八關會의 국가축제적 성격」, 『역사민속학』 16(2003): 253-285쪽.

구미래, 「국가축제로서 팔관회의 현대적 계승」, 동국대학교 불교학술원, 『팔관회의 복원과 현대적 계승』, 한국불교역사문화기념관, 2012년 11월 16일(2012): 81-100쪽.

구미래, 「연등(燃燈)의 상징성과 민속적 수용 양상」, 『佛敎學報』 66(2013): 279-304쪽.

권두현, 「「일제강점기 연등제 고찰」에 대한 토론문」, 대한불교조계종 총무원 문화부·행사기획단, 『학술토론회 연등제의 역사와 전통』, 한국불교역사문화기념관, 불기 2552년 4월 18일(2008): 94-100쪽.

권복규, 「한국인의 전통 죽음관」, 『한국 호스피스·완화의료학회지』 16-3(2013): 155-165쪽.

김건곤, 『고려 문인들의 팔경문학 향유에 대하여』(한국학중앙연구원, 2015).

김광철, 「'고려 팔관회의 교리적 배경'에 대한 토론문」(2011), ㈔부산광역시불교연합회, 『八關會 학술세미나 합본호 2011/ 2012/ 2013』(2014): 63-64쪽.

김기덕, 「『高麗史』五行志의 譯註現況과 새로운 譯註方向」, 『고려시대연구Ⅲ』(한국정신문화연구원, 2001): 177-229쪽.

김기덕, 「팔관회에 온 외국인들: 천하관, 축제와 교역」, 『10~14세기 아시아의 상호

교류와 협력』, 강화고려역사재단-한국중세사학회 공동 국제학술회의(2014).

김기덕·한정수, 「고려 팔관회에 담긴 고려시대의 특징」, 『한국중세사연구』 42(2015): 177-209쪽.

金大植, 「고려 行頭·班首의 검토」, 『역사와 담론』 53(2009): 307-335쪽.

김매자, 『한국무용사』(삼신각, 1995).

김명자, 「세시풍속으로서 연등회와 관등놀이」, 대한불교조계종 총무원 문화부·행사기획단, 『학술토론회 연등제의 역사와 전통』, 한국불교역사문화기념관, 불기 2552년 4월 18일(2008): 49-65쪽.

김문숙, 「『高麗史』「禮志」를 통해 본 고려시대 王의 冠服」, 『東方學』 14(2008): 161-185쪽.

김미숙, 『高麗八關會의 儀禮文化硏究』, 원광대학교 박사학위논문(2013a).

김미숙, 「팔관회의 복원과 계승의 현대적 의의」, 『동아시아불교문화』 15(2013b): 55-79쪽.

김봉건, 「불교의례와 건축」, 『불교문예 학술대회 불교의례공간의 미학』, 한국불교역사문화관, 2015년 11월 28일(2015): 5-23쪽.

김상현, 『신라의 사상과 문화』(일지사, 1999).

김상현, 「팔관회의 역사적·불교적 의미」, 동국대학교 불교학술원, 『팔관회의 복원과 현대적 계승』, 한국불교역사문화기념관, 2012년 11월 16일(2012): 9-19쪽.

김성규, 「宋의 國信使가 契丹의 황제·황태후를 알현하는 의례」, 『東洋史學硏究』 120(2012a): 105-148쪽.

金成奎, 「『大唐開元錄』所載 外國使 관련 諸儀禮의 재검토」, 『中國古中世史硏究』 27(2012b): 347-397쪽.

김성언, 『한국 관각시 연구』(동아대학교출판부, 1994).

김승국, 「(테마기획)자랑스러운 우리의 전통무대, 산대(山臺)와 채붕(綵棚)」, 『서울문화투데이』 2016년 7월 29일자(m.sctoday.co.kr/news/articleView.html?idxno=22996, 2016년 10월 24일 검색).

김연주, 「의궤 번역에 있어서 차자 표기 해독」, 『民族文化』 33(2009): 55-83쪽.

金蓮玉, 「中世 溫暖期의 氣候史的 硏究」, 『문화역사지리』 4(1992): 285-304쪽.

金英美, 「統一新羅時代 阿彌陀信仰의 역사적 성격」, 佛敎史學會 編, 『新羅彌陀淨土 思想硏究』(民族社, 1988): 119-171쪽.

金英淑 編著, 『한국복식문화사전』(미술문화, 1998; 2004).

金煐泰, 「三國時代 彌陀信仰의 수용과 그 전개」, 佛敎史學會 編, 『新羅彌陀淨土思 想硏究』(民族社, 1988a): 11-49쪽.

金煐泰, 「新羅의 彌陀思想」, 佛敎史學會 編, 『新羅彌陀淨土思想硏究』(民族社, 1988b): 319-343쪽.

김용선, 「『高麗史』 兵志의 특성과 譯註의 방향」, 『고려시대연구Ⅵ』(한국정신문화연 구원, 2004): 1-28쪽.

김용덕, 「연등회의 문화재적 가치와 세계화 방안」, 『남도민속연구』 19(2009): 35-69쪽.

김은영, 「산대와 채붕」, 『생활문물연구』 9(2003): 77-82쪽.

김일권, 『『고려사』의 자연학과 오행지 역주』(한국학중앙연구원출판부, 2011).

金在庚, 「新羅 彌陀思想의 성립과 그 배경」, 佛敎史學會 編, 『新羅彌陀淨土思想硏 究』(民族社, 1988a): 84-117쪽.

김종명, 「호국불교 개념의 재검토: 고려 인왕회의 경우」, 『宗敎硏究』 21(2000): 93-120쪽.

김종명, 『한국 중세의 불교의례: 사상적 배경과 역사적 의미』(문학과지성사, 2001).

김종명, 『한국의 세계불교유산: 사상과 의의』(집문당, 2008).

김종명, 「현대 한국의 간화선: 이슈와 분석」, 『佛敎硏究』 33(2010): 227-264쪽.

김종명, 「고대 한국 관리들의 불교관」, 『고전학연구』 1(2011): 89-123쪽.

김종명, 『국왕의 불교관과 치국책』(한국학술정보, 2013).

김종명, 「(기조강연 1)한국 고전문학과 불교사상: 향가를 중심으로」, 檀國大學校 日本硏究所 2014년 한국연구재단 일반공동연구사업 국제학술심포지엄, 한· 일 고전문학 속 비일상 체험의 형상과 일상성 회복의 메타포: 콜로키엄을 통 한 한일공동연구의 지평확장 모색, 단국대학교 인문관 208호, 2015년 10월 24일(2015): 10-32쪽.

김종명, 「논평문: "수륙재의 사회적 역할에 대한 제언"을 읽고」, 『2016 삼화사 국행수륙대재의 공동체적 가치와 발전 방향을 위한 학술대회』(2016): 90-91쪽.

김창숙(효탄), 『高麗史佛敎關係史料集』(민족사, 2001).

金昌賢, 「고려시대 음악기관에 관한 제도사적 연구」, 한국예술종합학교 전통예술원 편, 『한국중세사회의 음악 문화: 고려시대 편』(민속원, 2001).

김창현, 「『고려사』 예지의 구조와 성격」, 『한국사학보』 44(2011): 37-83쪽.

金澈雄, 「고려 國家祭祀의 體制와 그 특징」, 『韓國史硏究』 118(2002): 135-160쪽.

김철웅, 「고려시대 국왕의 즉위의례」, 『정신문화연구』 38-2(2015): 8-34쪽.

김태경, 「八關會의 六禮에 關한 硏究」, 『한국차학회지』 16(2010): 31-38쪽.

김학주, 『한·중 두 나라의 가무와 잡희』(서울대학교출판부, 1994).

김형우, 「高麗時代 國家的 佛敎行事에 대한 硏究」, 동국대학교 박사학위논문(1992).

김형우, 「연등회의 역사적 전개와 전통」, 연등회보존위원회, 불기2556(2012), 『연등회의 지정 의의와 발전방향』, 연등회 국가 중요무형문화재 지정 기념 학술 세미나, 한국불교역사문화기념관, 2012년 5월 11일(2012): 15-24쪽.

김효분, 「연등회와 팔관회의 무용사적 의의에 관한 고찰」, 『한국무용연구』 16(1998): 69-82쪽.

김효분, 「八關會에서 演行된 춤 硏究」, 『한국체육학회지』 40-4(2001): 577-587쪽.

나경수, 「『연등의 기원과 역사적 전개양상』에 대한 토론문」, 대한불교조계종 총무원 문화부·행사기획단, 『학술토론회 연등제의 역사와 전통』, 한국불교역사문화기념관, 불기 2552년 4월 18일(2008): 44-47쪽.

나경수, 「연등회의 보존과 전승방향」, 연등회보존위원회, 불기2556(2012), 『연등회의 지정 의의와 발전방향』, 연등회 국가 중요무형문화재 지정 기념 학술 세미나, 한국불교역사문화기념관, 2012년 5월 11일(2012): 45-61쪽.

남윤성, 「세계 속의 한국금속활자 인쇄술」, 흥덕사지 발굴 30주년 기념 Jikji 국제 컨퍼런스, 청주고인쇄박물관, 2015년 10월 13일(2015): 177-190쪽.

노명호, 『고려 태조왕건의 동상: 황제제도·고구려문화 전통의 형상화』(지식산업사, 2012).

대한불교조계종 행사기획단, 『오감만족 연등축제』(불광출판사, 2009).

대한불교조계종 행사기획팀, 『2006 연등축제 현장평가연구보고서』(2006).

대한불교천태종·(사)진단전통예술보존협회,『축제의 연원과 특질』, 국제학술회의자료집(2005).

渡辺信一郎(와다나베 신이치로) 지음, 문정희·임대희 옮김,『天空의 玉座』(신서원, 2002).

刘虹(리우훙), 「청대 신장 지역 한인의 민간신앙에 대한 연구와 분석」, 금강대학교 불교문화연구소 편,『종교와 민속 실크로드』(민족사, 2016): 141-152쪽.

리처드 도킨스 지음, 이한음 옮김,『만들어진 신(The God Delusion)』(김영사, 2007).

末木文美士(스에키 후미히코), 「일본근세사상의 합리와 비합리」(한글본), 단국대학교 일본연구소 한국연구재단 일반공동연구사업 제2년차 국제학술심포지엄(2016): 1-15쪽.

문안식, 「나주지역의 역사지리적 위상과 고려 팔관회」,『남도민속연구』29(2014): 67-102쪽.

문옥표·이충구 역주,『증보사례편람 역주본』(한국학중앙연구원출판부, 2014).

彌燈, 「일제강점기 연등제 고찰」, 대한불교조계종 총무원 문화부·행사기획단,『학술토론회 연등제의 역사와 전통』, 한국불교역사문화기념관, 불기 2552년 4월 18일(2008): 71-92쪽.

미등, 「'근대 이후 연등회의 전개 과정'에 대한 토론문」, 연등회보존위원회, 불기 2556(2012),『연등회의 지정 의의와 발전방향』, 연등회 국가 중요무형문화재 지정 기념 학술 세미나, 한국불교역사문화기념관, 2012년 5월 11일(2012): 42-44쪽.

박가영, 「의궤 번역이 복식사 연구에 끼친 영향」,『民族文化』33(2009): 29-53쪽.

박계리, 「동아시아 무형문화유산 보호제도와 유네스코 협약」,『미술사논단』34(2012): 295-318쪽.

박려경·이봉규·김용천 역주,『의례 역주 儀禮譯註』(세창출판사, 2015).

박명희, 「한국 무교 의례에 나타난 꽃의 의미와 상징성에 관한 연구」,『한국화예디자인학회논문집』10(2004): 49-79쪽.

박소동, 「조선왕조 儀軌 번역의 현황과 과제」,『民族文化』33(2009): 3-28쪽.

박수정, 「국조오례의 의례 시행과 개정 논의」,『정신문화연구』40-2(2017): 39-69쪽.

박영제, 「결사불교와 정치권력」, 대한불교조계종 불교사회연구소,『고려시대의 국가와 불교 I: 고려시대의 정치권력과 불교」, 불교사회연구소 호국불교연구 2015년도 1차 학술세미나(2015): 61-81쪽.

박용만, 「장서각 소장 의궤의 현황과 특징」, 국립중앙박물관, 『조선왕조의궤(儀軌) 현황과 전망』(국립중앙박물관, 2012): 73-103쪽.

박용운, 『고려시대 관계·관직연구』(고려대학교출판부, 1997).

朴龍雲, 『고려시대 開京 연구』(일지사, 1998).

박용운, 「『高麗史』百官志의 特性과 譯註」, 『고려시대연구Ⅲ』(한국정신문화연구원, 2001): 43-87쪽.

박용운, 「『高麗史』百官志(二) 譯註(5)」, 『고려시대연구XI』(한국학중앙연구원, 2006): 9-120쪽.

박윤진, 「高麗時代 開京 一帶 寺院의 軍事的·政治的 性格」, 『韓國史學報』 3-4 (1998): 78-120쪽.

박윤진, 「고려시대 불교정책과 불교계」, 대한불교조계종 불교사회연구소, 『고려시대의 국가와 불교 I: 고려시대의 정치권력과 불교』, 불교사회연구소 호국불교연구 2015년도 1차 학술세미나(2015): 7-34쪽.

박재현, 「한국 불교학계의 구성적 특징과 문제점 고찰」, 『불교학연구』 36(2013): 7-41쪽.

박정혜 외, 『조선 궁궐의 그림』(돌베개, 2012a).

박정혜 외, 『왕의 화가들』(돌베개, 2012b).

박종기, 『고려사 지리지 역주』(한국학중앙연구원출판부, 2016).

박진태, 「팔관회·가상회·도이장가의 관련 양상」, 『국어국문학』 128(2001): 129-153쪽.

박진태, 「연등회의 맥락에서 본 당악의 연극적, 희곡적 양상」, 『공연문화연구』 4(2002): 39-66쪽.

박진태, 「한국 연등회의 지속과 변화 양상: 의미와 형태를 중심으로」, 『공연문화연구』 24(2012): 227-263쪽.

박진태, 「한국 연등회의 지속과 변화 양상」, 한국불교민속학회·연등회보존위원회, 『연등회의 종합적 고찰』(민속원, 2013): 49-52쪽.

박창희 역주, 『역주 용비어천가 상』(한국학중앙연구원출판부, 2015a).

박창희 역주, 『역주 용비어천가 하』(한국학중앙연구원출판부, 2015b).

방인, 「비교철학의 관점에서 본 원효와 다산: 학문관·세계관·인생관을 중심으로」, 한국불교사연구소 제9차 집중세미나, 『분황 원효와 동아시아 유교사상가의 만남』, 동국대학교 다향관 세미나실(2014): 107-139쪽.

배상현, 「고려 八關會의 역사적 전개와 그 추이」(2011), ㈔부산광역시불교연합회, 『八關會 학술세미나 합본호 2011/ 2012/ 2013』(2014): 31-47쪽.

변동명, 『한국 전통시기의 산신·성황신과 지역사회』(전남대학교출판부, 2013a).

변동명, 「羅州 八關會와 錦城山信仰」, 『해양문화연구』 9(2013b): 45-80쪽.

변동명, 「고려 전기 신숭겸 추념과 팔관회 팔관회의 연관성 고찰」, 『남도민속연구』 32(2016): 137-182쪽.

邊太燮, 『高麗史의 硏究』(三英社, 1982; 1987).

부산광역시불교연합회, 「팔관회 율사스님 초청 토론회」, 안국선원교육관 세미나실, 불기2558 10월 9일(2014): 1-45쪽.

부처님오신날 봉축위원회, 『봉축행사 준비자료집』(내부자료)(2009a).

부처님오신날 봉축위원회, 『연등축제 참가안내 자료집』(내부자료)(2009b).

부처님오신날 봉축위원회·대한불교조계종 행사기획단, 『초파일 행사 100년: 연등축제를 중심으로』, 대한불교조계종 행사기획단(본문에서 '부대'로 약칭)(2008).

㈔부산광역시불교연합회, 『八關會 학술세미나 합본호 2011/ 2012/ 2013』(2014).

서각수, 「고려 최씨 무인정권과 국왕」, 『숭실사학』 29(2012): 37-73쪽.

서금석, 「고려시대 八關會 설행 月·日에 대한 검토」, 『한국중세사연구』 45(2016): 177-214쪽.

손영일, 「'딸의 눈물' 이젠 옛말… 여성 중 대졸비율 393배로」, 『동아일보』, 2015년 8월 10일자.

송방송, 『고려음악사연구』(일지사, 1989).

송석래, 「일본만엽집과 신라향가의 불교사상연구(1): 정토왕생사상을 중심으로」, 『동아시아문화연구』 8(1985): 5-55쪽.

송준호(宋俊浩) 편저, 『관직명사전』(동방미디어주식회사, 2004).

송현주, 『현대 한국불교 예불의 성격에 관한 연구』, 서울대학교 박사학위논문(1999).

신명호, 「조선 초기 儀軌編纂의 배경과 의의」, 『朝鮮時代史學報』 59(2011): 5-35쪽.

신선희, 「연등회의 축제공간」, 『한국 고대극장의 역사』(열화당, 2006).

신승운, 「조선왕조 의궤의 조사연구와 정리방안」, 『조선왕조 의궤 번역의 현황과 과제』(한국고전번역원, 2009).

심재룡 외 편역, 『한국철학자료집: 불교편 2 고려시대의 불교사상』(서울대학교출판부, 2006).

안병우, 『고려전기의 재정구조』(서울대학교출판부, 2002).

安永姬, 「古代人들에게 反映된 꽃의 意味」, 『亞細亞女性研究』 11(1972): 189-213쪽.

안지원, 『국가 불교의례 연구: 연등·팔관회와 제석도량을 중심으로』, 서울대학교 박사학위논문(1999).

안지원, 『고려의 국가 불교의례와 문화: 연등·팔관회와 제석도량을 중심으로』(서울대학교출판부, 2005).

안지원, 「고려 팔관회의 교리적 배경」(2011), ㈜부산광역시불교연합회, 『八關會 학술세미나 합본호 2011/ 2012/ 2013』(2014): 7-31쪽.

양춘웨이, 「중국 고음악 복원의 성과」, 한국학중앙연구원 전통한국학연구센터 제26회 콜로키움, 『한·중 음악학 교류: 중국의 고음악 복원 성과와 그 전망』(2015).

여호규, 「고구려 도성의 의례공간과 왕권의 위상」, 『한국고대사연구』 71(2013): 55-96쪽.

연등회보존위원회, 불기2556(2012), 『연등회의 지정 의의와 발전방향』, 연등회 국가 중요무형문화재 지정 기념 학술 세미나 한국불교역사문화기념관, 2012년 5월 11일(2012).

오수창, 「정조와『일성록』: 연구방법 제안」, 『한국 고전번역 50년 기념 학술대회: 일성록 정조대 완역 기념 학술대회 및 제2회 방은 고전번역상 시상식』, 성균관대학교 600주년 기념관, 2015년 12월 4일(2015): 17-31쪽.

奧村周司, 「高麗における八關會的秩序と國際環境」, 『朝鮮史研究會論文集』 16(1979): 71-99쪽.

우현수(禹賢受), 「朝鮮前期 瑤池宴圖에 대한 研究」, 이화여자대학교 석사학위논문(1996).

육정임, 「宋代 祖上祭祀와 祭禮의 再構想: 계급의 表象에서 宗族결집의 수단으로」, 『中國史硏究』 27(2007): 313-349쪽.

윤광봉, 「중세 한일 불교의식과 연희 양상: 팔관회, 연등회 廷年을 중심으로」, 『불교문화연구』 1(2003): 55-80쪽.

윤광봉, 「고려 팔관회 의식에 나타난 연희 양상」, 동국대학교 불교학술원, 『팔관회의 복원과 현대적 계승』, 한국불교역사문화기념관(2012a): 21-57쪽.

윤광봉, 「고려시대 팔관회를 보는 시각: 몇몇 선학들의 논의를 살피며」(2012b), ㈔부산광역시불교연합회, 『八關會 학술세미나 합본호 2011/ 2012/ 2013』(2014): 78-89쪽.

윤기엽, 「한국 불교와 국가」, 불교사회연구소 호국불교연구 2014년도 2차 학술세미나, 『한국·중국·일본의 불교와 국가』(한국불교역사문화기념관, 2014).

윤아영, 「燃燈會 小會日과 大會日의 의식형태 및 백희잡기에 관한 연구: 高麗史 禮志의 上元燃燈會 기록에 의하여」, 『溫知論叢』 11(2004): 223-256쪽.

윤이흠, 「고려 종교사상의 특성과 흐름」, 윤이흠·김일권·최종성, 『고려시대의 종교문화: 그 역사적 상황과 복합성』(서울대학교출판부, 2002), 15-65쪽.

윤이흠·김일권·최종성, 『고려시대의 종교문화: 그 역사적 상황과 복합성』(서울대학교출판부, 2002).

이갑상, 「연등축제의 지역 활성화 방안 연구」, 부산대학교 석사학위논문(2010).

이민홍, 「고려조 팔관회와 예악사상」, 『大東文化硏究』 30(1995): 79-113쪽.

李範稷, 「《高麗史》 禮志의 分析」, 『韓㳓劢博士停年記念史學論叢』(知識産業社, 1981): 295-318쪽.

이범직, 「고려사 예지 길례의 검토」, 『김철준 박사 화갑기념논총』(1983).

李範稷, 「《高麗史》 禮志 嘉禮의 검토」, 『李載龒博士還曆記念 韓國史學論叢』(도서출판 한울, 1990): 422-442쪽.

李範稷, 『韓國中世禮思想硏究: 五禮를 中心으로』(一朝閣, 1991).

李相殷, 『漢韓大字典』(民衆書林, 1966; 1988).

이성미·김정희, 『한국회화사용어집』(다홀미디어, 1999).

이성수, 「연등회 수륙재(진관사·삼화사)… 무형유산 문화재 지정」, 『불교신문』

2013년 4월 1일자.
이원태(李沅泰), 「고려 팔관회의 종교적 성격과 의미」, 『道敎文化硏究』 30(2009): 9-36쪽.
이윤수, 『연등축제의 역사와 문화콘텐츠적 특성』, 고려대학교 박사학위논문(2012).
이윤수, 「4월초파일 연등회 관등 풍속과 문화콘텐츠」, 『韓國民俗學』 59(2014): 93-136쪽.
李正浩, 「高麗前期 自然災害의 발생과 勸農政策」, 『역사와 경계』 62(2007): 21-50쪽.
이종수, 「조선시대 연등회의 存廢와 불교사적 의미」, 『불교연구』 37(2012): 113-145쪽.
이중효, 「고려시대 八關會를 통한 국제교류」, 『남도문화연구』 29(2015): 105-126쪽.
이진한, 「고려시대 본품항두」, 『역사와 현실』 54(2004): 253-286쪽.
이진한, 「高麗時代 本品行頭制의 運營과 變化」, 『한국사학보』 26(2007a): 125-162쪽.
李鎭漢, 「高麗時代 宋商 貿易의 再照明」, 『歷史敎育』 104(2007b): 49-82쪽.
「2013 팔관회 학술세미나 개요」(2013), ㈔부산광역시불교연합회, 2014, 『八關會 학술세미나 합본호 2011/ 2012/ 2013』(2014).
2012 팔관회 조직위원회, 「팔관회의 불교 문화적 전승가치와 계승을 위한 세미나」, 2012 팔관회 학술세미나, 대한불교 진각종 범석심인당, 불기2556년(2012) 10월 5일(2012).
이철헌, 「고려불교 연구현황과 과제」, 『한국불교학』 68(2013): 451-494쪽.
이현정, 「고려시대 毬庭에 관한 연구」, 전남대학교 석사학위논문(2011).
李鉉淙 編著, 『改訂增補版 東洋年表』(探求堂, 1971; 2005).
이현진, 「(책 소개) 전근대 중국왕조의 모델: 수·당 장안성-『장안성은 어떻게 세계의 수도가 되었나』, 세오 다쓰히코(妹尾達彦) 지음, 최재영 옮김, 황금가지, 2006」, 『서울학연구』 48(2012): 101-107쪽.
李惠求, 「儀禮上으로 본 八關會」, 『藝術論文集』 I(1989): 98-114쪽.
李惠求, 「高麗時代의 音樂文化와 思想」, 『韓國思想史大系』 卷3(韓國精神文化硏究院, 1991): 693-746쪽.

李惠求, 「儀禮上으로 본 八關會」, 『한국공연예술연구논문선집』 4(2001): 603-630쪽.

李弘稙 博士 編, 『國史大事典』(三榮出版社, 1984).

一然, 『原文 三國遺事』(明文堂, 1993).

임장혁, 「'연등회의 역사적 전개와 전통'에 대한 토론문」, 연등회보존위원회, 불기 2556(2012), 『연등회의 지정 의의와 발전방향』, 연등회 국가 중요무형문화재 지정 기념 학술 세미나, 한국불교역사문화기념관, 2012년 5월 11일(2012): 25-26쪽.

전경욱, 「연등회의 전통과 현대축제화의 방안」, 『남도민속연구』 17(2007): 329-379쪽.

전경욱, 「연등의 기원과 역사적 전개양상」, 대한불교조계종 총무원 문화부·행사기획단, 『학술토론회 연등제의 역사와 전통』, 한국불교역사문화기념관, 불기 2552년 4월 18일(2008): 3-43쪽.

전경욱, 「팔관회의 전통과 현대 축제화 방안」(2012), ㈔부산광역시불교연합회, 『八關會 학술세미나 합본호 2011/ 2012/ 2013』(2014): 90-103쪽.

全觀應, 『佛敎學大辭典』[弘法院, 불기2532(1988); 불기2540(1996)].

전성호, 「단군 홍익 인간 사상과 21세기의 한국 경제」, 『홍익인간과 '국가 개조'의 과제』, 학술회의 발표문, 한국학중앙연구원 현대한국학센터, 2014년 12월 15일 (2014): 129-144쪽.

전영준, 「고려시대 팔관회의 설행과 국제문화교류」, 『다문화콘텐츠연구』 8(2010): 213-243쪽.

전영준, 「고려시대 팔관회의 설행과 국제문화교류」, 동국대학교 불교학술원, 『팔관회의 복원과 현대적 계승』, 한국불교역사문화기념관, 2012년 11월 16일 (2012): 59-80쪽.

정구복, 「『高麗史』禮志의 성격과 가치」, 『고려시대연구 V』(한국정신문화연구원, 2002): 13-61쪽.

정구복, 「『高麗史』禮志 譯註(1)」, 『고려시대연구Ⅶ』(한국정신문화연구원, 2004): 1-36쪽.

정구복, 「『高麗史』禮志 譯註(4)」, 『고려시대연구Ⅻ』(한국학중앙연구원, 2007a): 121-193쪽.

정구복, 「고려시대 길례의 역사적 성격」, 『『高麗史』 諸志의 역주와 연구』, 2007년도 연구과제 결과 발표회, 한국학중앙연구원(2007b): 1-6쪽.

정병삼, 「고려시대 팔관회 행사와 팔관재 신앙」, 『佛敎學報』 71(2015): 195-219쪽.

정상박, 「팔관회(八關會)의 문화재적 가치 재정립」(2012), (사)부산광역시불교연합회, 『八關會 학술세미나 합본호 2011/ 2012/ 2013』(2014): 72-77쪽.

정은우, 「팔관회의 역사성과 의례」(2013), (사)부산광역시불교연합회, 『八關會 학술세미나 합본호 2011/ 2012/ 2013』(2014): 120-133쪽.

鄭濟奎, 「高麗時代 佛敎信仰結社에 대한 認識과 그 性格: 『東文選』 所載 信仰結社 記錄을 중심으로」, 『文化史學』 21(2004): 623-650쪽.

정해성(각성), 「연등축제의 포교효과성 모델 연구」, 『불교학연구』 24(2009): 437-478쪽.

정형호, 「한국 연등회에 나타난 연희와 놀이의 수용양상」, 『어문학교육』 47(2013): 43-80쪽.

조성우, 「唐 高宗·武則天 時期 國家儀禮와 道敎」, 『중국고중세사연구』 27(2012): 281-310쪽.

조성택, 『해외 한국학 진흥을 위한 정책 연구』(한국학중앙연구원 한국학진흥사업단, 2007).

震檀學會 編, 「朔閏表」, 『한국사[年表]』(乙酉文化社, 1955; 1965).

진철승, 「사월초파일의 민속화 과정 연구」, 『역사민속학』 15(2002): 231-249쪽.

진철승, 「사월초파일과 등놀이 축제, 한중일 전통등문화의 어제와 오늘」, 『한국전통등연구원 10주년 기념 국제학술세미나 논문집』(2006).

車柱環 著, 『高麗唐樂의 硏究』(同和出版公社, 1983).

채미하, 『신라의 오례와 왕국』(혜안, 2015).

채상식, 「고려시기 연등회의 운영과 추이」, 『한국민족문화』 54(2015): 103-130쪽.

최공호, 「무형유산과 무형문화재: 정체성과 지속가능성」(2014), (사)부산광역시불교연합회, 『八關會 학술세미나 합본호 2011/ 2012/ 2013』(2014): 106-119쪽.

최병헌 외, 『한국불교사 연구 입문 상』(㈜지식산업사, 2013a).

최병헌 외, 『한국불교사 연구 입문 하』(㈜지식산업사, 2013b).

최연주, 「'고려 八關會의 역사적 전개와 그 추이'에 대한 토론문」(2011), (사)부산광역시불교연합회, 『八關會 학술세미나 합본호 2011/ 2012/ 2013』(2014):

65-66쪽.

최영호, 「八關會의 국가·사회적 영향」(2011), ㈔부산광역시불교연합회, 『八關會 학술세미나 합본호 2011/ 2012/ 2013』(2014): 48-62쪽.

최윤영, 「한국 중세 궁중연희의 공간 연구: 팔관회, 연등회, 나례의 가무백희 공간을 중심으로」, 『한국연극학』 27(2005): 301-328쪽.

최윤영, 「고려 화산희의 공연양상」, 『한국민속학』 46(2007): 375-404쪽.

최재영, 「隋 大興城의 의례 공간 형성과 그 기능」, 『한국고대사연구』 71(2013): 169-205쪽.

최종성, 『조선조 무속 국행의례 연구』(일지사, 2002).

KBS NEWS, "(취재후) 한글은 쉬운데 중장년 '실질 문맹'은 왜 많나?", 2014년 11월 24일.

「(특집)해외 한국학 연구동향」, 『역사와 담론』 67(2013): 1-150쪽.

『팔관회의 복원과 현대적 계승』, 2012년 11월 16일, 동국대학교 불교학술원 학술대회 자료집(2012).

편무영, 『한국불교민속론』(민속원, 1998).

표정옥, 「불교 축제가 현대 사회에 함의하는 문화기호학적 의미와 대중성 고찰: 〈연등회〉〈연꽃축제〉〈삼회향놀이〉에 나타난 이미지의 의미작용과 신화성을 중심으로」, 『禪文化硏究』 6(2009): 155-184쪽.

하워드 J. 웨슬러 지음, 임대희 옮김, 『비단 같고 주옥 같은 정치: 의례와 상징으로 본 唐代정치사(Offerings and Symbol in the Legitimation of the T'ang Dynasty)』(고즈윈, 2005).

한국불교민속학회·연등회보존위원회, 『연등회의 종합적 고찰』(민속원, 2013).

한국역사연구회, 『고려시대의 황도개경』(창작과비평사, 2002).

한국연구재단 학술기반진흥팀, 『2015년도 학술지 등재제도 전문평가단 워크숍』, 한국연구재단 서울청사 대강당(2015).

한국학중앙연구원 전통한국학연구센터 제26회 콜로키움, 『한·중 음악학 교류: 중국의 고음악 복원 성과와 그 전망』, 2015년 9월 9일(2015).

한금순, 「제주도 영등굿의 유래: 연등회에서 영등굿으로의 변천」, 『淨土學硏究』

11(2008):463-502쪽.

韓基汶, 「高麗太祖의 佛敎政策: 創建寺刹을 중심으로」, 『大丘史學』 22(1983): 37-80쪽.

韓基汶, 『高麗寺院의 構造와 機能』(민족사, 1998).

韓基汶, 「高麗時期 定期 佛敎 儀禮의 成立과 性格」, 『民族文化論叢』 27(2003): 29-57쪽.

한기문, 「高麗時代 開京 奉恩寺의 創建과 太祖眞殿」, 『韓國史學報』 33(2008): 205-246쪽.

한상길, 「팔관회의 복원과 재현을 위한 과제」, 동국대학교 불교학술원, 『팔관회의 복원과 현대적 계승』, 한국불교역사문화기념관, 2012년 11월 16일(2012): 101-122쪽.

한상길, 「팔관회의 복원과 재현을 위한 과제」, 『禪文化硏究』(2013): 151-183쪽.

韓政洙, 「高麗 太祖代 八關會 설행과 그 의미」, 『大東文化硏究』 86(2014): 195-228쪽.

韓興燮, 「『고려사』에 나타난 팔관회의 음악양상 및 그 사상적 배경에 관한 고찰」, 『한국학연구』 24(2006): 325-356쪽.

한흥섭, 「『고려사』에 나타난 연등의례의 음악양상 및 그 사상적 배경에 관한 고찰」, 『음악과 민족』 33(2007a): 107-133쪽.

한흥섭, 「백희가무를 통해 본 고려시대 팔관회의 실상: 팔관회는 불교의례인가?」, 『민족문화연구』 47(2007b): 347-388쪽.

한흥섭, 『고려시대 음악사상』(소명출판, 2009).

허용호, 「화성 행궁과 전통 연희, 조선시대 제의적 연행 인형 연구」, 『민족문화연구』 39(2003): 165-197쪽.

허정철, 「연등회와 발우공양 세계문화유산 등재 추진」, 『불교신문』, 2013년 11월 29일자.

許興植, 『高麗佛敎史硏究』(一潮閣, 1986; 1990).

허흥식, 「『高麗史』 諸志의 譯註와 先行作業」, 『고려시대연구Ⅲ』(한국정신문화연구원, 2001): 9-41쪽.

허흥식, 「고려사 선거지의 보충과 多子登科」, 『『高麗史』 諸志의 역주와 연구』, 2007년도 연구과제 결과 발표회, 한국학중앙연구원, 2007년 11월 22일(2007): 13-20쪽.

허흥식 편, 『韓國金石全文』 1~3(亞細亞文化社, 1984).

홍윤식, 「연등회 중요무형문화재 지정의 의의」, 연등회보존위원회, 불기2556(2012), 『연등회의 지정 의의와 발전방향』, 연등회 국가 중요무형문화재 지정 기념 학술세미나, 한국불교역사문화기념관, 2012년 5월 11일(2012): 9-13쪽.

홍윤희(洪允姫), 「제이드로드와 중국신화학의 새로운 콘텍스트: 서왕모(西王母) 신화를 중심으로」, 금강대학교 불교문화연구소 편, 『종교와 민족 실크로드』(민족사, 2016): 221-248쪽.

黃元九, 「高麗史 「禮志」의 編年的 한 考察」, 이홍직 박사 회갑기념 논문집 간행위원회, 『李弘稙博士 回甲紀念 韓國史學論叢』(신구문화사, 1969).

동양어 문헌

金子修一, 『古代中國と皇帝祭祀』[東京: 汲古書院, 平成 13(2001); 平成 14(2002)].

渡辺信一郎, 「『大唐開元禮』皇帝元正冬至受君臣朝賀について」, 『中國史研究』 19(2002): 297-305쪽.

野田有紀子, 「唐代後宮における禮と法 『大唐開元禮』, 『大唐元陵注』お中心に」, 『韓國史學報』 57(2008): 41-55쪽.

李克敦 著奉, 黃有福·天和淑 校註, 『奉使圖』(遼陽: 遼寧民族出版社, 1999).

池田溫, 「大唐開元禮解說」, 『大唐開元禮 附大唐郊祀錄』[東京: 汲古書院, 昭和 47(1972), 昭和 56(1981)]: 821-832쪽.

서양어 문헌

Best, Jonathan W., *A History of the Early Korean Kingdom of Paekche* [Cambridge (Massachusetts) and London: the Harvard University Asia Center, 2006].

Breuker, Remco E., *Establishing a Pluralist Society in Medieval Korea 918-1170: History, Ideology and Identity in the Koryŏ Dynasty*(Leiden·Boston:

Brill, 2010).

Breuker, Remco, "Forging the Truth: Creative Deception and National Identity in Medieval Korea," *East Asian History* 35(2008): pp. 1-73.

Buswell, Robert E., Jr., *Korean Approach to Zen: The Collected Works of Chinul*(Honolulu: University of Hawaii Press, 1983).

Buswell, Robert E., Jr., *The Formation of Ch'an Ideology in China and Korea*(Princeton: Princeton University Press, 1989).

Buswell, Robert E., Jr., "Korean Buddhism: A Continental Perspective," In Buddhism and the Future World, The International Conference to Commemorate the 100th Birth Anniversary of the Great Patriarch Sangwol Wongak, 금강대학교, 불기2555, 11, 12-13(2011): pp. 728-739(영문), 740-751쪽(국역).

Buswell, Robert E., Jr. (trans), *Cultivating Original Enlightenment*(Honolulu: University of Hawai'i Press, 2007).

Cardita, Ângelo, "Ritual Studies: New Paths?," *Journal of Ritual Studies* 30-1 (2016): pp. 111-115.

Cho, Eun-su, "Introduction," *Korean Buddhist Nuns and Laywoman*, edited by Cho, Eun-su(New York: State University of New York Press, 2011): pp. 1-14.

Driver, Tom F., *Liberating Rites: Understanding the Transformative Power of Ritual*(New York: Booksurge LLC, 2006).

Duncan, John B., "The Formation of the Central Aristocracy in Early Goryeo," *Korean Studies* 12(1988): pp. 39-61.

Duncan, John B., *The Origins of the Joseon Dynasty*(Seattle and London: University of Washington Press, 2000).

Duncan, John B., "Late Koryŏ Literati between Empire & Kingdom: Semi-Colonial Dillemmas?" a paper presented at the international conference on "Koryŏ The Dynamics of Inner and Outer," Center for Korean Studies,

University of Hawai'i at Mānoa, Honolulu, Hawai'i, February(2013): pp. 14-16.

Ebrey, P. B., "Education Through Ritual: Efforts to Formulate Family Rituals During the Sung Period," *Confucianism and Family Rituals in Imperial China: A Social History of Writing about Rites*(1991)(news.kbs.co.kr/news/view.do?ncd=2972046, 2015년 12월 6일 검색).

Hucker, Charles O., *A Dictionary of Official Titles in Imperial China*(Stanford, California: Stanford University Press, 1985).

Kantorowicz, Ernst H., *The King's Two Bodies: A Study in Medieval Political Theology*(Princeton, New Jersey: Princeton University Press, 1957).

Kim, Jongmyung, *Buddhist Rituals in Medieval Korea(918-1392)*, Ph.D. Dissertation, The University of California at Los Angeles(1994).

Kim, Jong Myung(Jongmyung), "Chajing (fl. 636-650) and 'Buddhism as National Protector' in Korea: A Reconsideration," *Religions in Traditional Korea*, edited by Henrik H. Sørensen, Copenhagen: The Seminar for Buddhist Studies, University of Copenhagen(1995): pp. 23-55.

Kim, Jongmyung, "King Sejong's Faith in Buddhism and the Invention of the Korean Alphabet," *Korea Journal* 47-3(2007): pp. 134-159.

Kim, Jongmyung, "A Search for New Approaches to Research on Korean Buddhist History," *Korean Histories* 2-1(2010a): pp. 45-56.

Kim, Jongmyung, "(Book Review) Vermeersch, Sem, *The Power of the Buddhas: The Politics of Buddhism During the Goryeo Dynasty (918-1392)*, Harvard East Asian Monographs 303, Cambridge (Massachusetts) and London: the Harvard University Asia Center, 2008, Religious Religious Review 36-2(2010b): p. 174.

Kim, Jongmyung, "King Taejo's Buddhist View and Statecraft in Tenth-Century Korea," *The Review of Korean Studies* 13(2010c): pp. 189-215.

Kim, Jongmyung, "Interactions between Buddhism and Confucianism in

Medieval Korea," *Korean Religions in Relation: Buddhism, Confucianism, Christianity*, edited by Anselm K., Min(New York: SUNY Press, 2016): pp. 19-52.

McBride, Richard D., II, "The Inscriptions on the Standing Maitreya and Amitābha Images of Kamsan Monastery and Devotional Buddhism of the Mid-Silla Period," *Kojŏnhak yŏn'gu* 1(2011): pp. 129-167.

Michaels, Axel (ed.) "Ritual Dynamics and the Science of Ritual," International Conference(Heidelberg: Heidelberg University, 2008).

Sango, Aska, *The Halo of Golden Light, Imperial Authority and Buddhist Ritual in Heian Japan*(Honolulu: University of Hawai'i Press, 2015).

Schopen, Gregory, *Bones, Stones, and Buddhist Monks: Collected Papers on the Archaeology, Epigraphy, and Texts of Monastic Buddhism in India*(Honolulu: University of Hawai'i Press, 1997).

Shultz, Edward J., *Generals and Scholars: Military Rule in Medieval Korea*(Honolulu: University of Hawai'i Press, 2000).

Shultz, Edward, *Scholars and Generals: Military Rule in Medieval Korea*(Honolulu: University of Hawai'i Press, 2010).

Stephenson, Barry, "The Kōan as Ritual Performance," *Journal of the American Academy of Religion* 73-2(2005): pp. 475-496.

Teiser, Stephen F., *The Ghost Festival in Medieval China*(Princeton: Princeton University Press, 1988).

Teiser, Stephen F., *The Scripture on the Ten Kings and the Making of Purgatory in Medieval Chinese Buddhism*(Honolulu: University of Hawaii Press, 1994).

The Academy of Korean Studies, *Korean Studies Abroad: Profiles of Countries and Regions*(Seongnam: The Academy of Korean Studies Press, 2010).

Vermeersch, Sem, *The Power of the Buddhas: The Politics of Buddhism During the Koryŏ Dynasty(918-1392)*(Cambridge and London: the

Harvard University Asia Center, 2008).

Vermeersch, Sem (trans.), *A Chinese Traveler in Medieval Korea*(Honolulu: University of Hawaii Press, 2016).

Wittfogel, Karl A. & Feng, Chin-sheng, *History of Chinese Society: Liao(907-1125)*(1949; Lancaster, Pennsylvania: Lancaster Press, Inc., 1961).

기타

〈위키백과〉(ko.wikipedia.org).

『한국민족문화대백과』(encykorea.aks.ac.kr).

〈한국학정보연구소〉(gate.dbmedia.co.kr).

찾아보기

ㄱ

「가례잡의(嘉禮雜儀)」 5, 28, 30, 36, 68, 84, 90, 112, 115, 131, 151
가묘(家廟) 135
강안전(康安殿) 108, 152, 160, 167
강화도(江華島) 26, 54, 63, 134
「개태사화엄법회소(開泰寺華嚴法會疏)」 79
격구장(擊毬場) 74, 129
견룡관(牽龍官) 154, 155, 167
경력천추(慶曆千秋) 224
경령전(景靈殿) 103, 107
『고려도경(高麗圖經)』 17, 35, 92, 93, 107, 152, 204
『고려명현집(高麗名賢集)』 35
『고려사(高麗史)』 13~17, 24, 28, 31, 33~40, 45, 49, 51~54, 58, 62, 63, 66, 67
『고려사절요(高麗史節要)』 10, 17, 52, 81, 82, 85, 92
『고려실록(高麗實錄)』 101
고취악(鼓吹樂) 163, 189
공안(公案) 126
공자(孔子) 121
공작선(孔雀扇) 168, 188
교방(敎坊) 157, 158, 163, 167, 186, 189, 190, 202, 215
「구장기별기(九張機別伎)」 186
구정(毬庭) 88, 96, 107, 130, 160, 181, 184, 187, 210, 222
국사(國師) 54, 111, 118, 124
국풍(國風) 117
극락왕생(極樂往生) 140
근장군인(近仗軍人) 211
금오산(金鰲山) 80, 224
금위(禁衛) 161, 168, 177, 185, 211
급사중승(給舍中丞) 194
기거(起居) 207
기곡제(祈穀祭) 56
기복(祈福) 77, 127, 145, 147
길례(吉禮) 98, 103, 107, 114, 142, 151, 156, 162, 190, 223, 235, 238

ㄴ

나주(羅州) 69, 70, 89, 194, 208, 223, 231
「낙성연도(落成宴圖)」 176
난가출궁(鑾駕出宮) 83, 184, 185, 207
납향(臘享) 83, 131
내고사(內庫使) 154, 181
노부(鹵簿) 160, 184
니노미야 케이닌(二宮啓任) 27, 70, 108

ㄷ

『다경(茶經)』 192

다방(茶房) 167, 180, 181, 188, 202~204, 215, 216
다정산대(茶亭山臺) 176
대각국사(大覺國師) 110
대관전(大觀殿) 62, 131, 161, 164, 170, 183~185, 187, 207, 222
『대당개원례(大唐開元禮)』 39, 63, 67, 84, 98~100, 135, 155, 156, 209, 210
대사(大祀) 83, 102, 107, 118, 131, 142, 144, 186
대산대(大山臺) 176
도강(都綱) 208, 209
도교(道敎) 47, 100, 103, 105, 107, 111, 113, 114
도교서(都校署) 152, 180
도지(都知) 155, 161, 167, 168, 197
『동국이상국집(東國李相國集)』 35, 46, 95
동동(動動) 105, 157
동락정(同樂亭) 194, 196, 198, 202, 215, 221
동맹(東盟) 35, 57, 92, 93
『동문선(東文選)』 35, 63, 95, 132
동지(冬至) 131, 138, 161, 225
동팔관(冬八觀) 134, 247
등(燈) 10, 15

ㅁ

『만엽집(萬葉集)』 140, 233
몽여(夢如) 120
묘청(妙淸) 111
『무량수경(無量壽經)』 139, 140

미륵(彌勒) 78, 146

ㅂ

박호(朴浩) 74, 77, 95
반룡선(盤龍扇) 168, 188
백갑장(白甲匠) 197
백희가무(百戲歌舞) 55, 57, 74~76, 83, 94, 96, 156, 197, 240
번자(蕃子) 78, 87
범패(梵唄) 109
법가위장(法駕衛仗) 108, 109
법왕사(法王寺) 95~97
봉선(鳳扇) 189
봉은사(奉恩寺) 45, 54, 58, 59, 63, 66
봉표조하(奉表朝賀) 97
부보(符寶) 197, 208
부절(符節) 188
불교(佛敎) 5, 7, 11~18, 23, 26~30, 34~37, 47~50, 52, 53, 55~60, 63, 65, 66, 105, 106, 227~235
붓다 105
비신장군(備身將軍) 161, 168, 185, 187, 188

ㅅ

『사림광기(事林廣記)』 46
사선악부(四仙樂府) 76, 94, 96, 190, 223
사재경(司宰卿) 193
사지(沙墀) 182~184, 189, 190, 193, 195, 196, 198, 199, 203, 206, 211, 216, 221
사지중악(沙墀衆樂) 198, 199

찾아보기 | 247

사천대(司天臺) 161, 225
산대악인(山臺樂人) 176, 197
삼경(三京) 194
『삼국유사(三國遺事)』 35, 140, 207
삼귀의(三歸依) 15
상사국(尙舍局) 153, 160, 167, 168,
　　171, 180, 181, 184, 203, 216
상승봉어(尙乘奉御) 163
상식국(尙食局) 203, 215
상원(上元) 46, 47, 60, 62
상원연등회(上元燃燈會) 1~3, 5,
　　6, 11~17, 22, 25, 28, 31, 34,
　　36~38, 45~53, 55~67, 99,
　　100, 103, 109, 112, 114~116,
　　122~124, 127~135, 139, 141~
　　148, 151, 152, 162, 171, 179, 189
「상위고(象緯考)」 66
상의국(尙衣局) 153, 180
상의봉어(尙衣奉御) 163
서경(西京) 21, 22, 36, 38, 82, 86,
　　92, 194, 223, 224
「석로지(釋老志)」 111
선인전(宣仁殿) 185, 207
선풍(仙風) 94, 197
설날 83
성수만년(聖壽萬年) 224
「세가(世家)」 17, 28, 40, 45, 99, 102,
　　107, 108
세오 다쓰히코(妹尾達彦) 236
세존당(世尊堂) 95
소경(小京) 195
『속동문선(續東文選)』 107
속절(俗節) 121

『송사(宋史)』 13, 17, 35, 92, 93, 96,
　　151, 154
수미산(須彌山) 109
수정장(水晶伏) 168, 188
승제(承制) 155, 161, 163, 167, 168,
　　171, 173~175, 177, 178
승평문(昇平門) 88, 164
『시왕경(十王經)』 136
『신당서(新唐書)』 13, 154, 181
신돈(辛旽) 51, 111
신봉루(神鳳樓) 186, 224
신중전(神衆殿) 95
신채호(申采浩) 27
쌍룡선(雙龍船) 189
쓰마꾸앙(司馬光) 138

ㅇ
아미타불(阿彌陀佛) 139, 140
아악(雅樂) 55, 104, 105, 157, 158,
　　172
『아함경(阿含經)』 69
악관(樂官) 143, 166, 174, 176~178,
　　189, 192, 196, 202~204, 206,
　　211, 215~217, 219~222
「악지(樂志)」 38, 104, 105, 110, 157,
　　177
안계현(安啓賢) 27
알조진작헌(謁朝進爵獻) 83, 84
앙암사(仰巖寺) 66
업(설)[業(說)] 65, 67, 86, 132, 141,
　　146, 147
「여복지(輿服志)」 84, 113
여진족(女眞族) 87, 210

연등(회)[燃燈(會)] 5, 11, 12, 14, 16, 17, 19~22, 25~30, 34~41, 45~56, 58~64, 66, 67, 75, 76, 84, 88, 91, 94, 97, 117, 119, 120~124
예사(禮司) 159, 160, 163, 166
예산대(曳山臺) 176
「예지(禮志)」 6, 13, 15, 17, 28, 37, 39, 55, 58, 63, 67, 68, 76, 84, 87, 98~100, 102~108, 110~114, 128~130, 132, 147, 151, 153~156, 158, 171, 230, 235
오례(五禮) 39, 98, 100, 102, 103, 105, 106, 112, 113, 118, 119, 142, 162, 231, 238
『오례통고(五禮通考)』 135
왕사(王師) 54, 77, 85, 111, 124
왕실의례(王室儀禮) 66, 79, 88~90, 122~124
우란분절(盂蘭盆節) 129, 132, 136
원구단(圜丘壇) 57, 99
『원사(元史)』 13, 114
원시불교(原始佛敎) 105
원정(元正) 75
원회의례(元會儀禮) 99, 119, 129
월부장(鉞斧仗) 168, 188
위봉루(威鳳樓) 85, 88, 223
유교(儒敎) 13~15, 30, 47, 55, 59, 65, 67
유네스코 13, 41, 48, 231
『유부로서(諭父老書)』 69
육례(六禮) 71, 192
육상국(六尙局) 154, 156, 163, 168,

195
윤등(輪燈) 222
윤회(輪迴) 137, 140, 146
은알작자(銀幹斫子) 188
의봉문(儀鳳門) 180, 181, 183, 184, 187, 197, 208, 211
의창문(義昌門) 213
의천(義天) 110
이마니시 류(今西龍) 92
이병도(李丙燾) 92
이색(李穡) 95, 111, 200, 206
인덕문(仁德門) 212
인생관(人生觀) 55, 64, 78, 86, 145, 146
인연설(因緣說) 105, 106
임종비(林宗庇) 63

ㅈ

자묘(子猫) 225
자비(慈悲) 127, 140
자오란(皎然) 193
자치능력결여론 130, 186
자황포(赭黃袍) 161, 166, 168
잡의(雜儀) 102, 103, 114, 115
장선승지(掌扇承旨) 189
저승 136, 137
저티엔우호우(則天武后) 141
전륜성왕(轉輪聖王) 78, 141
전중감(殿中監) 194
전중성(殿中省) 153, 156, 197
정규연등회(定規燃燈會) 22, 36, 46, 145
정도전(鄭道傳) 54, 69

『정리의궤(整理儀軌)』 176
정인지(鄭麟趾) 108
정토(淨土) 132, 139, 140
정편승지(淨鞭承旨) 189
『정화오례신의(政和五禮新儀)』 39, 99, 100, 155
제석도량(帝釋道場) 234
조상제례(祖上祭禮) 53, 54, 59, 63, 64, 67, 83, 84, 86, 97, 128~130, 134~136, 138, 141~143, 147
『조선왕조실록(朝鮮王朝實錄)』 32, 37, 47, 96, 113
조진배알(祖眞拜謁) 54, 55
조하(朝賀) 78, 84, 85, 87, 97, 124, 127, 186, 188, 209, 211, 212
종묘(宗廟) 59, 118, 129, 135, 141, 142, 191, 224
좌봉례(左奉禮) 184
『주례(周禮)』 13, 154
중금(中禁) 155, 161, 167, 168, 190, 198
중동(中冬) 60, 75
중동팔관회(中冬八關會) 11, 12, 14~16, 17, 21, 22, 25, 31, 34, 36, 37, 65, 68, 70, 82, 83, 88, 89, 93, 97, 100, 109, 112, 114~116, 122~124, 127~135, 139, 141~148, 162, 168
「중동팔관회출어간락전노부(中冬八關會出御看樂殿鹵簿)」 84
「중동팔관회출어간락전위장(中冬八關會出御看樂殿衛仗)」 84, 109
『증보문헌비고(增補文獻備考)』 66

지눌(知訥) 120
지장보살(地藏菩薩) 137
지합(知陜) 197
진전(眞殿) 45, 54~56, 58, 59, 63, 107, 108, 132, 141, 142, 159, 163~166, 188
집례관(執禮官) 170~175, 177, 178, 187, 193, 195, 199, 202, 204~207, 212, 213, 216, 218, 219, 221, 223
종미(宗密) 136

ㅊ

차척(車倜) 63
천견재이(天譴災異) 146
천문관(天文觀) 145
천영(天英) 120
천온향(天醞香) 194
천우위(千牛衛) 156, 161, 168, 185, 188, 189, 191, 206
청명절(淸明節) 138
초영(楚英) 158, 187
초요련(軺輅輦) 160, 163, 185, 186, 191, 198
초제(醮祭) 91, 103, 107, 153, 164
최남선(崔南善) 27, 70, 90
최윤의(崔允儀) 106
최이(崔怡) 51, 176
최충헌(崔忠獻) 89, 123
최치원(崔致遠) 57
추밀(樞密) 129, 143, 160, 163, 165~169, 171, 173~175, 178
축수(祝壽) 18, 64, 84~86, 134, 141~

143, 145, 147, 154, 171
춘연등(春燃燈) 134
치황의(梔黃衣) 154, 161
친훼이티엔(秦惠田) 135

ㅌ

탐라(耽羅) 212
태사국(太史局) 161, 168, 192
태악령(太樂令) 199~201
태양절(太陽節) 60
태음절(太陰節) 60
태일(太一) 47, 151
태정문(泰定門) 160, 163, 167, 224
태조(太祖) 12, 22, 35, 38, 53, 54, 56, 58, 59, 63, 64, 66
통사사인(通事舍人) 162, 184, 197
특설연등회(特設燃燈會) 22, 36, 56, 145

ㅍ

팔관대회(八關大會) 143
팔관례(八關禮) 69
팔관보(八關寶) 45, 61, 124
팔관소회(八關小會) 143
팔관회(八關會) 11, 12, 15, 17, 19~22, 26~30, 34~41, 45, 55, 56, 60, 61, 65
편전(便殿) 152, 159, 167
평두련(平兜輦) 166, 191, 198, 224
풍류도(風流徒) 57
풍수지리(風水地理) 146

ㅎ

하택종(荷澤宗) 136

「하팔관표(賀八關表)」 74, 77, 95
한국학(韓國學) 14, 22, 23, 40, 81
한식(寒食) 62, 131, 179
합문(閤門) 159, 162, 164~167, 183, 185, 191, 192, 194~196, 208, 210, 211, 218, 221, 222, 224
합문부사(閤門副使) 184
해탈(解脫) 106
행두(行頭) 155, 156
행향(行香) 54, 84, 96, 97, 107, 123
향가(鄕歌) 140, 191, 225
협률랑(協律郎) 188, 191, 194, 199, 208, 220
혜심(慧諶) 120
호국(護國) 14, 18, 20, 26, 116, 125, 127
호기(呼旗) 24
혼원(混元) 120
홍수선(紅繡扇) 168
「훈요(訓要)」 12, 17, 35, 38, 59, 91, 92, 94, 122
『화성성역의궤(華城城役儀軌)』 176
『화엄경(華嚴經)』 91
화엄종(華嚴宗) 136
황룡대기(黃龍大旗) 183
황문시랑(黃門侍郎) 163, 164, 166, 186, 224
후전관(後殿官) 156, 168, 195, 208
흥왕사(興王寺) 123